Hend AbdAlmotagally

Ocupar o ciberespaço: As mídias sociais como esfera pública

Hend AbdAlmotagally

Ocupar o ciberespaço: As mídias sociais como esfera pública

Análise Causal em Camadas (CLA) aplicada no Contexto Egípcio

ScienciaScripts

Imprint

Any brand names and product names mentioned in this book are subject to trademark, brand or patent protection and are trademarks or registered trademarks of their respective holders. The use of brand names, product names, common names, trade names, product descriptions etc. even without a particular marking in this work is in no way to be construed to mean that such names may be regarded as unrestricted in respect of trademark and brand protection legislation and could thus be used by anyone.

Cover image: www.ingimage.com

This book is a translation from the original published under ISBN 978-620-7-99646-9.

Publisher:
Sciencia Scripts
is a trademark of
Dodo Books Indian Ocean Ltd. and OmniScriptum S.R.L publishing group

120 High Road, East Finchley, London, N2 9ED, United Kingdom
Str. Armeneasca 28/1, office 1, Chisinau MD-2012, Republic of Moldova, Europe
Printed at: see last page
ISBN: 978-620-8-12929-3

Em nome de Alá,
Gracioso, Misericordioso.
Louvado seja Deus, Senhor do Universo
e que a paz e as bênçãos estejam com o Seu Mensageiro
Muhammad, Misericórdia para os Mundos.

la hawla wa-la quwwata 'illa bi-llahi

Não há força nem poder senão por Deus.

Para o Prof. **Mahmoud Alam Al-Deen**

Obrigado.

Que Alá tenha piedade da tua alma.

AGRADECIMENTOS

Quem não agradece às pessoas, não agradece a Alá. '
Profeta Muhammad (que Alá o abençoe e lhe conceda a paz)

Gostaria de agradecer ao meu enérgico co-orientador, Professor *Samah Al-Mouhammady*, que forneceu informações valiosas sobre a presente dissertação e um apoio incondicional.

Um agradecimento especial ao Prof. *Sohail Inayatullah* pelo generoso apoio para participar no seu curso teórico e prático para me tornar um "futurista". Foi um marco tremendo no meu percurso académico e pessoal.

Gostaria de expressar a minha mais profunda gratidão ao Prof. *Rajya Kandil*, que nunca me desiludiu. Obrigado pelo apoio incondicional.

Estou profundamente grato ao encorajamento e à paciência da única Professora *Laila El-Baradei*. O seu papel na minha vida é incomparável. Amo-vos.

Não há palavras para expressar o meu agradecimento à Dra. *Nermeen Abd Al-Salam* pela sua profunda confiança no meu trabalho e nas minhas capacidades. Muito obrigado.

Estou a ter um grande prazer em trabalhar com a Professora *Fatima Al-Zahraa El-Sayed* e estou grato pela sua companhia profissional e amigável, especialmente pelo *nosso café da manhã juntos.*

Não posso deixar de mencionar a Professora *Hanaa Farouk* pelas suas palestras inspiradoras. A Dra. *Mona Abd Al-Wahhab* pelas suas palavras de incentivo.

Gostaria também de agradecer a todos os meus colegas do departamento, em especial à Dra. *Aisha Essam*, à Dra. *Rana Samir*, à Dra. *Yasmin Abu El-Ela* e aos *futuros Drs. Shaimaa Mazin, Basma Aboud, Rehab Al-Saadany, Fatema Fathi, Muhammad Barakat, Ahmed Sorror e Muhammad Khalil.*

Professores da escola: Sr. *Muhammad Al-Said*, Sr. *Tarek Seleit*, Sr. *Ayman*

Solayman, Sr. *Reda Sobh,* Sra. *Terrissa,* Sra. *Kamilia,* Sr. *Ahmad Arrafa* e Sr. *Ali Al-Metwalli* (que Alá tenha piedade da sua alma), entre muitos outros que me ensinaram a ter paixão pelo que estou a ensinar.

Estou a desenvolver os conhecimentos e a experiência que adquiri na instituição de ensino mais acolhedora: a Universidade Americana do Cairo. O maior respeito e apreço pela minha querida MA

Naila Hamdy, que sempre me apoiou, *o Prof. Bahgat Korany,* que me abriu novos horizontes no domínio da ciência política, a proeminente professora do Centro de Investigação Social, *Prof. Somaya Al-Saadany,* e um grande obrigado aos professores mais queridos do departamento JRMC: *Prof. Hussein Amin, Prof. Rasha Abdullah* e *Dr. Mervat Abu Aouf.*

Não posso esquecer de expressar o meu apreço ao *Prof. Jad Melki,* à *Prof.ª Claudia Kozman,* à *Dr.ª Gretchen King* e ao mais criativo instrutor multimédia, *Sr. Samer Beyhum,* da Universidade Americana do Líbano, pela sua forma autêntica de pensar e trabalhar.

Os meus alunos... São os que me estão mais próximos do coração. Tenho de expressar o meu apreço pela sua energia, trabalho árduo e perguntas e comentários estimulantes. Aprendo muito com eles e eles são uma bênção divina. Que Alá tenha piedade de *Mahmoud El-Banna.*

Os meus amigos. A fonte de alegria da vida; especialmente *Salsabeil Beseiso, Doha Al-Gondy, May Ziady, Ayah Aman, Arwa Ayman, Shorouk Kahlid, Yara Abd Al-Rahman, Enas Abdallah, Aya Al-Ziady* e *Dr. Noha Salem.*

Nermeen Al-Azrak (Chefe da Secção de Inglês da Faculdade de Jornalismo e Comunicação de Massa, Universidade do Cairo) e do *Prof. Amany Omar Al-Hussein* [Vice-Reitor da Faculdade de Tecnologia dos Media e Comunicação da Universidade Misr para a Ciência e Tecnologia (MUST)]

Agradecimento alargado às inesquecíveis palestras sobre Métodos de Investigação e aos escritos reveladores; *Prof. Hisham Attia* (Diretor da Faculdade de Média e Tecnologia da Comunicação da MUST)

Por último, mas não menos importante, não poderia ter empreendido esta viagem sem a minha família; o meu melhor amigo e primeiro professor; baba *Abd Al-Rahman,* a minha casa; a mamã *Nehad,* as insubstituíveis *Amira, Shahinda e Adham.*

Quero que saibam que vos estou eternamente grato. Mantenho-vos nas minhas orações. Sejam prestáveis e amáveis; compensa verdadeiramente e eu prometo retribuir.

Índice

RESUMO

O estudo examina os factores que afectam os sítios de redes sociais em linha (SNS) enquanto esfera pública no contexto egípcio e analisa criticamente a mudança gradual, mas radical, que tem vindo a ocorrer desde 2011 em relação ao ambiente que afecta o acesso e a utilização dos mesmos. A teoria e o método da Análise Causal em Camadas (Sohail Inayatullah, 1998) são aplicados, incluindo quatro níveis principais de análise que asseguram uma visão inclusiva dos factores internos e externos em relação ao passado e ao presente. A análise é efectuada no âmbito dos pré-requisitos para uma esfera pública eficaz, tal como originalmente determinados pelo filósofo alemão Jürgen Habermas (1962). Assim, a análise descreve o futuro potencial dos SNS como um *"mediador entre o Estado e a sociedade"* que dá acesso a todos os cidadãos para se reunirem "virtualmente" e se unirem livremente para expressar as suas opiniões, bem como para se constituírem em cada conversa em que os indivíduos se juntam para formar um público. Foram desenvolvidos quatro cenários para cada camada que representam o resultado global da camada; Litania: o[i] *Frenemy'*, as Causas Sistémicas: *'Ocupar o Ciberespaço'*, Visão do Mundo: *'Centralização da verdade'*, e camada Mito/Metáfora: 'a *história de uma nação versus a história de uma geração'*. Para um crescimento contínuo, a principal força motriz seria o "avanço tecnológico". O futuro dos SRSs como esfera pública no Egito é rico em potenciais e alternativas variadas que dependem de um conjunto complexo de diversas variáveis e fatores sociopolíticos, tecnológicos e culturais que interagem e se influenciam mutuamente, incluindo principalmente: a política e as políticas do governo egípcio, o surgimento de novas plataformas e tecnologias de mídia social, o comportamento do usuário e a conscientização sobre os direitos digitais, as estratégias internacionais e o futuro da comunicação e dos desenvolvimentos tecnológicos.

Palavras-chave, Esfera Pública, Egito, CLA, Futuros Críticos, Sites de Redes Sociais,

CAPÍTULO 1

1.1 INTRODUÇÃO E ANTECEDENTES

A "incerteza" não é a melhor amiga dos seres humanos, se não mesmo uma inimiga. Preferimos sempre saber, controlar, escolher de livre vontade ou, pelo menos, esperar as coisas antes de elas acontecerem. No entanto, o mundo não funciona assim, especialmente ao longo dos últimos anos de divisão rápida, mas profundamente enraizada, testemunhada a nível global.

O mundo encontra-se numa encruzilhada crítica: ou segue o pensamento científico em relação ao futuro, ou trai as gerações vindouras tomando medidas sem um plano rigoroso. O discurso mundial é que "está tudo fora de controlo". No entanto, cada lado ainda não sabe o que o "outro" está a pensar ou é capaz de fornecer, os pesos de cada força; os pontos de vista dos que não são ouvidos e não têm voz, e o poder das variáveis negligenciadas que podem mudar a equação oficial na qual assumimos que estamos presos.

No entanto, as ideias abstractas nunca foram um substituto para a ação. A investigação académica é um meio e não um fim em si mesmo. O presente estudo testa as inúmeras interpretações da realidade com o objetivo de facilitar a tarefa de desenvolver soluções aplicáveis, políticas e sugerir alternativas para um fenómeno tão complexo.

Estes espaços incertos nesta era de incerteza estão, de alguma forma, a transformar-se numa oportunidade de ouro para acreditar, mais uma vez, que nós, indivíduos, especificamente os académicos, temos o poder de pensar, analisar, planear e *investigar,* como um elemento fundamental na *elaboração de políticas.*

Os estudos críticos sobre o futuro estão a proporcionar a capacidade de, metaforicamente, *construir* o futuro, em vez de congelar na impotência. Tornar-se um futurista, no entanto, é uma missão desafiadora; *"É ser um generalista [requer a compreensão] do pensamento sistémico, incluindo a causalidade nas ciências sociais, ciência, filosofia; psicologia transcultural, filosofia mais religião; e mitologia!* (Sohail Inayatullah, 2017)

O presente estudo tem por objetivo responder a uma questão urgente relacionada com o que esperar dos sítios de redes sociais (SNS) em linha enquanto esfera pública no contexto egípcio em 2030. Aplicando uma análise de quatro camadas (Causal Layered Analysis), o foco central são as barreiras internas à liberdade de expressão; em contraste com o facto de se partir sempre da dominação de cima para baixo. Trata-se de um esforço que se refere a um *"mal-entendido criado por si próprio"* que resultou dos significados, objectivos e esforços divididos das diferentes partes interessadas, ao mesmo tempo que melhorou a qualidade da presença em linha da sociedade civil e dos grupos vulneráveis/marginalizados.

Trata-se de uma abordagem filosófica que aprofunda a explicação da recente crise da Internet, em geral, e dos SNS, em particular, na nossa região, representada no contexto egípcio, na sequência dos tropeços do paradigma da primavera Árabe.

O surgimento e a popularidade dos SRS transformaram significativamente as práticas de comunicação e de recolha de informações em todo o mundo. O Egito está entre os países que registaram um enorme crescimento e uma utilização intensa dos SRS desde a Revolução de 2011.

A Internet e os sítios de redes sociais provaram ser ferramentas poderosas nos vários aspectos da vida quotidiana de hoje em dia. A política não é uma exceção; está incluída e ocupa o primeiro lugar da lista. A democracia está a enfrentar um período difícil para sobreviver. O Egito não é uma exceção, está incluído, e é visto, juntamente com a Tunísia, como exemplos para uma compreensão mais profunda daquilo a que se chama "política da Internet".

Apesar da sua adoção generalizada, tem havido um debate permanente sobre a capacidade de os SNS funcionarem como uma esfera pública no contexto egípcio, que se caracteriza por complexidades socioeconómicas, culturais e políticas.

O presente estudo procura explorar este debate e fornecer uma compreensão do futuro dos SRSs enquanto esfera pública no contexto egípcio. Através de uma abordagem de métodos mistos, o estudo examinará a natureza das interações em linha nos SRS, o seu papel na formação da opinião pública e as implicações para a mobilização política e o ativismo. Em última análise, esta investigação pretende contribuir para os debates mais alargados sobre o potencial democratizador dos SRS e o seu impacto na esfera pública no Egito.

O presente estudo é relevante devido à importância atual dos SRS enquanto canais de comunicação, à persistência do autoritarismo e da censura no Egito e ao contexto dinâmico das mudanças sociais e políticas na região. As questões e os objectivos da investigação baseiam-se numa abordagem crítica que assenta em quadros teóricos da esfera pública, da comunicação política, da análise das redes sociais e dos métodos de investigação qualitativa.

Espera-se que o estudo gere novos conhecimentos sobre as utilizações, os efeitos e as limitações dos SNS enquanto esferas públicas e que sirva de base a políticas e práticas em matéria de governação dos meios de comunicação digitais, participação da sociedade civil e desenvolvimento democrático.

Além disso, o estudo pretende contribuir para o discurso académico sobre os meios de comunicação digitais, as esferas públicas e a comunicação política na região do Médio Oriente e do Norte de África. As conclusões podem também ter implicações mais vastas para a compreensão do papel dos SNSs nos processos democráticos, particularmente em países com ambientes mediáticos restritivos.

"O ponto importante a ter em conta é que o nosso futuro não está pré-determinado, preestabelecido ou esculpido em pedra [...]; tal como o barro, pode ser moldado e modelado de acordo com as nossas necessidades e valores queridos. "Ziauddin Sardar (2013)

A capacidade humana de imaginar potenciais futuros foi sempre um ativo valioso ao longo da história. Trata-se de *"enquadrar o futuro como um projeto humano"* que representa um tema ao longo da modernidade. A questão renovada do futuro é ultimamente colocada de forma crítica com o objetivo de argumentar contra o mantra neoliberal *"não há alternativa"* (infame slogan de Margaret Thatcher).

As recentes acções, movimentos e acontecimentos civis, sociais, económicos e políticos a nível mundial, nacional e local têm sido um forte apelo a que se repense o futuro, descrevendo-o como radicalmente incerto. Da primavera Árabe ao Occupy e ao Black Lives Matter, o surgimento de novas formas de acções políticas de base foram sinais súbitos mas interligados que reflectem uma insatisfação comum com o status quo institucional em muitas partes do mundo.

Ao longo de uma década, as conversas do dia a dia têm estado relacionadas com três termos principais: poder, política e futuro. É um ciclo. É um círculo interminável de reinvenção das nossas velhas soluções para enfrentar novos problemas. Tem sido uma forma de pensar "ou ou", "nós ou eles", "preto vs. branco". Os países estão a mergulhar num discurso ultrapassado de nacionalismo e a voltar a fechar fronteiras, tanto literal como metaforicamente, e é agora uma batalha zero entre "direita" e "esquerda", enquanto o "meio" a todos os níveis é esquecido. É um esforço enorme de controlo sob a égide das teorias da conspiração e do medo do caos.

No entanto, não há volta a dar. O panorama geral reflecte cidadãos conscientes que recuperaram o seu poder e têm agora as suas próprias visões e aspirações. A democracia, enquanto processo, pode estar a sofrer um grande revés; no entanto, continua a ser um conceito superior entre as pessoas que estão ansiosas por "participar" na tomada de decisões relativas ao seu próprio destino.

A comunicação é inevitável para que os seres humanos vivam juntos. A comunicação na sua definição mais simples, *"transferência de significado"*, está a desaparecer. Ironicamente, isto acontece em paralelo com o surgimento de meios de "comunicação" altamente avançados. Atualmente, temos comunicação sem comunicadores. Estamos a concentrar-nos demasiado nos prós e contras das invenções tecnológicas e esquecemo-nos do aspeto humano, do contexto cultural ou do significado que está a ser transmitido. É com isto que este estudo se preocupa: a voz perdida numa sala cheia de gente muito zangada e defensiva. Esta situação tem de mudar para que possamos ter esperança num futuro diferente.

1.2 OBJECTIVO E SIGNIFICADO DO ESTUDO

Os **objectivos** do estudo são principalmente

1- **Mapeamento** da paisagem egípcia da comunicação; abordagem, descrição, análise e comparação da macro e micro-história da esfera pública cibernética no Egito, representada na continuidade/mudança dos sítios de redes sociais em linha, em vários aspectos, incluindo a utilização, a confiança, os papéis, a forma e o conteúdo, a regulamentação, etc.

2- **Avaliar** as diferentes perspectivas da sociedade egípcia, em geral, no que diz respeito ao passado, ao presente e ao futuro das plataformas de sítios de redes sociais em linha como esfera pública.

3- **Abordar** os factores que afectam o futuro e as suas implicações.

4- **Analisar** as questões políticas, tecnológicas e económicas emergentes; (análise do horizonte).

5- **Aprofundar** a compreensão da questão e **desenvolver** os futuros alternativos em cada um dos quatro níveis principais da Análise Causal por Camadas.

6- **Identificar** as transformações necessárias para alcançar o futuro desejado.

O **significado** do presente estudo baseia-se principalmente no quadro de estudos críticos do futuro no âmbito do qual é realizado. A Análise Causal em Camadas (CLA), conforme discutido em pormenor mais adiante, é considerada tanto um método como um quadro teórico que *"oferece uma forma de compreender melhor como os níveis da realidade empírica e da realidade cultural trabalham em conjunto para produzir as nossas visões do mundo"* (Mohaghar e Saghafi, 2018)

A **importância** do presente estudo pode ser vista à luz do que representam os sítios de redes sociais em linha, uma vez que a utilização destas plataformas está a tornar-se um indicador de desenvolvimento, liberdade de expressão, participação pública, estabilidade política e valores democráticos. Considerando estas plataformas como uma importante ferramenta de comunicação e interação, numa altura em que a principal prioridade é reduzir o fosso da fragmentação a todos os níveis, monitorizar um diálogo pacífico e inclusivo e construir pontes entre e dentro das nações, é vital que os investigadores tragam para a equação conhecimentos académicos, científicos e razoáveis. O presente estudo vem acrescentar mais um estudo às prateleiras da literatura proveniente da região jovem que ainda não atingiu o seu potencial, o Médio Oriente e o Norte de África (MENA), e que é conduzido sobre a mesma.

1.3 ÂMBITO DA INVESTIGAÇÃO

Os sítios de redes sociais em linha, nomeadamente, têm sido a ferramenta mais utilizada para facilitar esses passos ao nível da mobilização, organização, deliberação e apoio público à legitimidade. Na sequência da dinâmica destes eventos, a sua utilização, credibilidade e âmbito de efeito têm vindo a mudar drasticamente tanto a nível global como nacional. [th]No Egito, o sólido desenvolvimento dos sítios de redes sociais em linha enquanto esfera pública é testemunhado e documentado em muitos estudos ao longo da última década, tendo atingido o seu auge com a eclosão da revolução de 25 de janeiro.

Observando de perto o cenário egípcio da comunicação em linha, é fácil detetar os esforços contínuos exercidos por todos os intervenientes para compreenderem e beneficiarem eficazmente das principais plataformas de redes sociais a favor da sua causa; os utilizadores com o objetivo de expandir a sua liberdade de expressão, por um lado, e o Estado com o objetivo de minimizar a utilização/efeito destas plataformas, por outro.

Por conseguinte, embora estas plataformas tenham provado ser uma *"infraestrutura de comunicação"* eficaz, através da qual os cidadãos egípcios discutiram ativamente os assuntos públicos, enviando e recebendo informações e opiniões que fazem a ponte entre os contextos em linha e fora de linha, as políticas dos regimes sequenciais, desde o período de transição, reflectem uma atitude oficial em relação à Internet, em geral, e aos sítios de redes sociais, em particular, como uma ameaça. Uma imensa atenção oficial, a todos os níveis, é dirigida ao input e ao output (tanto online, na esfera pública virtual, como offline, representado em acções reais no terreno, na esfera pública principal da sociedade) destas redes, desde tentativas diretas e indirectas de construir contra-discursos até à criminalização da própria utilização em determinadas circunstâncias.

1.4 DECLARAÇÃO DA CONTRIBUIÇÃO

O presente estudo é um esforço para contribuir de forma crítica para a discussão, argumentando que o futuro deve ser aberto - ou pelo menos negociável - contra os poderes dominantes da definição de agendas, da definição de horizontes e da definição de problemas em termos da forma como a sociedade pensa e fala sobre o futuro. Não se trata apenas de prever o futuro, mas de questionar criticamente o passado e o presente; caso contrário, as soluções recomendadas poderão fazer parte do problema sem uma análise aprofundada dos preconceitos sociais, políticos e culturais que orientam o discurso e as políticas.

O estudo examina os factores que afectam a situação atual destes sítios (tecnológicos, sociais, políticos, económicos e jurídicos) e analisa criticamente a mudança gradual, mas radical, que se tem verificado desde 2011 em relação ao ambiente que afecta o acesso e a utilização dos mesmos.

A teoria e o método da Análise Causal em Camadas (Sohail Inayatullah, 1998) são aplicados, incluindo quatro níveis principais de análise que asseguram uma visão inclusiva dos factores internos e externos profundamente enraizados no discurso e que orientam as políticas no que diz respeito ao passado, ao presente e ao futuro dos sítios de redes sociais no contexto egípcio em relação aos esforços nacionais e internacionais para regulamentar a Internet, em geral, e os sítios de redes sociais, em particular.

A análise é conduzida no âmbito dos pré-requisitos para uma esfera pública efectiva, tal como originalmente determinados pelo filósofo alemão Jürgen Habermas (1962): fluxos livres [bidireccionais] de informação, liberdade de expressão, debate livre e acesso a vozes minoritárias e a pessoas de fora da política. Trata-se de uma análise cíclica que parte continuamente do ponto de chegada.

Por conseguinte, serão desenvolvidos cenários para cada nível de análise que descrevem o futuro potencial dos sítios de redes sociais como *"mediador entre o Estado e a sociedade"*, dando acesso a todos os cidadãos para se reunirem "virtualmente" e se unirem livremente para exprimirem as suas opiniões, bem como para se constituírem em cada conversa em que os indivíduos se juntam para formar um público.

1.5 ESBOÇO DE DISSERTAÇÃO

O presente estudo é composto por 6 capítulos. O primeiro capítulo, que acabou de chegar ao fim, é a INTRODUÇÃO E ANTECEDENTES. O segundo capítulo é (II) REVISÃO DA LITERATURA, no qual o investigador apresenta uma panorâmica da literatura em quatro categorias: A INTERNET COMO ESFERA PÚBLICA, OS SITES DE REDES SOCIAIS ONLINE COMO ESFERA PÚBLICA, UM OLHAR CRÍTICO: O FUTURO DA COMUNICAÇÃO, A ESFERA PÚBLICA ONLINE E A DEMOCRACIA.

O terceiro capítulo é o (III) QUADRO TEÓRICO. Devido à natureza multidisciplinar do tema abordado, o investigador depende de mais do que um quadro teórico de modo a representar os aspectos culturais do contexto e da questão estudada. Há seis subcategorias neste capítulo: ESTUDOS CRÍTICOS DO FUTURO, A ESFERA PÚBLICA HABERMASIANA, A ESTRUTURA DA ESFERA PÚBLICA, A INTERNET/ SITES DE REDES SOCIAIS COMO ESFERA PÚBLICA, A ESFERA PÓS-PÚBLICA e A ESFERA PÚBLICA EGÍPCIA ONLINE.

O capítulo seguinte é (IV) METODOLOGIA, explicada em pormenor através de seis subcategorias, como se segue: primeiro, a CONCEPÇÃO DO ESTUDO, depois a ANÁLISE CAUSAL LAYERED (CAUSAL LAYERED ANALYSIS - CLA), as QUATRO CAMADAS DE ANÁLISE DA CLA, a

AVALIAÇÃO DA CLA, as FASES DE ANÁLISE e, finalmente, VALIDADE E LIMITAÇÕES.

A análise e os resultados estão divididos em dois capítulos distintos; o quinto capítulo (V), intitulado: SITES DE REDES SOCIAIS ONLINE COMO ESPAÇO PÚBLICO descreve a APLICAÇÃO DO CLA AO CONTEXTO EGÍPCIO, MOVING BEYOND THE UDES FUTURE, a análise de cada camada no CLA quatro camadas; LITANIA, CAUSAS SISTÉMICAS, WORDLVIEW, e MITO/METAFORA, depois duas outras sub-categorias: DESCONSTRUÇÃO: O PASSADO E O PRESENTE, e RECONSTRUÇÃO: ESPAÇO PÚBLICO EGÍPCIO 2030. Em seguida, o último capítulo (VI) discute os resultados, apresentando cs FUTUROS ALTERNATIVOS (CENÁRIOS) juntamente com o FUTURO PREFERIDO. No final do estudo, a CONCLUSÃO E RECOMENDAÇÃO, seguida dos APÊNDICES E REFERÊNCIAS do estudo.

CAPÍTULO 2: REVISÃO DA LITERATURA

Os estudos anteriores devem ser analisados criticamente à luz de quatro pontos principais: o contexto do estudo, os pontos focais de análise e a teoria e o método aplicados. A literatura sobre estas plataformas online (descritas como Redes Sociais online e Media Sociais, indistintamente) tem enfatizado a necessidade de analisar a mudança na confiança, credibilidade, dependência e utilização, a fim de compreender a eficácia dos sítios de Redes Sociais como uma esfera pública e o seu futuro. Apesar da rica literatura sobre os sítios de redes sociais, poucos estudos abordaram o seu futuro como esfera pública e a maioria não se insere no contexto egípcio.

Este estudo questiona os sítios de Redes Sociais online, que anteriormente foram abordados como uma questão controversa. A análise incide sobre o corpus da literatura académica realizada na última década relativamente às duas palavras-chave principais: Redes Sociais em linha e Ciberespaço, incluindo todos os seus sinónimos, tal como se esclarece em pormenor mais adiante.

O objetivo desta secção é analisar estudos recentes sobre as plataformas de redes sociais em linha enquanto esfera pública. O objetivo principal é abordar a mudança nas definições, avaliações, tipo de questões e hipóteses do tópico ao longo do tempo, especialmente com a evolução do regime político, as circunstâncias societais e culturais alteradas, bem como as leis e regulamentos.

Trata-se de uma panorâmica da literatura realizada na última década e de uma descrição dos diferentes entendimentos e perspectivas que abordam a esfera pública e as redes sociais em linha no contexto egípcio, de modo a observar os progressos e as lacunas da investigação.

Como ponto de partida, é óbvio que os sítios de redes sociais em linha têm recebido relativamente mais atenção e, consequentemente, tem havido um aumento contínuo do número de estudos relacionados com a esfera pública em linha, que atingiu o seu pico nos anos que se seguiram à primavera Árabe e que, desde então, tem vindo a aumentar ligeiramente.

Quando se trata de rever a literatura árabe sobre as redes sociais, em geral; centrou-se na 'Juventude" como amostra [16-25 anos], e tanto os inquéritos como a análise de conteúdo foram realizados no âmbito do quadro teórico dos "usos e gratificações, dependência dos meios de comunicação social, esfera pública", com o objetivo de abordar os vários efeitos da utilização de páginas de notícias, a utilização de contas pessoais, o tipo de conteúdo publicado e partilhado, a relação entre a tecnologia de comunicação interactiva e o nível de consciência política, o papel desempenhado na formação das atitudes dos utilizadores em relação aos assuntos públicos, entre outras questões de investigação relacionadas com duas grandes categorias: a procura de notícias e informações e as relações sociais.

No que diz respeito às redes sociais, especificamente, enquanto esfera pública, a parte de leão está reservada à participação política, com a maior parte destes estudos a abordar o período entre 2011 e 2013 [mesmo que publicados mais tarde].

Os principais objectivos de investigação incluem: transição democrática, valores e princípios da democracia, formação de uma opinião pública local e internacional, apelo à mudança, organização e mobilização entre movimentos sociais e políticos, independência destas plataformas, desafios e oportunidades como esfera pública, liberdade de expressão, leis e regulamentos.

A análise da utilização dos meios de comunicação social durante o período das revoltas de 2011 indica que os meios de comunicação social não são a única razão, nem a principal determinante, da pressão generalizada das ruas árabes sobre as autoridades políticas. As barreiras económicas, linguísticas e infra-estruturais enfraqueceram a influência das redes sociais. Desempenhou um papel, mas não foi um fator determinante; foi apenas um meio que facilitou os esforços cumulativos offline exercidos ao longo de décadas, uma vez que proporcionou proteção através da cobertura em direto e de contra-mensagens aos principais meios de comunicação social, bem como a utilização viável e fácil para chegar a apoiantes que partilham os mesmos interesses. Uma prova disso é a decisão de encerrar a Internet a 28 de[th] de janeiro, que põe em evidência outros factores: o capital social, as normas de interação e a esfera pública. (Al-Kidwani, 2015; Belaid, 2016; Al-Dagher, 2016; Moustafa, 2016; Al-Farouk, 2017; Aly, 2020)

Laila Shereen Sakr (2021) chama a atenção para a falta de análises metodológicas críticas que tenham em conta as bases históricas e culturais dos meios de comunicação social e que possam revelar "percepções mais ricas" que descrevam o conteúdo mais vasto deste fenómeno. O crescimento dos dados, em particular das colecções de tendências, permitiu um exame mais aprofundado do papel das redes digitais e permitiu que as comunidades científicas e políticas dirigissem a sua atenção para impressões agregadas de actividades em linha, no entanto, como afirma Sakr, esta "fetichização dos dados em detrimento do significado" produziu estudos que não introduzem uma crítica significativa; em vez disso, apenas se concentram na escala, velocidade e influências direcionais nas redes digitais e nos meios de comunicação social.

Aplicando este ponto ao estudo dos meios de comunicação digitais e da mudança política, tendo como caso a revolução egípcia, é indicado que "antes e mesmo depois das revoltas de 2011, havia uma clara divisão entre a investigação qualitativa e humanista que os académicos dos meios de comunicação do Médio Oriente produziam e a abordagem quantitativa dos académicos de comunicação tradicionais".

2016 foi descrito como um "momento de crise" no impacto dos meios de comunicação social na política a nível mundial; as eleições nos EUA, o Brexit e outros acontecimentos políticos "chocantes", as notícias falsas, as campanhas de desinformação, os bots russos, o micro-direcionamento, a supressão de eleitores, a amplificação de teorias conspirativas "loucas", a Cambridge Analytica e a incapacidade das plataformas de saberem o que se estava a passar.

Havia um derrotismo "tecno-distópico" sobre "o que significa a democracia na era digital, juntamente com a "nostalgia" dos antigos guardiões; e a pós-verdade era a palavra do ano". Mas, paralelamente, havia numerosas instituições, grupos de reflexão, ONG e investigação académica centrada na nova paisagem digital em todas as disciplinas. (Simone Chambers e Jeffrey Kopstein, 2022)

A revisão da literatura está dividida em quatro grandes categorias, como se segue: (2.1) "A INTERNET COMO ESFERA PÚBLICA", na qual são abordados estudos e investigação relacionados com cinco questões: *A esfera pública e a contra-esfera pública, a fragmentação na esfera pública digital, a esfera pública em rede/múltipla, a ligação entre o online e o offline* e a esfera pública online como *real e não virtual.* (2.2) OS SITES DE REDES SOCIAIS ONLINE COMO ESFERA PÚBLICA discutindo *O impacto dos media sociais na esfera pública, Capital social: Um fator ou um resultado?, Desinformação e notícias falsas, A câmara de eco em linha e as bolhas de filtragem,* e *Extremismo e discurso de ódio.* Em seguida, (2.3) UM OLHAR CRÍTICO: O FUTURO DA COMUNICAÇÃO; *Factores que afectam o futuro* e *O futuro da Internet.* Por último, (2.4) A ESFERA PÚBLICA ONLINE E A DEMOCRACIA, esclarecendo a relação entre *Democracia, Populismo* e *Participação Política,* A especificidade da *Opinião Pública Árabe,* para além de descrever *a Liberdade de Expressão e a Censura,* bem como *a Privacidade e a Vigilância no contexto online.*

2.1 A INTERNET COMO ESFERA PÚBLICA

> *"A resposta à questão de saber se a Internet constitui ou não uma esfera pública depende da posição do investigador relativamente à questão do que é uma esfera pública."*
>
> *(Johannessen, 2012)*

A Internet na sua forma mais simples, desde o seu início, foi celebrada como um espaço neutro, aberto e inclusivo, que suscitava a esperança de uma esfera pública alternativa como *"fórum para debates críticos", "circulação de informação"* e *"formação de vontade política* representada numa opinião pública".

Este facto deve-se principalmente ao seu "potencial" para proporcionar um espaço virtual adequado para o debate entre cidadãos comuns sobre questões políticas, entre muitos outros temas e ideias, apontando sobretudo para os *"excluídos da esfera pública tradicional".* Os sítios de redes sociais, em particular, são considerados como uma esfera pública ideal devido às suas caraterísticas: *"interatividade"*, *"rápida difusão de informação"* e *"facilitação de um debate em tempo real"*, ultrapassando as diferenças geográficas.

Em geral, os sítios de redes sociais, Facebook, Twitter e YouTube, têm sido o principal contexto de numerosos estudos centrados nos *"actores não estatais"* da *"política internacional"* na última década. Além disso, estas plataformas desafiaram a elite tradicional, uma vez que os utilizadores mais influentes e empenhados representam atualmente o *"topo de um icebergue"* de pessoas *"social e politicamente informadas"*. (Rabah, 2013; Yang, Quan-Haase & Rannenberg, 2017; Spry, 2019)

Tanto "a Internet" como o trabalho de Habermas tornaram-se áreas significativas de estudo intenso nos últimos trinta anos. Enquanto a Internet se tornou uma parte omnipresente da vida quotidiana no Ocidente, o trabalho de Habermas (1989) tornou-se uma parte omnipresente da academia, chegando à política, ao direito, aos estudos dos media, à linguística, ao trabalho social, à enfermagem, à educação, às finanças e à contabilidade e muito mais.

"Passou mais de meio século desde que Habermas cunhou o termo 'Esfera Pública', que descrevia um lugar onde os indivíduos podiam discutir e debater as questões da época, não só a política e o comércio, mas também a filosofia e as artes." Habermas "foi um dos primeiros a definir o espaço não só como físico, mas também como um conceito abstrato no qual os significados e as ideias podem ser articulados, distribuídos e negociados".

Mesmo com as críticas à teoria da esfera pública, ainda há *"valor no conceito"*, pois ele *"consegue reunir estruturas de mídia, participação política e teoria normativa".* ' (Hirsch, 2016; Salter, 2007; Telleria, 2021; Siapera e Abdel Mohty, 2020)

O "público" na esfera pública refere-se tanto ao espaço "público" que está aberto aos "públicos" como à neutralidade, na medida em que não há intervenção do Estado. Nesses espaços, os cidadãos têm conversas informais sobre interesses comuns e assuntos da atualidade. É inclusivo na medida em que acolhe "qualquer pessoa" e "toda a gente" e dá igual liberdade a opiniões e pontos de vista variados, desde que sejam "racionais".

No início da Internet, a rede era utilizada principalmente para ver, ler ou comprar produtos/serviços. A mudança mais significativa ocorreu quando os utilizadores geraram, partilharam, modificaram e discutiram o seu próprio conteúdo, uma vez que a Internet representava uma "plataforma de partilha, blogues e redes sociais" que teve um grande impacto na forma como a comunicação digital funcionava. (Yolmo, 2014)

Atualmente, a Internet está a tornar-se tudo para quase todos, independentemente das suas utilizações, necessidades, caraterísticas demográficas, especializações e língua. *A Internet é um recurso crucial no nosso mundo interconectado de hoje. É um espaço para a criação de redes, um conjunto de oportunidades para quem procura emprego e uma fonte indispensável de conhecimento.* (Al-Shafei, 2021)

Depois, a fase dos sítios de redes sociais que remonta ao "envio de um e-mail" e continua até aos actuais Facebook, Instagram e Twitter. No entanto, os sítios de redes sociais e os meios de comunicação social não são a mesma coisa; os sítios de redes sociais são apenas uma parte dos meios de comunicação social. O principal motivo dos sítios de redes sociais é a "construção de relações"; é a interação, com o nível de privacidade preferido, entre indivíduos ou grupos e outros indivíduos que partilham as mesmas ideias.

Sítios de redes sociais em que o principal motivo ou objetivo é o envolvimento individual ou de grupo com pessoas que partilham as mesmas ideias.

A Internet, ao contrário dos meios de comunicação de massas, trouxe de volta a "abertura", a "acessibilidade" e pôs fim à era da "audiência passiva" e da "transmissão unidirecional de informação", reavivando as esperanças de transferir para a realidade a esfera pública ideal de Habermas, centrando-se na "comunicação" como um processo e uma prática interactivos. Abriu-se a porta à diversidade de pontos de vista e perspectivas, permitindo que o utilizador ativo comum expresse a sua opinião e determine as prioridades das questões e tópicos de um debate entre muitos. (Yolmo, 2014; Yolmo, 2018)

A trajetória histórica realça a relevância da esfera pública para a promoção da democracia e da responsabilidade política. Tal como se afirma na literatura, um dos principais objectivos dos movimentos sociais é a formação de uma opinião pública que influencie as decisões e acções dos dirigentes e decisores políticos. Ultimamente, muitas instituições nacionais e internacionais consideram que "*uma esfera pública funcional e democrática*" é um aspeto central da boa governação em qualquer país onde os funcionários públicos são responsabilizados pelas suas acções e os cidadãos influenciam efetivamente as decisões políticas.

A ideia Habermasiana de esfera pública, no entanto, não é "completamente" representada através da Internet. As caraterísticas centrais da comunicação na esfera pública de Habermas são descritas como *"autónoma, crítica, reflexiva, sincera e inclusiva"*. Os académicos argumentam que "a Internet não está livre de regras".

É de notar, no entanto, que a esfera pública em linha está a formar-se como um espaço "global" no qual "as comunidades se encontram e discutem" uma vasta gama de tópicos, e o objetivo não é tanto o consenso como a conclusão de mais do que uma opinião "pública". (Johannessen, 2012)

Por contra-públicos, os académicos referem-se a "grupos que se distinguem do debate racional-crítico dos públicos dominantes através de diferentes disposições, estilos e estratégias para orientar a atenção do público". (Pfister, 2018) Para os utilizadores, o foco está nas "oportunidades" disponíveis para "falar" e expressar os seus pensamentos. A Internet é, por conseguinte, considerada uma versão "moderna" da esfera pública. (Lievrouw & Livingstone, 2002)

A definição de sítios de redes sociais (o termo é utilizado indistintamente com meios de comunicação social) é um encontro social formado através da Internet por pessoas que partilham os mesmos interesses e que discutem através do espaço virtual, e que estas plataformas "dependem essencialmente dos seus utilizadores para as operar e alimentar com conteúdos.

No entanto, no que diz respeito à esfera pública em linha, os investigadores expressaram a necessidade de "intervenção no mercado" e não apenas a mudança de comportamento dos utilizadores. Fuchs (2014) recomenda a ideia de James

Bennett sobre "algoritmos de serviço público", pois considera que a razão por detrás da fragmentação das comunidades em linha que formam a esfera pública digital são os "interesses comerciais", que estão a conduzir a uma situação em que é difícil interagir uns com os outros. Fuchs apela, assim, a uma contra-esfera pública não comercial.

Palau-Sampio e López-Garcí (2022) afirmam que uma esfera pública digital é a "evolução" do espaço público "unidirecional" do século XX, que se define com uma "intermediação política e mediática". No entanto, acrescentam que a atual multiplicidade de actores e de mensagens multidireccionais *"não resolveu os problemas que existiam anteriormente e ainda gerou outros.*

Os investigadores referem sobretudo a "fragmentação das audiências", bem como a "dispersão das vozes" como factores principais que agravam a crise do espaço público, sem alternativas, em termos de "diálogo distinto", e consideram a "desinformação" como um dos desafios perante o passo essencial necessário: "dar prioridade à qualidade da informação".

Rohde Johannessen e Folstad (2014) referem-se à "cultura" como um elemento central para se adaptar mentalmente como utilizador dos meios de comunicação em linha. A natureza "em rede" da Internet exigia, por conseguinte, uma esfera pública "em rede" paralela, com numerosos debates e espaços variados. Os investigadores revelaram uma das vantagens da comunicação política: os partidos políticos podem convidar as "vozes contrárias" para o debate.

A capacidade de "adaptar" os sítios de redes sociais aos seus próprios interesses e objectivos foi o principal argumento de investigação de Wang (2011) e Alhabash

(2011). Descreveram-na como a capacidade de construir uma rede, criando e mantendo relações que não eram possíveis sem a Internet.

No entanto, a dimensão da rede não é objeto de grande atenção. Quan e Yound (2010) defendem que o conceito de dimensão da rede está relacionado com a informação adicional divulgada nos sítios de redes sociais, que representa a importância da dimensão e do grau da rede, uma vez que os utilizadores têm mais probabilidades de serem utilizadores activos se aderirem a uma rede "pesada".

Salehan e Negahban (2013) acrescentam que a dimensão da rede nos sítios de redes sociais incorpora um conceito associado a cada plataforma. Por exemplo, a dimensão da rede no Facebook é vista como o número de amigos que um utilizador tem no seu perfil, e no LinkedIn é conhecida como o número de ligações no seu perfil profissional.

'Quem se importa com a esfera pública?" Agustin Goenaga (2022) esclarece que a esfera pública é um indicador do estado da democracia; e a sua deterioração é uma prova de comprometimento do processo de democratização.

Goenaga abordou três funções normativas que se espera que as esferas públicas desempenhem nas democracias representativas: dão voz a perspectivas alternativas, dão aos cidadãos a possibilidade de criticar as autoridades políticas e divulgam informações sobre questões de interesse público.

Os cidadãos desenvolvem opiniões diferenciadas sobre a importância destas funções democráticas, consoante (1) a sua capacidade de influenciar as decisões políticas através do debate público e (2) a medida em que a voz, a crítica e a informação abordam os problemas democráticos que lhes interessam particularmente. Os cidadãos mais instruídos são mais susceptíveis de atribuir maior importância às três funções.

Os membros de minorias culturais e sexuais são mais susceptíveis de sublinhar a importância de dar voz a perspectivas alternativas, enquanto os cidadãos insatisfeitos com o governo são mais susceptíveis de dar prioridade à crítica pública e ao acesso a informações fiáveis.

Chambers e Kopstein (2022) abordaram três funções importantes desempenhadas pela esfera pública na democracia: a formação de opinião, para facilitar a circulação da informação e para que os utilizadores formem opiniões políticas e tomem posições sobre assuntos públicos; a segunda é a função de responsabilização; uma vez que a esfera pública acolhe o debate pluralista, a crítica e a contestação que, idealmente, responsabiliza o poder perante o público; a terceira é a função de capacidade de resposta; uma vez que a esfera pública acolhe espaços, plataformas e locais em que o público pode articular e comunicar reivindicações, exigências e interesses, aos quais os Estados e os representantes democráticos devem responder. Se os cidadãos não dispuserem de informações que lhes permitam formar juízos de valor, esse facto, por sua vez, prejudica a responsabilização e a capacidade de resposta.

Os autores clarificaram dois problemas interligados associados à nova paisagem digital que são considerados uma ameaça para o papel democrático da esfera pública: a migração da má sociedade civil, pelo que a comunicação em linha se tornará cada vez mais incivil, polarizada e atrairá mais pessoas para grupos antidemocráticos, enviando-as para buracos de coelho extremistas e conspirativos, e o segundo problema é a circulação de desinformação e o afundamento dos níveis de confiança nas fontes de informação.

Mais importante ainda, afirmam que a "desordem da informação" está a ser agravada pela comunicação digital, representada por problemas de desinformação e desinformação, má informação, malinformação, falta de informação e, por vezes, demasiada informação. Além disso, consideram que se trata de um problema "político" e não tecnológico, na medida em que se propaga entre os cidadãos independentemente da sua utilização das redes sociais. Referem-se à tática do "velho autoritarismo" de *procurar enfraquecer o poder da informação*. Por conseguinte, a solução deve envolver mais do que regulamentação técnica; *"não são algoritmos que controlam as nossas vidas, são agentes políticos com agendas. É com o homem e não com a máquina que temos de nos preocupar".* '

As revoltas que varreram o mundo árabe a partir de dezembro de 2010 constituem um sério desafio a muitas das principais conclusões da literatura de ciência política centrada na durabilidade do Estado autoritário do Médio Oriente. O impacto dos meios de comunicação social na política contenciosa representa uma das muitas áreas que exigirá uma nova reflexão significativa.

Lynch e Marc (2011) referem a mudança dramática no ambiente de informação durante a última década, que afectou a capacidade dos indivíduos de se organizarem para a ação colectiva, bem como a mudança na transmissão de informação do nível local para o internacional. No entanto, argumentam que foi oferecida uma oportunidade igual aos Estados autoritários. Por conseguinte, a evolução a longo prazo de um novo tipo de esfera pública pode ser mais importante do que os resultados políticos imediatos.

Com base no aforismo amplamente citado, *"o Twitter não causa revoluções, mas as revoluções são tweetadas"*, Lynch & Marc argumentam que *"as estruturas de oportunidade política são mais importantes do que a tecnologia por si só"*. Explicam que o importante papel desempenhado pelos meios de comunicação social na primavera Árabe foi reforçado pela frustração do público relativamente às "eleições manipuladas" e à "deterioração da economia", bem como pela cobertura dos meios de comunicação social tradicionais, referindo-se especificamente à nova rede de televisão do Qatar, Al-Jazeera. Por outro lado, a análise abordou a reação do Estado representada por: *controlo, vigilância* e *repressão*. Por conseguinte, argumentam que *"as estruturas de oportunidade política são mais importantes do que a tecnologia por si só".*

As redes sociais, ao tornarem-se parte integrante das actividades quotidianas, não só transformam as formas de comunicação, desafiando o acesso tradicional e democratizando o acesso à informação, como também têm a capacidade de redistribuir o poder. A relação entre os governos e os cidadãos é transformada; os cidadãos têm a oportunidade de estar conscientes e empenhados politicamente e de monitorizar as decisões e políticas injustas do seu governo. (Yan, 2021)

Argumenta-se que esta mudança fundamental de poder será mediada pela experiência do Estado em matéria de controlo, vigilância e repressão. Para além do que é descrito como "o lado negro dos meios de comunicação social sobrealimentados". (Lynch e Marc, 2011; Yan, 2021)

Sitaram e Bernardo (2010) demonstram como o conteúdo das redes sociais pode ser utilizado para prever resultados no mundo real. Em particular, os investigadores utilizam a conversa do Twitter.com para prever as receitas de bilheteira de filmes. Os resultados mostram que um modelo simples construído a partir da taxa de criação de tweets sobre determinados tópicos pode superar as previsões baseadas no mercado. A análise demonstra ainda como os sentimentos extraídos do Twitter podem ser utilizados para melhorar o poder de previsão das redes sociais.

O desenvolvimento político e social e a mudança alcançados no terreno/offline a que estas plataformas reagiriam e interagiriam; não como uma mudança de momento independente, mas como uma mudança no contexto em que operam e são utilizadas. Assim, está relacionado com o estado atual e não com a ferramenta em si; como exemplo: Antes dos acontecimentos de 30 de junho: um campo de batalha; conflito doutrinal e intelectual, e polarização. Após os acontecimentos de 30 de junho: A agitação política em linha terminou em paralelo com a mudança radical do regime, as restrições legais.

O resultado deve ser considerado à luz da amostra da análise cultural; o investigador analisou três páginas do Facebook que representam pontos centrais variados: *Kolena Khaled Said* (a página que apelava à revolução de 25th de janeiro), *6ª de abril e Tamarrud* (a campanha que apelava às revoltas de 30 de junho). Na realidade, está mais relacionado com indivíduos, pessoas específicas, do que com páginas/grupos/coalizões.

Moustafa (2016) resumiu os factores que afectam o papel da comunicação eletrónica na reforma política e na mudança social da seguinte forma: (1) A função e a forma destas ferramentas na sociedade, (2) o nível de liberdade, (3) a diversidade de opiniões e atitudes permitidas, (4) a natureza dos aspetos políticos/culturais/sociais/políticos profundamente enraizados na sociedade, (5) a filosofia do regime político e a medida em que liberta a utilização destas ferramentas na forma social.

No seu despacho intitulado "Democracy Fades in the Arab Spring's Success Story" (4 de agosto de 2022), Simon Speakman Cordall, um jornalista freelance baseado na Tunísia, explicou a rápida transformação da cena política na Tunísia, o país que despoletou a primavera Árabe, citando Hamza Meddeb do Carnegie Middle East Center, que observou que a Tunísia se tinha tornado um país fundamentalmente dividido: "Temos cerca de um quarto da população que apoia o presidente e a sua constituição [...] de acordo com as instituições de sondagem, um quarto do eleitorado tem boicotado ativamente o referendo".

Meddeb, no entanto, refere-se aos dados; chama a maioria silenciosa; os 50% que ainda não se decidiram, e afirma que eles não são passivos, e que devem sair à rua se a sua principal preocupação, que é a questão económica, foi longe demais através do aumento contínuo dos preços e dos subsídios que são cortados.

Uma mudança importante é o facto de a mediação contemporânea ter esbatido a separação entre online-offline e papel digital. Fundidos, podem representar uma cultura de convergência (Jenkins 2008), produsage (Bruns 2007) ou sincronização dos media. (Sakr, 2021)

Está provado que os sítios de redes sociais têm o poder de alterar os padrões de comunicação e de interação humana e de criar uma interação intensa que influencia a vida dos utilizadores, apesar de estas interações poderosas só serem vividas num contexto em linha. O virtual continua a ser real. (Humphreys, 2007; Clemons, 2009; Cheung e Lee, 2010; Kim, 2011; Alhabash et al., 2013)

2.2 OS SÍTIOS DE REDES SOCIAIS EM LINHA COMO ESFERA PÚBLICA

Ganaele Langlois (2014) num estudo intitulado "Meaning in the Age of Social Media", Langlois teoriza o processo central da "atividade quotidiana" humana; "encontrar significado"; *dar sentido ao que está a acontecer [...] para perceber o que representam e qual a nossa posição em relação a [coisas, pessoas e acontecimentos]"*.

Langlois explica que *"este processo nunca ocorre isoladamente; requer actos de comunicação"*. E, ao encontrar um significado, como uma busca contínua, depende de uma vasta gama de aspectos: mapeamento mental, discursos, acordo e validação, e abertura aos outros. Tal como Langlois, o seu entendimento está próximo da *definição de[i] John Durham Peter de comunicação como um processo de encontro autêntico.*

Além disso, é suposto ser um processo recíproco e bidirecional que levanta uma questão ética: *"como podemos ser reconhecidos, ouvidos, aceites e como podemos reconhecer, aceitar e ouvir os significados do Outro?* No entanto, afirma-se que, uma vez que *os "significados"* questionam *o "poder",* os significados são utilizados no controlo social e político; os meios de comunicação social, por exemplo, são instrumentos para fornecer significados.

Inversamente, porém, este processo interminável é "criativo" e praticado tanto individual como coletivamente; permite a formulação de alternativas e a quebra de um poder antigo. *É um processo de capacitação e emancipação.* '

O ponto de partida de Rabah (2013) foi afirmar que tanto o interesse académico como o público em explorar as *"caraterísticas de democratização"* dos sítios de redes sociais em linha remonta à década de 1990. E as revoltas da primavera Árabe foram a verdadeira encarnação destes debates. A questão central de Rabah (2013) é *"em que medida e de que forma podem as plataformas dos sítios de redes sociais contribuir significativamente para a emergência de uma esfera pública virtual no mundo árabe?* A premissa do estudo é que *"num contexto de esfera pública virtual, as plataformas de redes sociais podem oferecer um espaço alternativo à tradicional esfera elitista árabe hegemónica"*.

A resposta a esta pergunta depende das orientações normativas de cada um; no entanto, a resposta curta dada pelo investigador é que *"as plataformas de redes sociais no mundo árabe parecem estar longe de ser uma esfera pública virtual dedicada à mudança social e política"*.

A análise aborda o conteúdo "superficial" partilhado e publicado nestas plataformas na maioria das vezes, para além do efeito do contexto em que os cidadãos árabes utilizam estas plataformas. O investigador interpretou o papel desempenhado por estas plataformas no Egito, levando a uma

as realizações significativas como *"casos especiais; momentos de transição"*, argumentando que só durante estes eventos as plataformas de redes sociais podem contribuir para acções reais no terreno, embora, acrescenta o investigador, *"sem impacto duradouro"*.

[th]A resposta longa, por outro lado, inclui "boas notícias", *uma* vez que o

investigador descreveu alguns Estados árabes como tendo *"uma* esfera pública virtual *muito ativa e dinâmica"*, em particular o Facebook e, em menor grau, o Twitter, observando que a dimensão destas esferas públicas virtuais não é um fator válido; referindo-se ao Habermasianismo do século XVIII limitado à esfera pública das elites com um impacto substancial; *"Podem revolucionar as práticas políticas ou acomodar-se-ão ao atual status quo numa altura de maior cinismo em relação à política? Poderão alargar as capacidades políticas dos cidadãos do mundo árabe e promover discursos racionais? O potencial "revolucionário" destas redes será limitado pelos regimes autoritários da região e pela apatia e cinismo dos cidadãos?*

Num projeto de dois anos, *"CreatingFacebook"*, que estuda a "Agência do Utilizador" através de respostas a questionários de mais de uma centena de utilizadores do Facebook, bem como de entrevistas aprofundadas com uma subamostra, Seargeant (2019) reflecte sobre a comunicação no site no que diz respeito a "o que é considerado um comportamento adequado", "como as interações são reguladas".

No que diz respeito aos factores que afectam e determinam o comportamento em linha dos utilizadores, é indicado que a *"partilha social"*, e não apenas a tecnologia, é a dinâmica central no coração do Facebook, referindo-se às *"crenças que os utilizadores têm sobre a melhor forma de utilizar a tecnologia, como a utilizam para esse fim e as normas que desenvolvem ao fazê-lo"*.

Além disso, os utilizadores têm de compreender as caraterísticas do seu público e as diferentes relações dentro da sua rede em linha, o que se designa por "*intradiversidade*". O estudo afirma que os utilizadores também[i] *têm de ter em conta o facto de que as suas mensagens serão partilhadas, reproduzidas e interpretadas num número ilimitado de novos contextos [transformando] o significado e o valor atribuído a uma mensagem".*

Uma análise secundária de 25 estudos árabes e 23 estudos estrangeiros que aplicaram a ação comunicativa de Habermas para abordar o papel real dos meios de comunicação tradicionais e digitais na *"circulação e garantia do domínio intelectual das forças hegemónicas na sociedade ou* na *viabilização da livre discussão",* entre os anos 2011-2021.

Os resultados revelaram uma controvérsia contínua entre os investigadores árabes e estrangeiros sobre o papel das redes sociais e dos meios de comunicação digitais na criação de uma esfera pública livre, baseada no debate racional e no diálogo comunicativo racional, em comparação com os meios de comunicação tradicionais, especialmente após as transformações políticas a que muitos países árabes assistiram na última década. No entanto, os resultados alertam para a necessidade de uma garantia absoluta do papel destas redes na criação de uma esfera pública, com a necessidade de considerar a ética do discurso apresentado através da esfera pública virtual, que pode ir além das opiniões moderadas e ameaçar a democracia desejada.

Assim como a necessidade de estudar este domínio no quadro da sua relação com o contexto histórico, político e social da sociedade, sublinhando a dificuldade de aplicar a esfera pública no sentido habermasiano às sociedades árabes. (Bekheit, 2022)

Diferenciando entre utilizadores "comuns" e "peritos", Yang, Quan-Haase e Rannenberg (2017) estudaram o Twitter como um espaço público virtual, afirmando que (1) os cidadãos comuns são *"espreitadores"* ou *"consumidores passivos de informação"*; a sua participação consiste principalmente em *"seguir"*, *"retweetar"* e *"observar"*, em vez de tweetar as suas próprias opiniões.

O estudo remete para a descrição de Greenhow & Gleason (2012) de[i] *Twitteracy'* (uma combinação de Twitter e literacia) como uma competência adquirida para a participação em debates em linha. O estudo enquadra a plataforma Twitter como *"um espaço dominado por especialistas"* que, *consequentemente, parece "intimidante" para os cidadãos comuns.*

Além disso, refere-se aos resultados de Colleoni et al (2014) que indicam que *"as caraterísticas do Twitter - em particular, os hashtags, permitem aos utilizadores seguir um debate anonimamente"* e, infelizmente, isto pode ter um *"efeito contrário"* no que diz respeito à formação de uma esfera pública virtual funcional. A singularidade do tópico estudado, "O direito a ser esquecido", também foi tida em consideração na interpretação destes resultados; os investigadores explicam que o *"sentimento de ignorância ou inexperiência dos utilizadores comuns"* os impediria de contribuir para uma conversa que envolvesse instituições e funcionários jurídicos e, por conseguinte, acreditam que *"estão a ser úteis ao não interromperem as discussões moderadas pelos especialistas"*.

Em termos da forma como a influência ocorre nas redes sociais, as principais conclusões do estudo são resumidas da seguinte forma: "a esfera pública observada assemelha-se à tradicional: com a participação de actores de elite como portais de notícias, especialistas e empresas, mas também difere significativamente em termos de: mecanismos subjacentes e meios de difusão de informação.

Como afirmam os investigadores, os peritos são essenciais para comentar, transmitir e dar sentido à informação. Os influenciadores podem ser definidos em termos de: a sua centralidade numa rede - os principais influenciadores são designados por estrelas ou líderes de opinião - a sua capacidade de transferir informações entre redes que, de outro modo, estariam desconectadas; os principais intervenientes nesta categoria são designados por guardiões, cosmopolitas ou actores de ligação.

Num artigo publicado no The Atlantic, Megan Garber advertiu que *"um ano após a revolução egípcia, 10% dos seus meios de comunicação social já desapareceram"*. Sakr (2021), um dos académicos, criticou o *"exagero"* do papel da Internet e dos meios de comunicação social nas revoltas árabes; *"demasiada atenção ao Facebook ou ao Twitter em vez das lutas políticas subjacentes"*.

Após o desvanecimento gradual do ímpeto da primavera Árabe em 2011, foi dada mais atenção ao enquadramento das plataformas dos sítios de redes sociais como estando ao serviço de *"grupos terroristas"*. Consequentemente, tanto *os "actores oficiais do Estado como a sociedade civil"* envolveram-se e *a "diplomacia digital"* desenvolveu-se como um novo método. No Egito, por exemplo, estas plataformas têm vindo a registar um aumento do número de utilizadores desde 2011. Mas *"não se trata apenas de um aumento do número, mas sim de uma transformação dos utilizadores e da sua utilização"*.

É óbvio que a resposta dependerá sempre do "ponto de partida". Ao definir operacionalmente as plataformas de redes sociais em linha como *"infra-estruturas digitais"* que *"constroem o seu sucesso com base na extração e no refinamento de dados"*, dirige-se a atenção para o "modelo de negócio" dos proprietários destas plataformas, descrito por Zuboff como *"indiferença radical; não importa o que está nas condutas, desde que estejam cheias e a fluir".* '

Essa análise proporia uma solução que consistiria em emitir legislação que obrigasse as plataformas a moderar e monitorizar os conteúdos gerados pelos utilizadores. Enquadrar os sintomas e implicações associados à pós-verdade como "ameaças" e os utilizadores como consumidores passivos e polarizados que percorrem a desinformação leva, no final, a limitar os debates às preocupações com a privacidade e às opções de vigilância.

Mas *"a sobrevalorização do papel do consumidor em detrimento do papel do cidadão"* dificulta a eficácia de qualquer interferência legislativa. O que é necessário é *"um quadro regulamentar que apoie a diversidade e a pluralidade dos espaços em linha e garanta o acesso a fontes comuns de informação factual".*

A análise estende-se a um ambiente de "superabundância de informação"; como a Internet está a orientar as nossas formas de conhecimento, a questão já não deve ser a de saber que informação está disponível - é uma questão de saber como adquirimos a informação". (Hyvonen, 2022)

A literatura sobre o futuro das redes sociais centra-se sobretudo nas suas funções no marketing digital e não na comunicação política. (Vu, 2020) Como diz Fuchs (2014), "os media sociais tornaram-se, desde meados dos anos 2000, uma palavra de ordem e uma ideologia de marketing destinada a atrair utilizadores e investidores para as plataformas". A sua análise crítica é a favor da esfera pública de Habermas; Fuchs apela a que se coloquem questões relacionadas com a "propriedade" destas plataformas em linha e não apenas para discutir o seu efeito manifesto na transformação da comunicação política e cultural.

Lievrouw e Livingstone (2002) dividem as perspectivas futuras em duas categorias: por um lado, há aqueles que se inclinam para uma interpretação positiva dos novos meios de comunicação. Defendem que as novas tecnologias podem ser utilizadas para promover a participação dos cidadãos nos debates, substituindo o espaço vazio dos meios de comunicação tradicionais e abrindo a porta à invenção de novas formas de comunidade. Por outro lado, os que se inclinam para uma interpretação negativa identificam o risco de se criar uma forma de dominação tecnológica sobre os indivíduos, capaz de controlar e manipular opiniões, decisões e comportamentos a um nível nunca antes possível.

Haoran, Qi, Jindou e Xuanjin (2017) prevêem que o software avançado de análise de tecnologias do futuro está a permitir a realização de mais investigação sobre o futuro da agenda dos tópicos discutidos com base no histórico das publicações do utilizador.

Chambers e Kopstein (2022) consideram que o papel central dos meios de comunicação social na esfera pública *"não é o de um local de debate e de intercâmbio deliberativo, em que o civismo e o respeito são essenciais, mas sim o de uma fonte de informação"*. Esclarecem que a grande maioria dos mil milhões de utilizadores do Facebook *"são consumidores e não produtores de informação"* e que a falta de deliberação civil *"não é tão grave como se as plataformas impossibilitassem o acesso a informação fiável e a factos básicos"*.

Consequentemente, abordam duas formas pelas quais os meios de comunicação social estão a "perturbar *a circulação saudável da informação na esfera pública"*: (1) o problema das câmaras de eco induzidas tecnologicamente e das bolhas de filtragem, e um problema mais premente é (2) a disseminação de informações não fiáveis e falsas.

A teoria do capital social conceptualiza a força das interações numa sociedade em rede, com a criação de pontes versus a criação de laços, e mede a reciprocidade como um fator e um resultado da confiança. Fornece-nos uma boa explicação das razões pelas quais tantas pessoas participam em comunidades em linha, aparentemente sem receberem qualquer recompensa pelas suas contribuições. Devido aos valores interligados do capital social, das comunidades, das redes e da esfera pública, o capital social pode atuar de duas formas, quer como determinante da participação, quer como resultado da participação.

O capital social pode ser utilizado para explicar os laços entre os utilizadores das redes sociais e pode também funcionar como uma ferramenta para explicar por que razão as aplicações das redes sociais se tornaram tão populares em tão pouco tempo. O capital social e as redes sociais estão ambos relacionados com as redes, as comunidades e a ajuda às pessoas que nos rodeiam.

Johannessen (2012) explica que o capital social e o funcionamento das esferas públicas estão interligados. Refere que a "confiança na reciprocidade" é um fator importante que afecta o envolvimento cívico em linha em qualquer comunidade [e, ao mesmo tempo], uma discussão bidirecional bem sucedida pode contribuir para aumentar o capital social e o debate político.

Yolmo (2018) identificou sete blocos de construção funcionais das plataformas de redes sociais: (1) Identidade; (2) Conversas; (3) Partilha; (4) Presença; (5) Relacionamento; (6) Reputação; e (7) Grupos. A "identidade" refere-se à "privacidade", pois representa até que ponto os utilizadores se sentem à vontade para revelar dados pessoais em linha. Espera-se, portanto, que, caso um utilizador não esteja seguro das consequências, opte por fornecer informações de perfil "falsas".

A conversação é o bloco relacionado com a interação com outros utilizadores. A partilha tem mais a ver com a "troca" e a "distribuição" de conteúdos, enquanto a presença é o bloco que descreve a consciência da acessibilidade dos outros utilizadores, o que, por sua vez, afecta a conversação. A relação determina em que medida o utilizador se "relaciona" com outros utilizadores e a reputação é a medida em que um utilizador reconhece o seu próprio estatuto na rede. Por último, a funcionalidade do bloco "grupos" é a capacidade do utilizador de criar e aderir a grupos e subgrupos.

Abd-Alghaffar (2022) realizou um estudo analítico e de inquérito para explorar os mecanismos de formação de capital social na sociedade egípcia e aplicou-o à aplicação áudio Clubhouse, a rede social mais recente e em rápido crescimento. O estudo tem por objetivo descobrir os padrões e os motivos de utilização entre os jovens egípcios, para além de abordar os tópicos/questões mais proeminentes discutidos. Os resultados mostram o impacto da aplicação nas relações sociais, referindo-se às caraterísticas pessoais dos participantes (oradores, moderadores e o público geral de ouvintes) e às suas conversas bem-educadas. O investigador descreveu a conversa direta/instantânea através da voz como sendo a mais próxima da comunicação presencial da vida real, afirmando que a maioria comunicou com a sua informação de identidade real. A análise indicou o significado da interação através do Clubhouse da seguinte forma: solidariedade e empatia em diferentes situações; um sentimento de proximidade e harmonia que permite desenvolver as relações sociais tanto em linha como fora de linha. A confiança nas interações sociais reflecte-se na constatação de que 70,7% da amostra utiliza o Clubhouse e 51,1% utiliza o seu nome verdadeiro. Por fim, o investigador recomenda que se concentre no estudo da relação entre a utilização da aplicação Clubhouse por adolescentes e crianças e os seus valores, bem como o processo de construção e formação do capital social.

O Índice Global de Desinformação (GDI) encara a desinformação através da lente do conflito da "narrativa contraditória", afirmando que "a desinformação ocorre quando alguém promove uma narrativa intencionalmente enganadora que é contraditória em relação às instituições democráticas, ao consenso científico ou a um grupo de risco - e que acarreta um risco de danos", o que mina a confiança nas instituições sociais, políticas, económicas e científicas e semeia a divisão no seio das sociedades, conduzindo frequentemente a danos no mundo real, incluindo violência, doença e morte. Os danos causados por narrativas contraditórias são cada vez mais evidentes em todo o mundo; desde o discurso de ódio e o assédio até às teorias da conspiração e ao extremismo, as pessoas são prejudicadas emocional, financeira e fisicamente em resultado de conteúdos tóxicos em linha. A nível social, a divisão e a desconfiança crescentes em relação aos outros e às instituições que constituem as nossas sociedades estão a corroer o progresso democrático, dando aos populistas e aos autoritários uma visibilidade e um poder crescentes em detrimento de vozes competentes e independentes. O que está em causa é nada mais nada menos do que o progresso da civilização desde o Iluminismo.

No seu estudo intitulado "Public Sphere Distortion in the Age of Internet Giants: Regulatory Pathways towards the Implications of Automated Online Content Filtering", Ibrahim Sabra e Mostafa Elkadi (2022) debatem os "filtros automáticos" e o seu efeito crescente no fluxo de conteúdos na esfera pública em linha. Numa abordagem sócio-jurídica, analisam o presente e o futuro dos procedimentos regulamentares, apelando a uma "ação internacional" para capacitar os utilizadores e enfraquecer o controlo dos Estados e das plataformas.

O estudo mostra que, ultimamente, cada vez mais países e regimes estão a desenvolver políticas e procedimentos para regular a adoção de "acções automatizadas" na Internet. No entanto, nas democracias, a maioria destas medidas tem por objetivo preservar uma esfera livre de informação e de opiniões. E, consequentemente, os critérios de escolha das medidas são a *"legalidade"* e *a "necessidade"*, exigindo que qualquer ação seja *"justificada"* e se enquadre na convenção nacional e internacional dos direitos humanos.

Estes são exemplos de regulamentação e/ou restrição ao nível dos Estados e não uma obrigação das empresas. Anos mais tarde, as organizações da sociedade civil, entre outras instituições de vigilância, estão a documentar o que é descrito como o "enorme poder" das plataformas dos meios de comunicação social no controlo do fluxo de conteúdos. Em geral, a *"abordagem humana no comando"* é necessária e preferida ao controlo "automatizado", quando se trata da escolha da "autorregulação".

A literatura afirma a importância dos "Princípios Orientadores sobre Empresas e Direitos Humanos" como uma "lei branda" que é "respeitada" pelos "gigantes da Internet" para evitar qualquer "abuso" e "estabelece normas claras e adequadas" para uma empresa responsável.

Mesmo nos EUA, há um esforço de longa data para desenhar uma "autorregulação" eficaz que garanta uma esfera saudável, minimizando o discurso nocivo. No entanto, os que se lhe opõem colocam-na na mesma categoria das interferências governamentais; ambas são consideradas "censura prévia", desde que o utilizador final não tenha qualquer controlo sobre elas.

Na UE, a diretiva relativa ao comércio eletrónico retirou às plataformas a responsabilidade de regular ou controlar os conteúdos gerados pelos utilizadores, nem sequer sob a alegação de "verificação de factos" ou de "indicação de qualquer atividade ilegal". O Reino Unido, por outro lado, adoptou o modelo de um "regulador independente" para "pressionar" as empresas tecnológicas a serem mais responsáveis em relação ao conteúdo divulgado nas suas plataformas; "dever de cuidado".

A autoridade desta entidade reguladora independente vai desde as "coimas", o "estabelecimento de códigos", a receção de "relatórios anuais de transparência" e o "incentivo" ao acesso dos investigadores académicos aos dados, até à adoção pelas empresas de um "sistema de queixas convivial" e ao "investimento no desenvolvimento de tecnologias de segurança". O ponto único desta etapa é a estratégia paralela de longo prazo para a "literacia mediática em linha", que é da responsabilidade do governo para sensibilizar as pessoas.

O Egito não está incluído na categoria dos países que decidiram criar "unidades" para controlar os conteúdos em linha e "detetar a desinformação", "rotular as notícias falsas" e "impedir" as campanhas enganosas estrangeiras, nomeadamente durante as "eleições".

No entanto, o Egito já activou essa medida em todos os ministérios e numa das principais unidades que lhes estão associadas. O Egito está incluído diretamente na categoria de países que decidiram combater os conteúdos "nocivos" através da autoridade das leis que emitem as "Leis contra as notícias falsas e o cibercrime", juntamente com a Alemanha, a China, a Malásia e o Quénia. Estas leis são, consequentemente, "fortemente criticadas" por restringirem "abusivamente" a liberdade de expressão em linha.

O estudo remete para a literatura sobre o "desequilíbrio" entre os "meios de comunicação ilimitados" e a "atenção limitada" dos utilizadores, que não conseguem avaliar, verificar e aperfeiçoar o conteúdo que recebem em linha, nem dar prioridade à informação relevante, acabando por ficar confusos. Este facto facilitou e incentivou a "personalização dos conteúdos".

Em conclusão, os autores afirmam que a Internet é considerada, em todos os contextos culturais e outras variáveis, como o principal fornecedor de informação e o espaço público "preferível" para debates. Os principais factores por detrás disso são a sua capacidade de ultrapassar as barreiras do tempo, da distância e até da língua, com a acessibilidade fácil e barata a fontes e conteúdos variados;

principalmente os conteúdos gerados pelos utilizadores e o jornalismo cidadão, através de plataformas de redes sociais, que têm sido alternativas valorizadas aos principais meios de comunicação social durante décadas.

No que diz respeito ao futuro, o estudo abordou recomendações fundamentais para as medidas regulamentares; em primeiro lugar, o envolvimento da sociedade civil na conceção das políticas e o apoio aos investigadores para a construção de uma "base académica sólida" para estas políticas.

Em segundo lugar, a "familiarização" das várias partes interessadas com o funcionamento dos "filtros automatizados", de modo a tomarem decisões "informadas", e que estas regras "automatizadas" permitam aos utilizadores "suspender temporária ou permanentemente qualquer atividade de personalização" e "promover medidas de incentivo para uma maior exposição a conteúdos opostos e diversificados".

Em terceiro lugar, exige a regulamentação da "publicidade política" para garantir a "transparência" e a "neutralidade", para além de quadros jurídicos "inclusivos" aplicados a um "ambiente mediático fluido". Em quarto lugar, sugere a criação de um "comité independente" de "carácter internacional" para informar sobre a medida dos esforços de "autorregulação" das plataformas e para responder às queixas dos utilizadores.

No entanto, o estudo critica o "Conselho de Supervisão" autorregulador iniciado pelo Facebook (agora Meta) e esclarece que o recomendado "deve funcionar de forma semelhante ao Comité dos Direitos Humanos".

Argumenta-se que *"a autorregulação não é a resposta"*. Às 16h00 de 6 de janeiro de 2021, a decisão do Twitter de retirar a plataforma de Trump dá demasiado poder às empresas. Isto confirma que é *"mais eficiente perseguir um* [extremista e incitador ao ódio] *que pode chegar a milhões do que perseguir milhões de mensagens à medida que se propagam pela Internet, e verificar e corrigir os factos à medida que se espalham".* '

"Encontramo-nos numa bolha de filtragem sempre que estamos rodeados apenas por pontos de vista e opiniões com os quais concordamos, ao mesmo tempo que estamos protegidos de perspectivas opostas. As bolhas de filtro distorcem a nossa compreensão do mundo e dificultam a nossa capacidade de tomar decisões equilibradas."

No seu estudo, Sabra e Elkadi (2022) distinguem entre "Echo Chambers" (câmaras de eco) e "Filter Bubbles" (bolhas de filtragem), afirmando que a primeira é criada com base na decisão dos próprios utilizadores de "personalizar" o conteúdo que recebem; principalmente, escolheriam o conteúdo que "se alinha" com as suas crenças e opiniões, enquanto a última se baseia na "personalização algorítmica", que se baseia nos "dados pessoais" dos utilizadores e nos seus comportamentos e hábitos em linha.

O estudo também discute o que Cass R. Sunstein (2007) chama de "a espiral de polarização que se auto-reforça". Sunstein refere-se à "auto-personalização" dos utilizadores relativamente ao que devem ou não ver nas suas linhas de tempo.

No seu livro, The Filter Bubble: What the internet is hiding from you, Eli Pariser (2011) retrata o ambiente online de hoje como um lugar onde as empresas de tecnologia e os anunciantes que servem utilizam algoritmos para definir as notícias que vê com base no seu salário, educação e - crucialmente - no seu meio social.

A Internet deu início a uma era de "me media" que consiste em câmaras de eco.

E o problema destas câmaras de eco é que, quando entram em contacto umas com as outras, surgem conflitos. Isto não é uma boa notícia para a esfera pública.

Os estudos que consideram a Internet/meios de comunicação social como "o melhor lugar" onde o "ódio e o extremismo" podem ser amplamente difundidos, baseiam-se em "mecanismos de filtragem" que alimentam debates entre pessoas que pensam da mesma forma e que se tornam mais propensas a adotar posições extremas em comparação com as que participam em conversas diversas, afirmando que, por esta única razão, a "estabilidade social" nas sociedades é "posta em risco".

Durante uma conferência de imprensa realizada em setembro de 2021, o Twitter mencionou que estava testando um recurso chamado Heads Up, que estava em testes iniciais. O recurso agora parece estar funcionando para alguns usuários de Android e iOS. O Twitter observou que está testando prompts que alertarão os usuários antes que eles entrem em uma conversa acalorada ou intensa ou acalorada. O Twitter observou que os avisos têm como objetivo apoiar uma conversa saudável. O Twitter irá notificar os utilizadores sobre as conversas que podem ser intensas antes de eles tweetarem numa conversa.

Quando os utilizadores responderem a tweets, o Twitter mostrará avisos com a seguinte redação: "Let's look out for each other." Por baixo de "Let's look out for each other" haverá três pontos, incluindo "remember the human", "facts matter" e "diverse perspectives have value". O Twitter também avisará os utilizadores antes de publicarem algo suscetível de ser ofensivo. O Twitter também avisará os utilizadores antes de partilharem um artigo que não tenham lido. (Ahmed, 2021)

A opinião pública hostil pode ser uma ameaça tanto para as democracias como para os regimes autocráticos. Yang e Rannenberg (2017) apresentam o termo "Flare Topics", que surgem de forma "súbita e intensa", seguidos de um rápido desaparecimento do discurso. Estes temas de destaque estavam frequentemente associados a notícias provenientes dos principais meios de comunicação social e suscitavam debates acalorados sobre temas específicos. Atingiam rapidamente um pico e, depois, lentamente, iam diminuindo e desapareciam completamente; era nessa altura que o tópico latente voltava a estar em foco e sustentava o debate. Também observámos que estes tópicos de fulgor podiam mudar completamente o foco da discussão.

A propaganda extremista encontrou na Internet e nas plataformas das redes sociais espaços adequados para difundir as suas ideias e planos, recrutando adeptos e apoiantes. A análise das redes atribui a culpa aos "mecanismos de filtragem", descrevendo as consequências a longo prazo como o facto de colocarem em risco a "estabilidade das sociedades". Por exemplo, o algoritmo é apontado como responsável pela "função de amigos recomendados do Facebook", que ajudou a ligar membros do ISIL, enquanto "o algoritmo 'quem seguir' do Twitter sugeriu a ligação a contas de extremistas islâmicos no caso de o utilizador seguir uma conta da al-Qaeda". Além disso, o "sistema de recomendação do YouTube" dava prioridade a conteúdos de extrema-direita quando o utilizador interagia com material semelhante. (Sabra & Elkadi, 2022)

Sara Ahmed Abu El Saud (2020) analisa o "Discurso de ódio através das redes sociais e o seu papel na recolha e preenchimento político da opinião pública à luz da teoria do conflito". O estudo analisa conteúdos/opiniões em linha publicados em páginas e contas públicas (administração anónima) que representam diferentes pontos de vista políticos: os que são a favor do Estado, os que são contra e os que se descrevem como "independentes/outsiders", que não pertencem a nenhuma categoria.

Os resultados incluíram uma variedade de discussões sobre aproximadamente "todos" os tópicos de interesse público; os preços, a polícia (desaparecimento forçado, prisioneiros políticos,...), a educação, o sistema de saúde, a pobreza, o desemprego,. entre outros. O período de análise justifica-se por se referir às principais questões/crises polémicas nacionais que levaram o público a participar em intensos debates em linha; por exemplo: as terras de Tiran e Sanafir, a Grande Renascença Etíope, as condições económicas e as primeiras convocatórias para manifestações públicas (conhecidas como os vídeos do empreiteiro Muhammad Ali) desde 30 de junho de 2013.

O estudo indica que há um tom de "ódio" que domina a linguagem que exprime os pontos de vista e as opiniões; o "ódio" é dirigido às autoridades e instituições oficiais, bem como aos concidadãos comuns. O "ódio" como conceito é definido como um discurso "ilógico". No entanto, o estudo não fornece uma explicação sólida para a razão subjacente a este predomínio do "ódio" como atitude e forma de pensar e exprimir opiniões, exceto como uma falta de "pensamento crítico".

Por conseguinte, o investigador conclui que a solução assentaria fortemente na "educação" dos utilizadores, referindo-se à "literacia mediática" como uma orientação vital e útil para aqueles que pretendem melhorar os debates públicos em linha.

2.3 UM OLHAR CRÍTICO: O FUTURO DA COMUNICAÇÃO

Um excerto de um livro partilhado sob o título "The New Alchemies of the Net", no qual os autores desenvolvem a definição de comunicação: "*A comunicação é, portanto, muito mais do que o simples envio ou receção de informação através de canais politicamente neutros; a questão não é apenas quem envia e recebe, mas também o contexto social, de género e civilizacional que está presente neste processo'*" (Inayatullah e Leggett, 2002)

Os autores explicam que, para transformar a comunicação para as gerações futuras, é necessária uma abordagem inclusiva que envolva formas alternativas de conhecimento e tecnocracia crítica, em vez da abordagem dominante da comunicação exclusiva e orientada para o ego. Respondendo à pergunta "Quem fala?" no futuro, Inayatullah e Leggett referiram-se aos esforços desenvolvidos por Grace e Lennie, Jarva e Milojevic, sobre as dimensões de género das novas tecnologias, afirmando que milhares de milhões de vozes são sistematicamente silenciadas devido à falta de compreensão das visões do mundo subjacentes à cultura quotidiana.

No entanto, os autores afirmam que a avaliação crítica do presente poderia apoiar um futuro que aproxima os pobres e os ricos, as mulheres e os homens, o 'Ocidente' e o resto do mundo. Mas, sem esta mudança crítica e sem o esforço de dar voz às vozes marginalizadas da inclusão e da forma alternativa de pensar, o futuro seria a "tecnocracia vencedora", representada nos poderes do Estado e nos grupos de media globais.

Isto foi escrito em 2002, e a experiência provou que estava correto; é uma batalha de "significado" e de dar voz às ideias não expressas, e desafiar as regras e tradições assumidas. É assim que a esfera pública se está a transformar e a tornar-se um instrumento de transformação nas mãos do "público".

A análise tem-se apoiado fortemente em pensamentos que discutem a tecnologia num contexto mais amplo de outros fatores, principalmente poder, social, classe, género e decisões políticas, em vez de se concentrarem apenas nos aspetos técnicos. Como disse Bobsin (2018): "A mesma tecnologia pode ter diferentes potencialidades ao considerar diferentes situações".

No seu livro intitulado "Transforming Communication: Technology, Sustainability, and Future Generations", Anthony Judge, Richard Neville, Darren Schmidt, Jérôme Bindé, et al. (2002) exploram os futuros da comunicação, em particular os "cenários transformadores", com o objetivo de responder a três questões-chave: o que significa comunicar (What?), quem deve ser incluído na comunidade comunicativa (How?) e qual deve ser o objetivo da comunicação? (Como?), e qual deve ser o objetivo da comunicação? (Porquê?)

A análise indica que "a chegada da era da informação, que ostensivamente proporciona riquezas incalculáveis em pedaços de liberdade para todos, limita de facto o futuro de outros [...] rouba-lhes as suas alternativas de futuro - não cria uma visão comunicativa do futuro, uma Gaia das Civilizações".

O livro explica o termo "comunicação global autêntica", referindo-se a processos inclusivos que ajudam a "conhecer o outro" na sociedade, especialmente as categorias vulneráveis. Além disso, em relação ao futuro, os autores acreditam que o nosso futuro está em construção/destruição no momento presente e apresentam a questão da "inclusividade" numa abordagem crítica; "a questão da inclusão não é apenas uma questão de representação em termos do número e da classe de utilizadores das novas tecnologias da informação e da comunicação, embora o acesso seja crucial, mas uma questão de saber se 'outras' formas de conhecimento podem ser representadas na Rede [...] Então, o que está a ser comunicado e a quem? A comunicação, argumentamos, não é apenas a partilha de histórias, mas a comunicação recíproca das possibilidades de criar futuros sustentáveis para as gerações futuras."

Não é surpreendente que a literatura aborde "o sistema político" no topo dos factores que causam o futuro *"altamente incerto"* dos sítios de redes sociais. (Stronmen, 2012) Por outro lado, há factores que "empurram" para um futuro desejado, representados principalmente na "sociedade civil" e nas "comunidades em linha" que utilizam a Internet como esfera pública.

O caminho começa com "educar e informar" o público, até à "cuidadosa" interação em linha. Isto acrescenta o "poder" como um dos factores que afectam o futuro. É visível a rapidez com que as instituições políticas e de segurança "abanam a carroça" e os termos "liberdade", "abertura", "acesso" e "participação" são substituídos por "controlo", "propaganda" e "vigilância".

Yolmo (2014) mostra que a "responsabilidade social" é o aspeto número um a ter em consideração quando se trata da autoridade de autorregulação e censura das plataformas de redes sociais. O estudo recomenda que os próprios utilizadores tenham "um sentido de responsabilidade" ou arriscar-se-ão a "minar" a esfera pública.

De acordo com os inquéritos, os cidadãos de todo o mundo e de diferentes ideologias estão preocupados com a verdade e a confiança na informação. De um modo geral, está documentado que, entre 2016 e 2020, a autorregulação se revelou eficaz na alteração dos níveis e tipos de desinformação em linha.

Os grandes sítios de redes sociais, Twitter, Facebook e YouTube, lançaram várias iniciativas relacionadas com a verificação de factos, autenticação, comités de ética de supervisão, salvaguardas de privacidade, revisão e aplicação de normas comunitárias, moderação de conteúdos e debate sobre a transparência dos seus algoritmos. E, mesmo que o motivo não seja cívico, mas apenas orientado para o lucro, sugere-se que *está a fazer a diferença*.

Este esforço é considerado como uma resposta a quatro tipos de pressões. A primeira é evitar a regulamentação oficial; querem mostrar que reconhecem que a desinformação "é" um problema e que conseguem resolvê-lo, não precisando da intervenção do Estado. A segunda pressão sobre as plataformas provém de utilizadores insatisfeitos e de campanhas públicas de envergonhamento que abordam a desinformação e as questões de privacidade. A terceira é a pressão interna exercida pelos empregados para que se tornem melhores cidadãos corporativos; desde os mais humildes engenheiros de conceção até aos executivos de topo, têm vindo a expor decisões questionáveis e opções de conceção pouco éticas na forma como as plataformas selecionam a informação ou não aplicam as suas próprias normas. Finalmente, o dinheiro da publicidade e o apoio das empresas não são imunes à má cidadania e às falhas de autorregulação.

O que está em causa é uma política radical e mais igualitária de "falar e ouvir", uma vez que o problema da propagação de "rumores" regressa à autoridade que "está a visar a monopolização da informação". O utilizador é o responsável pela direção das redes sociais, juntamente com a identidade social e cultural. (Faris, 2008; Dhawan 2013; Meringolo, 2015)

No seu livro "The Future of the Internet-And How to Stop It?" Jonathan L. Zittrain explica como as caraterísticas geradoras da Internet são uma faca de dois gumes; são os factores-chave por detrás do seu extraordinário sucesso - e estão a tornar-se naquilo que "a posiciona para o fracasso". O livro descreve a natureza da tecnologia como "incompleta" e sempre aberta a melhoramentos que ajudam a tecnologia a tornar-se omnipresente, depois são feitos mais desenvolvimentos que aumentam o espaço de utilização. Este é o padrão circular de "generatividade" que apoia o posicionamento da tecnologia na corrente dominante. Os efeitos secundários que empurram para a direção oposta do sucesso ocorrem quando esta eficácia da corrente dominante atrai pessoas que não têm talento e tolerância, bem como não têm ligações com as possibilidades de desenvolvimento e partilha, e atrai também aqueles que "ganham com o abuso".

O padrão continua até ao ponto em que os utilizadores procuram "alternativas". Embora a reação óbvia ao "abuso", como afirma o autor, seja encerrar completamente o sistema aberto, tal não é possível com a Internet, uma vez que esta é uma das suas caraterísticas fundamentais e a sua singularidade enquanto meio de comunicação; [e] as entidades reguladoras teriam dificuldade em fazer regressar as tecnologias ao estado de atraso em que se encontravam.

Os autores perguntam, então: "Então, o que fazer para travar este futuro?", referindo-se a formas de travar a "evolução para um mundo não gerador". A resposta é a recomendação de uma "estratégia" que evite "matar" a Internet atual, mas que também garanta a eliminação do seu pior, mantendo-a aberta à "inovação" ao nível dos conteúdos e ao nível técnico, e dando aos seus utilizadores motivos para se manterem fiéis.

Num capítulo de livro que explora as "práticas digitais de participação política entre 30 jovens (dos 18 aos 24 anos) na Argentina, com base em entrevistas aprofundadas", Tarullo (2022) tenta abordar as várias questões do debate sobre as redes sociais, centrando-se nos "formatos das práticas" e nos "significados" dos resultados das conversas públicas em linha.

Os resultados "indicam que estes segmentos da população aderem à discussão de questões da agenda pública utilizando emojis e hashtags e preferem espaços digitais reduzidos para falar com os seus contactos próximos sobre questões polarizadas, a fim de evitar a agressão e a violência que dizem observar no espaço digital".

A Internet de hoje é significativamente influenciada pela Secção 230 da Lei sobre a Decência das Comunicações (Communications Decency Act) (1996), mas os actuais debates sobre as propostas de alteração da Secção 230 "têm o potencial de pôr em causa os princípios da liberdade de expressão e de subordinar a moderação de conteúdos privados ao direito público, numa nova expansão do poder governamental". A Secção 230 protege as plataformas da Internet da responsabilidade pelo conteúdo publicado nas suas plataformas pelos utilizadores, mas também incentiva a moderação voluntária. A secção 230 protege as plataformas da Internet da responsabilidade pelos conteúdos publicados nas suas plataformas pelos utilizadores, mas também promove a moderação voluntária.

É necessário repensar a narrativa política que acusa fortemente as plataformas da Internet de fazerem "vista grossa" a três grandes desafios que representam o lado negro da Internet, conforme descrito: desinformação sobre saúde, discurso de ódio e material de abuso sexual de crianças (CSAM). No entanto, tal não é verdade; os dados públicos e os relatórios de moderação de conteúdos reflectem o esforço exercido na aplicação das políticas; tal como anunciado pela Comissão Europeia (2018), mais de 70 por cento do discurso de ódio ilegal foi removido e quase 90 por cento do conteúdo sinalizado como discurso de ódio foi revisto no prazo de 24 horas.

As grandes empresas tecnológicas demonstraram estar a tomar medidas sérias para resolver estas questões; foram criadas infra-estruturas reguladoras internas para rever e remover conteúdos através de algoritmos e moderadores, bem como para oferecer aos utilizadores mecanismos desenvolvidos para assinalar violações. É evidente o aumento do número de denúncias feitas pelas principais plataformas; no período entre julho e dezembro de 2021: O YouTube removeu mais de 200 000 vídeos com conteúdo de discurso de ódio. A Meta analisou e tomou várias medidas relativamente a aproximadamente 50 milhões de conteúdos com discurso de ódio (40 milhões no Facebook e 10 milhões no Instagram). No início do mesmo ano (janeiro-julho), o Twitter analisou mais de 6 milhões de contas denunciadas por conteúdo de ódio e tomou medidas relativamente a mais de 1,1 milhões de contas (130 000 contas foram suspensas e mais de 1,6 milhões de conteúdos foram removidos).

Por conseguinte, recomenda-se que as instituições de segurança procurem soluções para além das alterações à Secção 230, que se revelaram eficazes para incentivar as plataformas a moderar os conteúdos, e que compreendam melhor os desafios e as limitações da moderação de conteúdos. Além disso, do ponto de vista tecnológico, este é o momento em que a Internet é empurrada para a descentralização, uma vez que muitos tecnólogos se mostraram profundamente insatisfeitos com os fracos níveis de soberania dos dados dos utilizadores e de comunicação aberta no sistema atual. A Secção 230, por conseguinte, é vista como promovendo a centralização das plataformas da Internet que tomam decisões sobre o conteúdo.

A solução vai além dos debates sobre a Secção 230 e limitará as possibilidades de interferência política; consiste em criar fontes abertas alternativas e proporcionar aos utilizadores um maior controlo sobre a sua experiência em linha. São referidos dois projectos de trabalho: o protocolo Matrix e o ecossistema Urbit. O projeto não tem uma entidade centralizada que possa ser responsável; em vez disso, é o utilizador que tem o controlo sobre o conteúdo controverso que publica. Os agentes governamentais devem encontrar e identificar os indivíduos envolvidos em cada incidente. Não existem câmaras de compensação únicas que possam ser capturadas e controladas. (O'Sullivan, 2022; Bagchi, Banker & Ogunleye, 2022)

2.4 A ESFERA PÚBLICA EM LINHA E A DEMOCRACIA

Salter (2007) refere-se às aplicações gerais da análise inicial de Habermas (1989) sobre as inovações tecnológicas, desde a televisão digital à Internet, como melhorando e facilitando a mediação das esferas públicas. Explica que estes sítios tecnológicos mediados são de "importância crítica", pois permitem a "comunicação livre", que é considerada um pré-requisito necessário para a democracia. O ponto crucial é minimizar "a integração destes sítios num modo de produção capitalista".

As redes sociais tornaram-se um termo-chave no novo discurso político participativo. O estudo de Imran e Fatima (2017) explorou o papel que os meios de comunicação social desempenham para incutir valores democráticos no comportamento de uma amostra de (340) estudantes de (5) universidades de Lahore através de um inquérito quantitativo. Os resultados verificaram a "teoria do conectivismo", sugerindo que os meios de comunicação social estão a tornar-se um novo tipo de esfera pública, onde os estudantes discutem e aprendem valores democráticos, incluindo a liberdade de expressão política, a tolerância política, a realização de campanhas, o conhecimento do voto e a participação política.

Wakabi (2019) argumenta que, embora esteja provado em numerosos estudos que existe uma "correlação" entre os sítios de redes sociais em linha (como o Facebook) e a e-participação, este efeito não é igual nos vários tipos de compromissos políticos e, além disso, depende da utilização, do sistema político/atmosfera/circunstâncias, o que, como conclui o estudo, faria com que os benefícios dos sítios de redes sociais em linha no contexto ocidental[i] *fossem alterados; o Facebook estava a aumentar as competências cívicas dos cidadãos, mas dificilmente aumentava a participação em linha."*

Muhammad Yehia Mousa (2020) analisou o papel dos "meios de comunicação alternativos" na formação de uma esfera pública para a liberdade de expressão no Iémen. O principal objetivo do estudo é examinar em que medida a rede Internet é adequada para criar uma esfera pública em que as ideias são deliberadas no âmbito de debates democráticos que não são restringidos, permitindo antes a livre expressão de interesses comuns entre os utilizadores.

O estudo aborda a "Genealogia da esfera pública", descrevendo as raízes da esfera pública, as suas formações estruturais e, especificamente, a esfera pública árabe e a sua nova esfera pública após a primavera Árabe. Em seguida, o estudo discute o quadro concetual dos "meios de comunicação alternativos" através de uma abordagem cronológica e de uma análise sócio-histórica dos meios de comunicação alternativos no Iémen. E, o terceiro conceito-chave do estudo, a liberdade de expressão, é analisado criticamente; a definição, o quadro jurídico no Iémen que regula a Internet.

A análise do estudo baseia-se em diversas variáveis, incluindo: tipos, taxas e motivos de utilização, acesso, interação, confiança, credibilidade, nível de liberdade de expressão, relação com os meios de comunicação tradicionais e necessidade de um quadro jurídico. Foi aplicado um inquérito para recolher os dados junto dos utilizadores iemenitas comuns; foi escolhida uma amostra intencional de 400 jovens, principalmente estudantes universitários, de diferentes idades e níveis de ensino, tanto do sexo masculino como do feminino, através de uma técnica de bola de neve.

O estudo indica que existe uma relação entre estas caraterísticas demográficas principais e os níveis de confiança, utilização e participação em debates.

O estudo argumenta contra o facto de a literatura se concentrar fortemente nas redes sociais como meio de comunicação, prestando menos atenção ao facto de a política estar a assistir a um elevado nível de populismo e polarização, referindo o relatório da Freedom House que afirma que o mundo árabe tem "autoritarismo digital".

Os critérios que determinam o que é uma esfera pública são variados, e o investigador criou uma lista extraída da literatura (Jurgan Habermas; Lincoln Dahlberg, 2001; Nathaniel Poor, 2005): acesso, liberdade sem restrições e uma lógica de discussões razoáveis. Os principais resultados são os seguintes: não existe uma esfera pública no contexto iemenita que corresponda à descrição habermasiana em pormenor, mas existe uma versão local que se aproxima dela e que fornece uma base sólida para a formação e estruturação de uma esfera que desempenha a maioria das funções vitais da esfera pública da burguesia de Habermas.

Além disso, o estudo afirma que a "nova" esfera pública iemenita está a passar por transformações que foram declaradas por Habermas, que previu a sua ocorrência; estas são o crescimento das ligações à Internet em todos os domínios da vida e o cidadão comum e os marginalizados estão a envolver-se e a encontrar uma audiência para os seus receios, pelo que estão a afirmar a sua identidade ameaçada e a enfrentar a discriminação.

Os resultados também mostram conclusões semelhantes às da literatura no que diz respeito aos círculos de discussão que não cumprem os requisitos do "pensamento lógico/razoável" e são, em vez disso, superficiais e meras discussões que não levam os participantes a lado nenhum. Em contraste com a literatura que utilizou o termo "desilusão" para descrever a Internet como uma esfera pública, Mousa (2020) concluiu que a Internet conseguiu formar uma verdadeira esfera pública que contribuiu para desenvolver o carácter dos seus utilizadores e que se tornou um aliado dos manifestantes e um símbolo da liberdade de expressão, bem como um instrumento eficaz para criticar os governos e as autoridades.

Para concluir, a literatura abordou os seguintes indicadores:

o "Tanto os movimentos como os activistas e os governos transformaram radicalmente as plataformas dos meios de comunicação social".

o A geração, não as ferramentas/plataformas; os *internautas*. Desenvolveram uma identidade colectiva baseada não no que os dividia, mas no que os unia". A juventude e, mais concretamente, as mulheres são os motores da mudança regional. Os jovens e, mais especificamente, as mulheres são os motores da mudança regional.

o A tecnologia não é capaz de abalar o modelo "não participativo" de longa data do mundo árabe.

o Se os cidadãos não dispuserem de informações que lhes permitam formar juízos, a responsabilidade e a capacidade de resposta ficam comprometidas enquanto funções principais da esfera pública.

o Trata-se de um problema político, não tecnológico.

o A evolução a longo prazo de um novo tipo de esfera pública é mais importante do que os resultados políticos imediatos.

o Os sítios de redes sociais provaram ser capazes de "redistribuir o poder" na sociedade.

o Utilizadores das redes sociais[i] *Aprender com a experiência".*

o A resposta dependerá sempre da "sua posição enquanto investigador".

o O facto de se dar demasiada importância ao papel do consumidor em detrimento do papel do cidadão dificulta a eficácia de qualquer interferência legislativa.

o O software de análise de tecnologia avançada está a permitir a realização de mais pesquisas sobre o futuro da agenda dos tópicos discutidos com base no histórico das mensagens do utilizador.

o A conversação instantânea do Clubhouse através da voz é a que mais se aproxima da comunicação cara a cara na vida real. O futuro está a caminhar para a comunicação "oral", que aumenta a confiança e se alinha com a abordagem de comunicação árabe preferível.

o Global Disinformation Index (GDI) considera a "desinformação" através da lente das "narrativas adversárias". "É com o homem, e não com a máquina, que temos de nos preocupar."

o A regulamentação da Internet no contexto ocidental destina-se a preservar a liberdade de expressão e tem de ser justificada e as medidas têm de ser legais e necessárias.

o As partes interessadas devem estar familiarizadas com o funcionamento dos filtros automáticos para poderem tomar decisões informadas.

o Milhares de milhões de vozes são sistematicamente silenciadas devido à falta de compreensão das visões do mundo que estão na base da cultura quotidiana.

O futuro transformacional da comunicação é uma abordagem inclusiva que envolve formas alternativas de conhecimento e tecnologia crítica, em vez da abordagem dominante da comunicação exclusiva e orientada para o ego. Uma Gaia de civilizações.

o O futuro da comunicação tem por objetivo responder a três questões fundamentais: O que significa comunicar? (O quê?), Quem deve ser incluído na comunidade comunicativa? (Como?), e Qual deve ser o objetivo da comunicação? (Porquê?)

o Os grandes sítios de redes sociais lançaram várias iniciativas relacionadas com a verificação de factos, a autenticação, a supervisão de comités de ética, a salvaguarda da privacidade, a revisão e aplicação de normas comunitárias, a moderação de conteúdos e o debate sobre a transparência dos seus algoritmos. Existem quatro tipos de pressão: (1) Evitar a regulamentação oficial. (2) Utilizadores insatisfeitos e campanhas públicas de humilhação. (3) Pressão interna dos funcionários para se tornarem melhores cidadãos corporativos. (4) O dinheiro da publicidade e o apoio das empresas não são imunes à má cidadania e à incapacidade de autorregulação.

o O sistema político é abordado como um dos factores que estão na origem do futuro altamente incerto dos sítios de redes sociais.

o As perspectivas das instituições políticas e de segurança substituíram os termos liberdade, abertura, acesso e participação por controlo, propaganda e vigilância.

o Os jovens árabes estão a desenvolver uma identidade híbrida que se presta tanto a caraterísticas locais como globais, como a diversidade, a coexistência, a capacitação das mulheres, as inovações, a liberdade, o orgulho nacional e a tolerância.

o A propagação de boatos volta à autoridade que está a visar a monopolização da informação.

o A secção 230, que protege as plataformas de serem responsabilizadas pelo conteúdo publicado nas suas plataformas, conseguiu o equilíbrio entre as plataformas serem responsáveis por tudo ou serem totalmente irresponsáveis, mesmo pelo conteúdo nocivo.

o Os sítios de redes sociais no contexto árabe estão a fornecer uma versão local que se aproxima da esfera pública de Habermas e proporcionam uma base sólida para a formação e estruturação de uma esfera que desempenha a maioria das funções vitais da esfera pública da burguesia de Habermas.

O ESTUDO-PILOTO

Foi realizado um estudo piloto para **identificar** os elementos-chave que definem e formam a situação atual dos sites de redes sociais (SNS) enquanto esfera pública no Egito e para **determinar** a comunidade do estudo (as categorias da amostra).

Uma **amostra** de utilizadores de sítios de redes sociais é monitorizada a partir de **três pontos de partida diferentes** que representam as principais categorias da amostra: Académicos, profissionais dos meios de comunicação social e líderes de opinião/influenciadores dos sítios de redes sociais. O investigador excluiria qualquer conta que não esteja a utilizar intensamente as plataformas de SRS (mais de três horas por dia) e que não esteja a publicar informações relevantes para o fenómeno estudado.

Em seguida, foi realizada uma análise de conteúdo no âmbito das hipóteses do quadro teórico e dos indicadores da literatura durante o período de um mês (10 de janeiro a 15 de março de 2019), incluindo algumas publicações mais antigas que foram repostadas durante a análise ou que foram arquivadas pelo investigador.

O estudo-piloto indicou que:

(1) O futuro dos sítios de redes sociais no contexto egípcio é indissociavelmente afetado e influenciado pelo futuro dos sítios de redes sociais a nível mundial. Cada país tem o seu próprio ambiente jurídico, político, social e cultural no âmbito do qual os sítios de redes sociais são utilizados. No entanto, as plataformas em si são universais e a equação não é meramente doméstica, mas tem consequências mais complexas que têm em consideração factores internos e externos.

(2) Serão acrescentadas mais três categorias à amostra: grupos de vigilância dos direitos humanos/dos meios de comunicação social, representantes das entidades reguladoras e peritos técnicos.

(3) As principais categorias de análise de primeiro nível são sugeridas como sendo: Mobilização (ponte OfflineOnline), Utilização (incluindo: Confiança, Credibilidade, Auto-censura), Avanço Tecnológico (Ferramentas Avançadas, Premium, Un-plugging (incluindo: Efeitos Psicológicos, Novas plataformas, Personagens Específicos), Networking (Personalizado, Agrupamento, Socialização), Privacidade, e Visão de Futuro.

(4) A esfera pública em linha proporcionada, de um modo geral, pela

Internet e, em particular, pelo SNS, é vista como uma ameaça ou como um fenómeno saudável, sem uma visão intermédia.

(5) O objetivo de cada sítio de rede social está a afetar a utilização dos sítios de rede social como esfera pública a três níveis principais: o conteúdo, a confiança e a credibilidade da plataforma e o futuro da utilização.

CAPÍTULO 3: QUADRO TEÓRICO

A discussão nesta secção está dividida em quatro categorias, como se segue:

(3.1) ESTUDOS CRÍTICOS DO FUTURO em relação aos *Estudos do Futuro Mainstream,* esclarecendo o quadro teórico e os conceitos que formam *a (3.1.1) Análise Causal em Camadas, e abordando a dicotomia de um Potencial Distópico-Utópico das Mídias Sociais,* em seguida, abordando os *(3.1.2) Desafios Prospectivos, e (3.1.3) CLA e Metáfora.* (3.2) A ESFERA PÚBLICA HABERMASIANA; introdução de *Jurgan Habermas* e do seu conceito de *Offentlichkeit (a esfera pública), juntamente com o Processo e os Actores-chave.* (3.3) A INTERNET/ SITES DE REDES SOCIAIS COMO ESFERA PÚBLICA, descrevendo a *estrutura da esfera pública* e esclarecendo *"O que se segue?; esfera pós-pública."* (3.4) A ESFERA PÚBLICA EGÍPCIA ONLINE, na qual *são* discutidas as *Caraterísticas da Comunicação; Uma Perspetiva Árabe-Islâmica e a Esfera Pública no Egito.*

3.1 ESTUDOS CRÍTICOS FUTUROS

"Esta perda de convicção sobre a capacidade humana de criar e dirigir a sua existência ou mesmo de assegurar o seu futuro é o sentido mais profundo e devastador em que a modernidade 'acabou'." (Wendy Brown, 2015)

Uma vez que a Análise Causal por Camadas é principalmente uma ferramenta para os Estudos Críticos do Futuro, esta introdução procurará explicar os diferentes aspectos destes dois termos: Crítico e Futuro. Começando pelo "futuro", este está mais próximo do que se esperava. As mudanças rápidas e a incerteza na maior parte das disciplinas e a todos os níveis tornaram inevitável pensar no que virá a seguir? O que é que o amanhã trará? Para um pensamento "crítico" sobre o "futuro", os cientistas recuariam um passo, começariam pelo passado e questionariam a forma como a questão, os fenómenos ou o problema são descritos, vistos, considerados, enquadrados ou explicados. A forma como uma questão é percepcionada é o caminho para o futuro; o futuro desejado.

Em geral, o trabalho de prospetiva tem a ver, em parte, com previsões, mas sobretudo com a antecipação da forma como o mundo está a mudar e a utilização dessas antecipações para criar futuros alternativos. *"Quais são os nossos pressupostos sobre o futuro? E com base nesses pressupostos, o que é que mudamos?" "Estamos a fazer as perguntas certas?"*

A humanidade está a assistir à era das "Literacias do Futuro". (Goode e Godhe, 2017) Trata-se de um nível totalmente novo de capacitação dos cidadãos, das pessoas comuns, para preverem os vários futuros prováveis e potenciais e agirem em conformidade.

Tal como Anita Hazenburg, Diretora da Direção de Inovação da INTERPOL, afirma: "vivemos hoje num mundo em que a crise ontológica é tal que o pensamento sobre o futuro - a resolução de problemas - não é apenas uma boa competência a ter, mas um imperativo pessoal, institucional e planetário". (Sharpe, 2022) "A literacia do futuro é uma capacidade que oferece uma visão das razões e dos métodos que os seres humanos utilizam quando antecipam. A "literacia do futuro" permite que as pessoas, em conjunto, apreciem o mundo de forma mais completa e utilizem o futuro para inovar o presente (Miller, 2015)

É um apelo a mais "decisões informadas" que conduzam os indivíduos, bem como as nações, em direção ao seu futuro preferido. É óbvio que isto vai para além da "educação" e do "acesso ao conhecimento", para a capacidade de reescrever as histórias do passado, do presente e do futuro. Escrever histórias que inspiram e "mobilizam" os outros a agir, a mudar um comportamento, a cooperar, a transformar e a "construir cenários criativos" não para "prever" o futuro, mas para traçar o caminho para o alcançar como um destino claramente definido.

Este ano, a UNESCO escolheu o dia 2nd de dezembro para ser o "Dia do Futuro". Expressando a importância da "Literacia do Futuro", Audrey Azoulay (Diretora-Geral da UNESCO) afirma: *"A literacia do futuro está inteiramente de acordo com o papel da UNESCO como o laboratório de ideias das Nações Unidas. Abrir as nossas mentes e pensar sobre o amanhã - e tanto o risco como a promessa que o acompanham - são exatamente o objetivo do programa de literacia do futuro da Organização.* "(Azoulay, 2022)

Como já foi referido, o termo "futuro" é utilizado pelos futuristas não como uma escolha singular, mas como vários "futuro[s]" prováveis. O termo "crítico" nos estudos do futuro refere-se principalmente ao esforço intelectual exercido para detetar o poder que empurra para um determinado futuro e, em seguida, desafiar este "discurso" trazendo mais vozes não ouvidas para a equação, de modo a expandir as possibilidades. Com isto, a literatura dos estudos críticos do futuro não se refere apenas às categorias marginalizadas e vulneráveis, mas inclui também as "gerações futuras"; aquelas que podem nem sequer ter nascido ainda e cujo próprio futuro está a ser "moldado" neste momento por aqueles que podem não o viver. (Tutton, 2016)

No seu instigante artigo intitulado "Beyond Capitalist Realism - Why We Need

Critical Future Studies? Luke Goode e Michael Godhe (2017) abordaram claramente quatro pontos que diferenciam os estudos críticos do futuro dos estudos do futuro "mainstream", a saber: (1) a análise cultural, (2) o compromisso com a democracia, (3) o questionamento da neutralidade do discurso, e (4) que a micro e macro-história dos fenómenos estudados é construída por discursos "concorrentes".

Os Estudos Críticos do Futuro são um vasto espetro de "projectos que transcendem os limites estreitos da venda" (Ramos, 2003), visando a sustentabilidade dos vários aspectos da vida das gerações futuras, com o objetivo de um mundo civilizado e pacífico, conhecido como "Gaia das Civilizações". E, mais importante, espera envolver "todos" para "criar futuros alternativos", em vez de ouvir e seguir exclusivamente as elites/especialistas, que pensam e agem principalmente dentro de um espaço limitado de problemas e soluções reciclados desde há décadas.

A fase atual dos estudos críticos do futuro parece revolucionária, mas isso pode ser visto dentro da linha do tempo do desenvolvimento dos estudos do futuro. [th]Esta evolução tem sido gradual e a fase atual baseia-se num esforço acumulado que remonta a meados do século XX; os futuros críticos desenvolveram-se como reação às profundas consequências da crise da mundividência industrial ocidental.

O início centrou-se nas caraterísticas "tecnológicas" e na "racionalização" da forma como pensamos o futuro, o que reflecte um "empenho" humano na criação de "futuros para além da distopia" e na superação dos "pressupostos culturais limitados do Ocidente". Seguiu-se uma fase (década de 1970) em que o tema se tornou mais global, chegando à fase (década de 1990) que se resume na expressão "crise de identidade", pois há uma "fragmentação" nas visões do mundo em relação ao futuro. (Ramos, 2003; Goode e Godhe, 2018)

Se este é o rastreio cronológico dos estudos do futuro dentro do campo de estudo académico, não é de modo algum uma documentação da existência do "futuro" na história humana. Como afirmam Godhe e Goode (2018): "o futuro é antigo". Naturalmente, não se trata de uma abordagem científica, mas de formas simples e básicas de antecipar e prever o invisível, como a previsão e a antevisão. E, mencionar o invisível está diretamente relacionado com a "crença religiosa". A profecia para os não crentes pode ser considerada como um tipo de crença.

Além disso, foi sempre vital para qualquer decisor político aconselhar "peritos" relativamente às suas decisões, procurando obter opiniões perspicazes sobre os requisitos do futuro, por um lado, e as consequências da sua decisão, por outro.

Trata-se de uma tentativa de simplificar as complexidades para a natureza já multidimensional dos estudos futuros. É importante fazer referência aos três paradigmas fundamentais da investigação: o empírico, o interpretativo e o crítico.

Estes são praticamente "sobreponíveis" e, de certa forma, complementam-se em termos dos seus diferentes pontos de vista quando se trata de identificar: a realidade, a verdade, o futuro, o universo e a questão do investigador-sujeito.

3.1.1 Análise Causal por Camadas (CLA)

Em 1990, Inayatullah articulou a abordagem do CLA através de um artigo publicado na revista *Futures* intitulado "Deconstructing and reconstructing the future: Predictive, cultural and critical epistemologies". Inayatullah descobriu que a investigação sobre o futuro podia ser agrupada em três categorias (Ramos, 2015):

(a) A investigação sobre o futuro que se centrava na previsão funcionava com o objetivo de controlar e alargar o poder e pressupunha um universo determinista, sendo o futuro um lugar a colonizar;

(b) A investigação sobre o futuro que se centrou na cultura trabalhou no sentido de uma visão, examinando as imagens culturais, os mitos e as "narrativas universais que asseguram os valores humanos básicos", bem como a análise das categorias de classe, género, etnia e outras;

(c) Os futuros críticos tentaram "indefinir" o futuro, tornando problemáticas as categorias e os discursos existentes.

A Análise Causal por Camadas tem como objetivo integrar diferentes perspectivas futuras - a empírica, a interpretativa e a crítica - numa única abordagem. Traduz estas diferentes formas de conhecimento em quatro camadas. (Curry & Schultz, 2009)

Pedler (2012) descreveu os académicos críticos como "os criadores de problemas". Isto é verdade no sentido da forma como desafiam as tradições, opiniões, regras e regulamentos assumidos e profundamente enraizados e não questionados, ou mesmo aspectos culturais, políticos, sociais e económicos de uma instituição, de uma nação ou de um fenómeno. A investigação crítica tem por objetivo "desconstruir" as relações de poder e a linguagem, considerando "alternativas" para o futuro. (Inayatullah, 1998) E este tem sido o tema de intensas argumentações entre os académicos, mas a resposta tem sido direta e simples, como afirma Pedler, "factos isentos de interpretação e neutros em termos de teoria não existem, em princípio,".

A Análise Causal em Camadas (início de 1999) é um método e uma teoria do conhecimento que tem estado em constante desenvolvimento desde a sua primeira apresentação (1995) em *Futures* por Sohail Inayatullah num artigo intitulado *'The Future of Communication'*. 1995. Como quadro teórico, baseia-se principalmente nos conceitos básicos do pós-estruturalismo: *"Desconstrução, Genealogia, Distância, Passados e Futuros Alternativos e Reordenação do Conhecimento"*. Como metodologia, o CLA aplica as três principais abordagens em estudos futuros: a abordagem previsível que introduz os dados no seu contexto real, a abordagem interpretativa que considera os significados incluídos nos dados e a abordagem crítica que inclui os vários aspectos do contexto. (Ivana Milojevic , 2015; Ouda, 2019) *"Tornar-se melhor na teorização é muito mais importante do que apegar-se a qualquer teoria."*

A análise do futuro (CLA) é uma das análises "orientadas para o futuro" mais recentemente desenvolvidas e amplamente aplicadas. É considerada tanto como um método como um quadro teórico. Como teoria, procura integrar modos de conhecimento empiristas, interpretativos, críticos e de aprendizagem pela ação a nível interno e externo. Como método, a sua utilidade não consiste em prever o futuro, mas em criar espaços transformadores para a criação de futuros alternativos.

A primeira aparição académica do ALC está documentada na literatura, remontando a um artigo de 1998 intitulado *"For Futures that would come to be widely cited"*, escrito pelo Professor Sohail Inayatullah, o seu inventor. (Inayatullah, 2014; Milojevic, 2015; Inayatullah, 2017; Talebian e Talebian, 2018)

No entanto, outros relacionam o CLA com o esforço de um grande número de académicos, principalmente os que pertencem à abordagem pós-estruturalista, incluindo os que ensinaram Inayatullah durante a licenciatura e a pós-graduação.

A AIC baseia-se no pressuposto de que a forma como se enquadra um problema altera a solução política e os actores responsáveis pela criação da transformação; uma vez que qualquer fenómeno estudado é formado através de, pelo menos, quatro dimensões: "horizontes temporais, domínios analíticos, conjunções causais e soluções práticas". (Inayatullah, 2004)

O método é descrito como um "icebergue". [Figura 1] Este "iceberg" representa o fenómeno; a história, as causas, os factores que afectam a sua expansão ou a sua estreiteza, as diversas partes interessadas e o património cultural que apoia/previne a sua ocorrência.

A *metáfora do icebergue* centra-se no grau de *visibilidade* ou *invisibilidade* de cada camada de análise, na forma como cada camada é percepcionada; a mais visível é percepcionada como mais *"real"*, enquanto as camadas debaixo de água são percepcionadas como mais *"imaginadas"*, na *duração* do discurso; *curto prazo* versus *longo prazo,* e na *profundidade* da análise; *superficial* em comparação com *profunda.* (Milojevic, 2015; Mohaghar & Saghafi, 2018)

A maior parte do trabalho orientado para o futuro, como afirma Inayatullah (2004), tem sido conduzido ao nível da ladainha, conduzindo a políticas fracassadas, uma vez que se limita a abordar o "problema" e a "solução", sem ir mais longe no questionamento da interação entre o problema e as soluções propostas.

A AIC baseia-se na inclusão de todos os níveis de análise, mesmo a camada descrita como *"visível, superficial, pouco profunda, inquestionável"* fornece uma base sólida para a realização de uma análise significativa das camadas mais profundas; "nenhuma camada é privilegiada e as perspectivas sobre o futuro emergem da interação entre as camadas". (Curry & Schultz, 2009) O desafio consiste em subir e descer os níveis de análise, integrando o maior número possível de níveis." (Inayatullah & Milojevic, 2015)

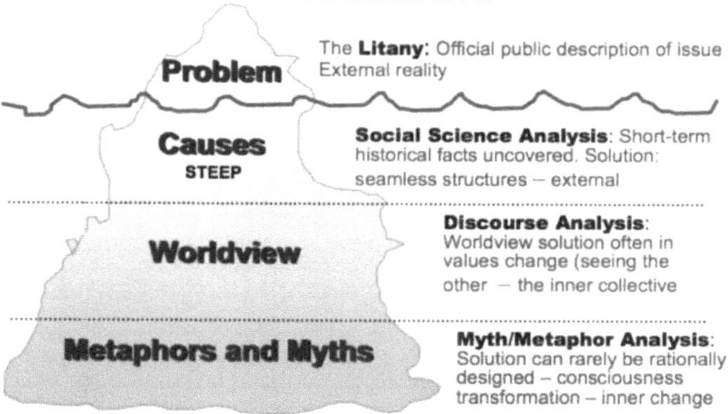

Esta é uma parte integrante da abordagem crítica, pois Pedler (2012) afirma que são os seres humanos que dão às "palavras" o seu significado e que as circunstâncias e condições internas e externas dos seres humanos estão constantemente a "mudar" e, consequentemente, os significados mudam sempre que "mudamos de ideias". Referindo-se ao ensinamento sufi, Pedler diz: "o saber não é separável do conhecedor", acrescentando que "tudo o que fazemos é político", uma vez que a ideologia e os factores socialmente determinados afectam todas as actividades e decisões humanas.

3.1.2 Desafios prospectivos

"A forma como se enquadra um problema terá um impacto na forma como se procurará alterar a questão." Sohail Inayatullah

A abordagem multicamada da CLA revela e é capaz de superar o desafio de uma via unidimensional no pensamento sobre o futuro, em vez da capacidade de pensar "holisticamente" envolvendo "todos". "A melhor altura para ser crítico é normalmente quando é extremamente antiquado ser crítico."

Recolhendo dados de diferentes partes interessadas sobre o futuro da cidade de "Isfahan 2040", Zackery, Demneh, et al (2022) descobriram que a maioria das visões retratava "uma cidade unidimensional infestada de tecnologia" e eram "enfáticas quanto à varinha mágica de otimização aparentemente materializada por abordagens descendentes".

Para além disso, as opiniões eram interpretações "simples, lineares, domesticadas e estruturadas", ou, como descrito pelos investigadores, "um discurso masculino tecno-utópico". A ausência das camadas "mais suaves" das visões do mundo e do mito/metáfora com uma esmagadora "litania e considerações técnicas do sistema" conduz à falta de informação sobre as inter-relações entre as diferentes dimensões da "cidade" como "um ecossistema e um organismo vivo", em vez disso, como afirmam os investigadores: A tecnologia foi considerada um "verdadeiro motor" e o "último determinante do futuro".

Um etnógrafo resumiu a situação dizendo: "Algoritmo, processo, soluções óptimas, funções de utilidade e análises de custo-benefício são a moeda corrente da conversa; como os pontos de vista reflectiam um matemático ou um engenheiro e não um sociólogo ou um antropólogo."

O investigador concluiu que: seguir o futuro "urbano importado mainstream" e "colorir dentro das linhas" não é suficiente; "o quadro nunca mudará" e, por isso, os investigadores recomendaram o "reengajamento" das ciências sociais e a "desconstrução" da narrativa dominante como ponto de partida para alcançar futuros alternativos.

É claramente óbvio que a terceira e a quarta camadas são as que permitem a "amplitude" e garantem a "inclusividade" da análise, trazendo diferentes "formas de saber", representadas nas diferentes "ideologias, epistemes e perspectivas das partes interessadas". Os investigadores que aplicam a AAC são capazes de aprofundar a sua compreensão de modo a conseguir uma implementação robusta das estratégias através do desenvolvimento de cenários mais robustos que se baseiam num mapa alargado da realidade atual do ponto de vista de múltiplas perspectivas; e ultrapassariam facilmente este desafio conduzindo a análise "subindo e descendo" as quatro camadas, apresentando uma visão alargada dos diferentes discursos que oferecem um espaço vertical para a construção de cenários de diferentes categorias.

Utiliza várias formas de conhecimento e incorpora a análise da expressão não textual e poética/artística e categorias de conhecimento de outras civilizações nos processos futuros. Depois, estas diferenças são usadas para "reconstruir" os níveis mais "visíveis; ladainha e política social". (Inayatullah, 2014; Inayatullah, 2017)

Salter (2007) estudou a Internet como uma esfera pública e indicou que, tal como outras tecnologias, a Internet não pode ser considerada em abstração da sua utilização. Por conseguinte, é desenvolvida uma teoria das "formas de utilização", através da qual podem ser analisadas as potencialidades e os limites dos media. Além disso, o investigador apresentou diferentes estudos de caso para mostrar como estas diferentes formas de utilização da Internet podem ser apoiadas.

O estudo definiu "Formas de utilização" como "um conceito utilizado para descrever o modo como as tecnologias se desenvolvem de acordo com determinadas utilizações, enquanto o termo 'formas de utilização dominantes' representa as que correspondem às necessidades dos sistemas e instituições dominantes.

O estudo concluiu que existem certas formas colonizadoras "sistémicas" de utilização da Internet que ameaçam o funcionamento de outras formas radicais de utilização, esclarecendo que estes limites à utilização da Internet como esfera pública não são caraterísticas inerentes à tecnologia em si, mas dizem respeito à sua utilização no âmbito de um sistema em que certas práticas e instituições sociais têm prioridade sobre outras.

Os resultados indicam que a utilização radical da Internet nestas condições enfrenta uma luta contínua contra as formas dominantes de utilização, bem como contra o conjunto de regras de Habermas; a "ética do discurso" tem de ser seguida, uma vez que fornece uma base para a tomada de decisões legítimas.

Em suma, o quadro concetual no âmbito do qual o CLA é aplicado distingue-se com muitos pontos-chave, como se segue:

(1)   Em vez de se concentrar em questões isoladas, o investigador traça um quadro mais vasto, histórica e teoricamente fundamentado, desenvolvendo uma perspetiva contextual mais ampla que envolve académicos, profissionais e também o público em geral, de modo a influenciar o futuro da questão ou do fenómeno estudado.

(2)   A questão sobre a agência de transformação analisa a interação entre a sociedade e a digitalização no que diz respeito às suas implicações e projecções e previsões dos utilizadores.

(3)   Onde há poder há sempre contra-poder; dominação, contra-dominação; a resistência das pessoas, os seus valores e opiniões são excluídos; interação interminável para introduzir novos valores nas instituições da sociedade.

(4)   A capacidade de moldar as mentes, de moldar a forma como as pessoas pensam. Este é outro tipo de poder. Através da comunicação, as pessoas estão ligadas. Por conseguinte, a comunicação é controlada pelos detentores do poder.

3.1.2 CLA e Metáfora

"A lógica da mente emocional é associativa; toma elementos que simbolizam uma realidade, desencadeia uma memória da mesma, para ser o mesmo que essa realidade. As metáforas falam diretamente à mente emocional; uma única parte evoca um todo." (Goleman, 1996)

A tarefa da abordagem crítica é "tornar problemática a unidade de análise" e, por isso, as metáforas e os mitos servem para aprofundar a compreensão das causas históricas e do discurso, uma vez que *"criam uma predisposição para as nossas acções'*, permitindo evocar possibilidades alternativas.

A hipótese Sapir-Whorf alinha-se com esta abordagem; afirma que: *"A língua que falamos predispõe a forma como pensamos e agimos"*. Em qualquer sociedade, existem diferentes forças de natureza diversa que, de uma forma ou de outra, afectam os modelos conceptuais da sociedade: descobertas científicas, alterações demográficas, choques culturais, alterações climáticas e tecnologias, entre muitas outras.

Por conseguinte, é importante explorar os mitos, metáforas e "sistemas de valores dominantes nas sociedades" extraordinariamente poderosos, "frequentemente concorrentes" e "em mutação", que estão a moldar e a orientar a forma como o mundo é concebido ao nível dos pensamentos, atitudes e comportamentos. As tecnologias emergentes são consideradas como uma nova realidade. (Carbonella et al, 2016; Haigh, 2016)

Sharpe (2022) explica que a AAC, enquanto metodologia do futuro, considera os problemas, e não apenas as soluções, como habitualmente; porque abordar os problemas sem os "reenquadrar" iria "ampliá-los". No quadro teórico da AIC, os problemas têm "profundidade ontológica".

Por conseguinte, o CLA divide os "problemas" em quatro tipos; e os problemas "mais difíceis" incluem os quatro tipos e, por conseguinte, necessitam de uma análise compreensiva nos quatro níveis de análise. O primeiro tipo é o dos problemas baseados em ladainhas, que se referem a "acontecimentos desconexos que ocorrem repetidamente". O segundo tipo é de natureza sistémica e é "difícil de resolver", uma vez que o esforço necessário exige que "todos os sectores" da sociedade enfrentem o sistema dominante, complexo e adaptativo.

Depois, há os problemas de visão do mundo que exigem reflexão; como num diálogo de civilizações ou na relação entre os seres humanos e a natureza e entre si. Por último, os problemas que são, na sua essência, "histórias interiores" e que, por isso, exigem "uma mudança epistemológica; uma recontagem".

[i]*A palavra metáfora foi definida como uma expressão linguística nova ou poética em que uma ou mais palavras para um conceito são utilizadas fora do seu significado convencional normal para exprimir um conceito semelhante".* A mudança na perceção da metáfora, como Tretjakova (2012) explicou em pormenor, ocorreu com a introdução do novo conceito de metáfora de G. LakofT. Lakoff parte

do princípio de que *a metáfora não é uma questão de linguagem, mas sim uma questão de pensamento"* e *"... conceitos abstractos do quotidiano como tempo, estados, mudança, causalidade e propósito também acabam por ser metafóricos."*

Tretjakova referiu-se também ao livro "Speech and Linguistics", de Jerrold M. Sadock, no qual este atribui uma natureza psicológica à metáfora, afirmando: "Tomo *como certo que os princípios subjacentes que regem a metáfora são de tipo psicológico geral e, portanto, não são especificamente linguísticos".*

Carbonella et al. (2016) abordaram a relação entre a classificação de metáforas de Lakoff e Johnson, por um lado, e a CLA, por outro; A camada Litany é constituída por factos, filtrados por metáforas das camadas subjacentes, a camada Systemic Causes é baseada em metáforas ontológicas que nos permitem considerar diferentes elementos e conceitos abstractos como recursos e substâncias e operar com eles, DiscourseZworldview inclui as metáforas orientacionais, indicando os nossos valores e a nossa visão do mundo, e MythZMetaphor é constituída por metáforas "estruturais", como iwar, economy, national, identificadas como um corpo.

Assim, Carbonella et al. (2016) concluíram que as diferenças culturais têm uma influência importante no grau de adoção ou na forma como a tecnologia evolui'.

2.2   A ESFERA PÚBLICA HABERMASIANA

Jürgen Habermas, (nascido a 18 de junho de 1929, em Düsseldorf, Alemanha), é considerado *o mais importante filósofo alemão da segunda metade do século XX.[th] "*. Habermas pertenceu à segunda geração da Escola de Frankfurt.

Embora o seu pensamento tenha sido debatido em vários domínios multidisciplinares, como a teoria moral, os estudos culturais, a linguística, o direito, a filosofia e a comunicação política, Habermas é sobretudo identificado pela "Teoria Social Crítica" e pelos seus escritos e contributos proeminentes para a *"crítica social"* e o *"debate público"*, proporcionando uma *"visão abrangente da sociedade moderna"* e *da "possibilidade de liberdade"* na mesma.

A esfera pública provém do termo original em alemão Offentlichkeit, que pode ser traduzido como: publicidade, público em geral, abertura. Huspek (2007) identificou três caraterísticas: (1) uniformidade, independentemente das forças variadas e das disparidades sociais que partilham objectivos semelhantes aos de um grupo de interesses, (2) motivação contínua para que cada um participe de forma razoável e não através de meios de força ou coerção, (3) motivação mútua para orientar a discussão para o compromisso, a liberdade e a transparência.

A esfera pública baseia-se em valores de união, transparência e razão. Além disso, requer uma identidade colectiva que tenha a qualidade da homogeneidade, de modo a reunir-se em torno de objectivos e problemas comuns. Habermas indicou que a esfera pública é o espaço que separa o Estado da sociedade; emerge do espaço privado (família, indivíduos e sociedade civil na sua definição restrita).

Além disso, a esfera pública liga os três principais subsistemas de qualquer ordem social: o Estado, os sistemas funcionais, a saúde, a educação e os serviços, e a sociedade civil. Além disso, as opiniões formadas têm poder de comunicação, representando a interação pública da opinião pública em relação aos assuntos públicos, e são a fonte de legitimidade do sistema político.

Um indivíduo independente e reenquadrável é o núcleo da esfera pública, no entanto, o indivíduo não está separado da identidade colectiva global, e os debates sobre a esfera pública são fragmentados e podem ser representados em argumentos que não se relacionam diretamente uns com os outros. Os investigadores modificaram a teoria original acrescentando múltiplas esferas públicas e contra-esferas públicas.

[th]A descrição do que é considerado uma "esfera pública" é um modelo formado no contexto ocidental no século XVIII. No entanto, continua a ser relevante para abordar a experiência democrática em qualquer país.

As caraterísticas básicas que identificam a esfera pública na sociedade são: a acessibilidade direta, incluindo qualquer cidadão, e a discussão de temas variados de interesse público. Com a introdução dos meios de comunicação de muitos para muitos, o conceito é aplicado com a diferença central de que *"já não estamos confinados às opiniões de certos peritos em determinadas localizações geográficas, associados aos institutos certos"*. A esfera pública em linha permitiu que o indivíduo comum, independentemente do espaço e do tempo, se envolvesse em debates sobre o bem público a todos os níveis. *Temos agora a capacidade de explorar a opinião agregada da multidão"* num debate sem fronteiras entre um grupo multicultural de participantes que expandem e acrescentam ao quadro de referência uns dos outros, resultando num bem global; *"é uma visão, mas ainda não é uma realidade"*. (Rabah, 2013; Matustik, 2022)

Durante o período em que viveu na Alemanha, Habermas foi afetado pela violência a que assistiu em consequência do *"nazismo e da Segunda Guerra*

Mundial". Este facto viria a ser a principal referência para todos os seus escritos que visam a *"integração social"* em vez do *"conflito*

Ele acreditava que uma sociedade que participasse em "debates críticos" sobre os assuntos correntes e que os seus cidadãos tomassem decisões em público era uma atividade mental libertadora para a mente humana. [th]Assim, observou o *"espaço social"* no século XVIII antes da distinção entre espaços "públicos" e "privados" e afirmou, mais tarde, que o "livre fluxo de informação" numa esfera de comunicação política pública é essencialmente *"livre de censura estatal",* *independentemente do sistema económico.*

Consequentemente, uma "democracia comunicativa" tornou-se uma saída concetual e prática; "construir uma esfera pública" para o pensamento e compreensão colectivos. Para Habermas, o "público" no "espaço público" significa que "está aberto a todos". Além disso, exige no seu núcleo "o livre fluxo de informação".

Para além disso, Habermas diferenciou entre o período de "mobilização" e os períodos de "descanso". Este último é dominado por interesses comerciais e políticos, enquanto no período de "mobilização" dominam as vozes "criticamente empenhadas". Habermas não esclarece a ligação entre os dois períodos, por um lado, e o ponto de partida e o ponto de chegada de cada período e o processo de transição. (Fuchs, 2014; Yolom, 2014; Al-Musawi, 2017; Salter, 2017; Siapera e Abdel Mohty, 2020)

As deficiências do conceito teórico e da sua aplicação foram analisadas de forma crítica na literatura sobre comunicação política. Os debates mais recentes centram-se no que se designa por *"crise/falhas epistémicas"* nas esferas públicas. O fracasso epistémico é definido como *"a presença de crenças falsas amplamente difundidas relacionadas com os assuntos públicos"*.

Os enormes avanços na comunicação digital, que facilitam a comunicação um-para-um, muitos-para-muitos e também um-para-muitos, encorajaram visões positivas e entusiásticas em relação à Internet e às suas possibilidades como sendo a solução para o problema da "sociedade de massas", uma vez que estes novos meios digitais de comunicação deram poder aos utilizadores e "enfraqueceram" os tradicionais "guardiões".

Por outro lado, havia as vozes cépticas e pessimistas, que afirmavam que o novo "cenário" não ia funcionar e que iria "gerar mais problemas do que aqueles que foram resolvidos". Esta *"crise de intermediação"* no âmbito da esfera pública digital tem sido a razão subjacente aos apelos para que se regresse ao antigo cenário da "sociedade de massas", a fim de melhorar os contributos e os resultados da esfera pública.

No entanto, há quem defenda que *"a democracia não é uma máquina da verdade"*. No seu ensaio com esse título, Wells (2013) afirma que *"nenhum mercado de ideias que opere à escala de um público pode exercer a mesma força na diferenciação entre verdade e falsidade que pode exercer na expressão e refinamento da opinião"*.

Por outro lado, **Hyvonen** (2022) descreve os pontos de vista que consideram o desenvolvimento do conteúdo gerado pelo utilizador da Web 2.0 como um "segundo evento de Gutenberg", pressupondo uma mudança democrática radical na política, como "banhados na ingenuidade dos triunfos da democracia liberal após a queda do Muro de Berlim".

Este "paradoxo" resulta das abordagens que entendem a esfera pública digital como uma estrutura complexa, híbrida e quase formal, por um lado, e como um conjunto de processos diversos, incluindo actos criativos e radicais, debate crítico racional e comentários quotidianos e expressões afectivas, por outro. (Bimber & Gil de Zúñiga, 2020; Siapera e Abdel Mohty, 2020; Hyvonen, 2022; Palau-Sampio e López-Garcí, 2022)

As possibilidades digitais de uma esfera pública virtual foram observadas em movimento durante as mudanças políticas radicais na região MENA. Guidry e Sawyer (2003) afirmam que as plataformas de redes sociais no mundo árabe estão a oferecer *"às pessoas - em especial à geração jovem, desiludida com o status quo - uma saída para exprimirem as suas preocupações em espaços onde serão levadas a sério e onde é possível obter resultados".*

Por outro lado, factores como "o acesso, a utilização, a polarização, a filtragem e o envolvimento em linha" provaram que a esfera pública virtual, no âmbito dos sítios de redes sociais, é *"insuficiente para manter a condição de discurso ideal".*

Isto, como alguns argumentam, deve-se à incapacidade tecnológica de pôr fim ao modelo "não participativo" de longa data do mundo árabe, uma vez que a ligação através da Internet não altera o facto de os utilizadores não serem *"pluralistas"*, mas sim fragmentados, o que conduz a *"uma cacofonia de diálogos isolados, se não mesmo monólogos"* que não são suficientes para chegar a um consenso sobre os valores.

Além disso, a comparação da esfera pública virtual moderna com a sua versão original em funcionamento (há 200 anos) mostra que os sítios de redes sociais são insuficientes para alcançar tanto *a "homogeneidade social como a inclusão"*.

Isto pode ser discutido à luz da estrutura dos sítios de redes sociais que geram *"um ambiente de comunicação, que replica mais ou menos numa escala muito maior do que a esfera pública burguesa de Habermas"*. Por conseguinte, argumenta-se que *"as plataformas de redes sociais ainda podem formar uma esfera pública virtual; um ambiente favorável a novas ideias e novas identidades que evolui a par e lentamente remodela o público dominante a partir de baixo".* ' (Rabah, 2013; Sakr, 2021)

2.2.1   A Internet/Sites de redes sociais como esfera pública

A atual crise comunicativa está longe de ser um modelo de convivência democrática. E embora a comunicação seja apenas um ingrediente de uma questão complexa e multifatorial, as repercussões do seu mau uso são amplamente sentidas quando se lida com um fenómeno político e social crescente e desestabilizador, como a polarização, a desinformação ou o populismo.

Schlesinger (2020) prefere falar diretamente de uma esfera pós-pública. Este espaço gera dúvidas e incertezas, uma vez que a crise da intermediação mediática não é substituída por um modelo de intermediação comparável, nem podemos considerar que o debate público atualmente existente se caracteriza pela procura de um consenso racional habermasiano.

Certas análises têm levado alguns investigadores a defender que a simples definição da noção de esfera pública é insuficiente para esta situação; Dahlgren (2005) sugere que seja substituída pelo conceito de cultura cívica, Bennett e Pfetsch (2018) consideram que o seu enquadramento deve ser reformulado, de modo a deixar de ser caracterizado por uma esfera pública e um sistema mediático coerentes e auto-suficientes, Bimber e Gil de Zúñiga (2020) definem uma esfera pública pela falta de atenção e capacidade do público para desvendar os termos do debate público em torno de uma série variada de questões, centrando-se no modelo de comunicação preconizado pelos novos media, e em particular pelos sites de redes sociais. (Palau-Sampio e López-Garcí, 2022)

2.3 ESFERA PÚBLICA EGÍPCIA EM LINHA

Sakr (2021) analisa o panorama geral das plataformas de redes sociais e da mudança política e social a nível mundial. Afirmou que *"movimentos, activistas e governos transformaram radicalmente as plataformas de redes sociais"*; os activistas árabes na região do Médio Oriente e do Norte de África (MENA) adaptaram estas plataformas para divulgar as suas acções e mobilizar o apoio; depois, a revolta ficou amplamente conhecida como "revolução do Facebook e do Twitter"; na sequência desse sucesso, estas plataformas tornaram-se o centro da análise e do estudo por *"académicos, grupos de interesse e públicos múltiplos"*.

As *"tácticas em linha e no terreno"* das revoltas árabes tornaram-se, em breve, *"um modelo para* vários movimentos sociais nacionais e internacionais, incluindo: Occupy Wall Street, From Ferguson to Palestine, a Umbrella Revolution em Hong Kong e o 12M e o 15M em Espanha. Consequentemente, o governo participou nas actividades através de monitorização, vigilância e outros procedimentos de controlo.

Uma das análises descritivas da esfera pública egípcia em linha foi efectuada por Sherein Al-Kidwani. Al-Kidwani (2015) escolheu o exemplo da página do Facebook "We are all Khaled *Said/Kolena Khaled Said'''* e aplicou a análise documental e a observação direta à "Ética da discussão política através dos sítios de redes sociais no âmbito da teoria da esfera pública", analisando (6846) comentários ao post que apelava ao protesto público pacífico em 25th de janeiro de 2011.

Os resultados de Al-Kidwani afirmaram que o administrador da página do Facebook tinha determinado regras e controlos sobre os comentários publicados, e que essas regras eram semelhantes às que Habermas tinha identificado na sua definição e descrição da esfera pública, que incluíam: liberdade de expressão de opiniões, inclusão e participação igual nos debates, argumentos lógicos - pontos de vista apoiados, e respeito pela opinião diferente.

Os resultados também declararam que a administração da página foi bem sucedida na formação de uma esfera pública. Por outro lado, os resultados reflectiam a negligência no controlo do discurso de ódio e de outros comentários vulgares. Além disso, os utilizadores da página não eram, de forma alguma, representativos de toda a população egípcia, que tem uma baixa percentagem de literacia tecnológica e de acesso à Internet. (Al-Kidwani, 2015)

Stebbins (2011) atribui a transformação na região MENA à Geração da primavera Árabe e não às ferramentas/plataformas. Descreve-os, não como meros activistas, mas como *"uma geração que tinha um domínio muito sofisticado das novas tecnologias e que tinha inventado formas engenhosas de as utilizar para se organizar e mobilizar. Uma geração que também era claramente capaz de pensamento crítico e comunicação efectiva"*. E questiona a fonte de aprendizagem destas competências, apelando às universidades para que incluam estas "competências necessárias" nos seus currículos e referindo as *"redes peer-to-peer, organizações da sociedade civil"* como alternativas prováveis para fornecer este tipo de educação e orientação prática.

A geração da primavera Árabe, nas palavras de Stebbins, foi capaz de desenvolver *"uma identidade colectiva baseada não no que os dividia mas no que os unia"*. Do mesmo modo, no seu artigo intitulado "The Role of Social Media in Arab Women's Empowerment", Rasha Mourtada e Fadi Salem (2011) consideram que os jovens e, especificamente, as mulheres são os "motores" da mudança regional. Os *"netizens"* que "quebraram muitos estereótipos" e libertaram temporariamente a esfera pública árabe.

No seu estudo intitulado A Youth-Driven Virtual Civic Public Sphere for the Arab World (2018), Mohammad Ayish explicou que o facto de a esfera pública digital não ter cumprido as promessas de democratização durante a chamada primavera Árabe sugeria um fracasso mais vasto das elites tradicionais da região em enfrentar adequadamente os desafios emergentes. Ele argumenta que os jovens do Médio Oriente e Norte de África, com a sua perspetiva cívica progressiva e um vasto envolvimento social digital, são uma boa promessa para uma melhor governação na região.

O estudo mostra que a juventude árabe está a desenvolver uma identidade híbrida que se presta tanto a caraterísticas locais como globais, como a diversidade, a coexistência, a capacitação das mulheres, a inovação, a liberdade, o orgulho nacional e a tolerância. O estudo analisou uma amostra em linha de jovens bloguistas e influenciadores árabes, sugerindo que a convergência da demografia jovem, dos compromissos cibernéticos e das orientações progressistas é suscetível de dar origem a uma cultura cívica sólida com implicações significativas para a boa governação.

Como futuros líderes nos meios de comunicação social, na educação, na cultura, nos negócios e na política, os jovens árabes irão muito provavelmente trazer as suas visões cívicas progressistas para influenciar positivamente as realidades das suas comunidades.

Explorando a esfera pública digital egípcia pós-revolucionária, as entrevistas de Siapera & Mohy (2020) giraram em torno destes temas-chave: acesso à Internet e utilização dos media (sociais), e confiança. No que diz respeito à utilização geral e, em particular, às notícias e informações, os resultados classificam o Facebook como o "principal ponto de entrada" dos inquiridos na Internet. No entanto, o Facebook é considerado principalmente um meio de "ligação pessoal". Além disso, os inquiridos salientaram o poderoso estatuto da televisão entre os egípcios que não têm acesso à Internet.

Os resultados, no entanto, mostram claramente que a maioria dos inquiridos está "desinteressada" e "fatigada" quando se trata de notícias políticas e, consequentemente, evitam o que descreveram como *"contexto desagradável e polarizador".* Um inquirido afirmou: *"Sei que a maior parte das coisas que circulam no Facebook em geral sobre política no Egito são sobretudo pessoas a zangarem-se umas com as outras, por isso comecei a ignorá-las.* Outro respondeu: *"Ignoro completamente porque me deprime e, normalmente, são só coisas negativas";* e ainda outro: *"Não me mantenho atualizado. Odeio notícias, odeio política e comecei a ficar deprimido com todas as notícias".* Para outros, como afirma o investigador, sentem-se impotentes e *"não há nada a fazer para mudar nada".* Para alguns, de acordo com as respostas, trata-se de uma "evolução recente", como descreve um dos inquiridos: *"Durante a revolução, costumava seguir sempre os sítios Web de notícias. Até costumava aceder ao Twitter, mas agora perdi o interesse pelos acontecimentos actuais."*

O investigador comentou estes resultados afirmando que *o ceticismo* dos inquiridos está a levá-los a *"regressar a formas de confiança mais personalizadas".*

Os resultados gerais mostram que os inquiridos não confiam nas notícias e informações publicadas no Facebook por duas razões principais: a fiabilidade é a primeira razão, tal como expresso por um dos inquiridos: *O Facebook é uma fonte de rumores e exageros".* E a segunda, porque a informação é muitas vezes *contraditória* ou *tendenciosa; "Deixei de ver as notícias publicadas no Facebook porque as pessoas tendem a publicar artigos noticiosos que se alinham com os seus próprios pensamentos."* Outro inquirido disse que se trata de uma atitude geral: *"Acho que as pessoas tendem a acreditar menos nas notícias [através] das redes sociais com o passar do tempo desde 2011."*

Uma das percepções aprofundadas fornecidas nos resultados é aquilo a que o investigador se referiu como *"uma metodologia para abordar as notícias"* que os utilizadores desenvolveram para verificar os factos; em que um utilizador consideraria verificar uma determinada notícia ou informação se esta fosse partilhada por várias fontes no conteúdo a que está exposto na sua linha do tempo. Além disso, os inquiridos indicaram depender de sites de notícias *"nacionais e de oposição"*, para além dos meios de comunicação *"internacionais"* para este processo de *verificação*.

Por outro lado, os inquiridos consideram que as suas *"redes pessoais, cara a cara"* são *"uma fonte fiável de notícias"*. Estes resultados, segundo a interpretação do investigador, apontam para *"uma nova viragem para a esfera privada"*.

O investigador contextualiza estes resultados tendo em conta o "sistema dos meios de comunicação social" no Egito; *"há um controlo crescente que se estende ao espaço em linha"*. *Os resultados reflectem o domínio de* conteúdos *"religiosos e de entretenimento"* nas plataformas das redes sociais. E *"a maioria dos comentários mobilizava raiva e insultos ou era irónica e sarcástica"*.

[th]O estudo concluiu que existe "desilusão" em relação à esfera pública política; "as condições desde a revolução de 25 de janeiro mudaram ao ponto de podermos descrever a situação atual como uma regressão e inversão totais. Apesar das esperanças geradas pela revolução de um sistema de comunicação social mais democrático, a realidade revelou-se diferente; a recente legislação contra os crimes informáticos e contra as tecnologias da informação permite ao governo não só bloquear qualquer sítio que considere difundir notícias falsas, mas também deter os seus editores e multar ou mesmo prender os seus utilizadores. É neste contexto que

os cidadãos participam na esfera pública digital.

A complexidade da investigação do processo de comunicação, tanto do ponto de vista funcional como ritualístico, numa sociedade, pode ser considerada à luz do aspeto amplamente investigado da relação entre comunicação e cultura. Considerar a experiência humana como uma experiência de comunicação que precisa de ser contextualizada em vez da visão do mundo ocidental que domina o quadro teórico no qual a maior parte da investigação é conduzida. Especialmente quando se questiona o papel dos cientistas sociais na era da globalização no desenvolvimento evolutivo da coexistência e da harmonia nas relações internacionais.

No seu artigo intitulado "Para além das teorias da comunicação orientadas para o Ocidente: Uma Perspetiva Normativa Árabe-Islâmica", Muhammed Ayish (2003) baseia-se numa visão do mundo árabe secular-islâmica, que parece ter guiado o desenvolvimento intelectual, social e cultural árabe durante mais de 14 séculos. E, por mundividência, o autor refere-se ao conceito que diz respeito ao pressuposto fundamental de um povo sobre a natureza do mundo, tal como sistematicamente expresso na sua filosofia, ética, ritual e crença científica. E um quadro normativo define o ser humano vivo e, por conseguinte, a experiência da comunicação. "Tem-se argumentado que, tanto quanto a comunicação é um refletor de valores e normas culturais, é também uma encarnação da cultura."

A "premissa básica" do artigo do autor é que "a experiência humana viva pode ser mais ou menos reduzida a uma experiência de comunicação". Argumentou que "a experiência humana é moldada e conduzida por numerosos factores, o mais importante dos quais é a visão do mundo". Esta perspetiva desempenha um papel importante na "redução das lacunas de mal-entendidos e percepções erróneas" na era da globalização, por um lado, e de uma "desarmonia islâmica ocidental-árabe" no mundo árabe, por outro. Além disso, proporciona um espaço para a "construção de teorias" baseadas em normas culturais como forças motrizes num contexto que testemunhou uma grande transformação no aspeto sociopolítico, económico e tecnológico. Assim, o documento apresentou quatro construções dialécticas relativas à comunicação islâmico-árabe. O seu modelo concetual, embora aborde os meios de comunicação tradicionais no mundo árabe, continua a ser aplicável aos sítios de redes sociais para explicar os "padrões de comunicação".

Ayish afirma que a visão do mundo árabe-islâmica provém de duas fontes centrais: a) *tradições e valores socioculturais seculares,* anteriores ao Islão e/ou adquiridos pelos muçulmanos árabes em resultado de interações com culturas estrangeiras, e b) *valores e atitudes religiosos islâmicos*, tal como se encontram consagrados nas escrituras (o *Alcorão Sagrado*, que é a palavra de Deus, e a *Sunnah*, ou os ditos e práticas do Profeta Maomé), e nas obras de jurisprudência, filosofia e literatura. O secular é representado por dimensões baseadas na dignidade, como a honra, a genealogia, a eloquência e o paternalismo, e o religioso é representado por *iman, tawhid, ibada* e *ilm*. As componentes secular-islâmica são marcadas por quatro conjuntos dicotómicos de valores: *individualismo-conformismo, transcendentalismo-existencialismo, intuição-racionalidade e igualitarismo-hierarquia.*

Tal como o autor descreveu, isto poderia refletir uma experiência paradoxal em que o indivíduo está dividido entre "libertação e integração", "razão e intuição", "idealismo e realismo" e "igualitarismo e autoritarismo". Isto poderia também levar à conclusão de que a comunicação nas sociedades "árabe-islâmicas" é "baseada na oralidade, assimétrica (especialmente em comunidades dominadas por homens, nómadas e rurais, a comunicação interpessoal oral tem sido considerada muito superior à comunicação de massas), monóloga, metafisicamente colorida e orientada por impulsos".

CAPÍTULO 4: METODOLOGIA

4.1　ANÁLISE CAUSAL POR CAMADAS

Como já foi esclarecido, o CLA foi originalmente desenvolvido na década de 1990 por um investigador de futuros, Sohail Inayatullah, representando uma abordagem moderna para examinar os aspectos aprofundados da mudança social e estratégica.

4.1.1　Métodos de análise de dados qualitativos e de CLA

Inayatullah diferenciou claramente entre a abordagem crítica que orienta a ACL e o paradigma interpretativo, por exemplo, afirmando que o objetivo é "questionar" a própria unidade de análise. (Talebian, 2018) Como metodologia qualitativa emergente, permite a desconstrução e a análise de questões sociais complexas. (Breen, Lauren et al., 2016) "O quarto nível de análise, a camada do mito e da metáfora, "que distingue a ALC de forma mais acentuada de outros métodos analíticos." (Miljovic, 2015)

A AIC tem muitos pontos em comum com a análise qualitativa, Minkkinen e Tapio (2015) mapearam os pontos comuns para tornar a AIC mais acessível e para descobrir como os métodos se podem complementar. De acordo com Madill e Gough (2008), uma visão geral dos métodos de análise de dados qualitativos é representada num diagrama de Venn; cinco círculos sobrepostos interligados; Discursivo (análise do discurso, análise semiótica,...), Temático (teoria fundamentada, análise temática,...), Estruturado (análise de conteúdo,...), e Instrumental (investigação-ação,...).

A questão é: qual é a posição do CLA? E ela é localizada através do desenho de uma oval que inclui os círculos completos das análises Estruturada e Temática, bem como as intersecções entre elas e as outras duas: Discursiva e Instrumental.

A AIC aplica os processos de análise qualitativa, tal como referido por Braun e Clarke (2006). (Minkkinen e Tapio, 2015) A familiarização do investigador com o material ou a atribuição de sentido aos dados (seleção da unidade de análise), a geração de códigos iniciais, a procura e revisão de temas ou agrupamentos e a definição/nomeação/categorização de temas. No entanto, a ACL tem as suas próprias contrapartidas a estes conceitos.

Quadro 1: ALC e outros métodos qualitativos *Fonte:* (Inayatullah & Milojevic, 2015)

Qualitative methods	CLA
The meaning/condensed meaning unit. (The words, sentences, and paragraphs related to each other through content and context).	The litany.
Describing/interpreting on a higher logical level.	The vertical movement downwards.
The 'Category' as a group of manifest content that shares commonality.	The horizontal dimension/alternative futures.
The thread of underlying meaning 'Themes.'	The content on the three layers: Systemic, Worldview, and Myth.

Quanto ao conteúdo manifesto e latente, que se refere a 'o que o texto diz/fala sobre', as 'camadas' da ACL, e principalmente a ladainha, estão a abordar esta preocupação.

E, quanto à unidade de significado e à unidade de significado condensado, a camada da ladainha é a sua contraparte na ACL; que são as palavras, frases e parágrafos relacionados entre si através do conteúdo e do contexto, juntamente com o seu significado condensado. E a "abstração", enquanto descrição e interpretação a um nível lógico mais elevado, é feita através do "movimento vertical para baixo" no CLA, e a "categoria", enquanto grupo de conteúdos manifestos que partilham pontos comuns, é representada na "dimensão horizontal: os futuros alternativos" no CLA.

E quanto ao fio condutor do significado subjacente "Tema", é o conteúdo das três camadas: Sistémico, Visão do Mundo e Mito. E o modelo concetual nos métodos qualitativos representado numa descrição condensada do fenómeno é a tabela CLA. Assim, no CLA, os passos para a realização de uma análise qualitativa são: os investigadores familiarizam-se com o material, condensam o material (ladainha), geram códigos iniciais, interpretam os códigos e encontram temas (camadas), categorizam (encontram alternativas horizontais) e, finalmente: imagens do futuro.

[Trata-se de] repensar a natureza do inquérito, de ou/ou para ambos/e, e assegurar que o inquérito não perde o olhar vertical, a noção de ética. Levar as pessoas a compreenderem que uma mudança duradoura significa concentrar-se no mito e na metáfora, bem como na visão do mundo e na política. Nesse sentido, o CLA é sobre o CLA, é sobre o método. Este é o nível da ladainha. Ao nível da política, o CLA tem a ver com a mudança da forma como a política governamental é feita. Ao nível da visão do mundo, trata-se de uma civilização planetária integrada, pós-ocidental e pós-oriental. Ao nível do mito, é o modo a partir do qual pode surgir uma nova história". (Inayatullah & Milojevic, 2015)

O cerne dos "futuros alternativos" é argumentar contra a crença da incapacidade de determinar o futuro, dependendo apenas das "forças naturais e sociais e das leis científicas". (Filho, 2013)

Como já foi referido, a incerteza e as rápidas mudanças a todos os níveis, para além da interligação entre o social, o político, o económico e o cultural, bem como entre o local e o global, exigem que se lide permanentemente com acontecimentos "imprevisíveis". Este é, por si só, um dos principais factores que explicam a existência de mais do que um futuro a esperar.

O CLA utiliza uma série de fontes de dados textuais, visuais e experimentais, tais como textos, fotografias, vídeos e notas de campo. A análise em si é muito semelhante a uma análise temática. No entanto, está estruturada de acordo com quatro camadas conceptuais - desde uma interpretação tópica da questão até às mitologias e metáforas subjacentes que sustentam a questão. (Breen, Lauren et al., 2016)

4.1.2   Sohail Inayatullah: A história de CLA

Filho de um diplomata das Nações Unidas, Sohail Inayatullah nasceu em Lahore, Islamabad, Paquistão, mas foi criado em locais como Bloomington, Indiana, Flushing, Nova Iorque, Kuala Lumpur, Malásia, e em Genebra, Suíça. A mãe de Inayatullah era e é sufi, e o seu pai um cientista social e ativista dos direitos humanos, e o próprio Inayatullah passou a seguir e a defender o trabalho de P. R. Sarkar, o falecido místico indiano". (Ramos, 2015)

Embora Sohail Inayatullah, nas suas próprias palavras, tenha descrito a AEC como *"não se baseia nas noções idiossincráticas de qualquer investigador em particular" (Inayatullah, 2017)*, explicou ao longo da sua prolífica produção científica académica os conceitos filosóficos que formam as construções intelectuais e éticas do investigador e da sua ferramenta.

A episteme indiana e os ensinamentos de P. R. Sarkar revelaram-lhe a construção social da identidade individual e os caminhos para transcender estas fronteiras estreitas. Inayatullah começou a estudar na Universidade do Havai em Manoa no início dos anos 80, obtendo um bacharelato em estudos interdisciplinares e, posteriormente, um mestrado em Ciência Política com uma especialização em estudos sobre o futuro. Mais tarde, fez um doutoramento em filosofia comparada e macro-história. Johan Galtung tornou-se uma forte influência no pensamento de Inayatullah e um mentor em alguns aspectos. Michael Shapiro, também professor no departamento de ciência política da Universidade do Havai, defendeu junto de Inayatullah que, nas palavras deste, "para que os estudos sobre o futuro avancem, devem envolver-se com o pós-estruturalismo". (Ramos, 2015)

Inayatullah refutou a afirmação de que o "pensamento crítico" é uma capacidade criada no Ocidente, esclarecendo que está presente em muitas outras heranças e civilizações antigas como a "consciência"; ou, nas suas próprias palavras: 'as artes de procurar a realidade que está por baixo das aparências superficiais estão muito mais desenvolvidas nas[i] *tradições dhármicas!* E o "crítico" em ALC refere-se a "questionar" os argumentos que sustentam qualquer conhecimento; "é uma abordagem informada, cética, fundamentada e reflexiva da informação e do mundo observado". (Inayatullah, 2002; Ramos, 2015)

O CLA centra-se menos na espacialidade *horizontal* dos futuros e mais na dimensão *vertical* dos estudos futuros representados em camadas de análise. (Inayatullah, 2017) A conceção de Vertical (as camadas) na abordagem de Inayatullah foi mais influenciada pela sua própria prática de meditação e pelo seu professor e mentor Oswald Spengler, P. R. Sarkar. A conceção da Horizontal veio de Michael Shapiro. (Ramos, 2015)

José M. Ramos reflectiu sobre este assunto em pormenor no seu artigo "Transcendence of a method: the story of causal layered analysis" (Transcendência de um método: a história da análise causal por camadas), percorrendo a experiência académica e o percurso humano de Inayatullah; "desde tenra idade, e até à idade adulta, nunca pertenceu a uma categoria, fosse ela nação, etnia, religião, casta ou filosofia", referindo-se ao artigo de Inayatullah intitulado "Why I hate passports and visas" (Porque odeio passaportes e vistos). Inayatullah esteve sempre no "meio entre categorias". Nunca se enquadrou numa categoria pré-existente, num estereótipo ou numa classificação que as pessoas pudessem facilmente identificar".

(Ramos, 2015)

4.1.3 CLA, Estudos Críticos do Futuro e Pós-Estruturalismo

De acordo com Sohail Inayatullah (1998), a questão nos Estudos Críticos do Futuro não é tanto *"o que é a verdade*" mas sim *"como funciona a verdade em determinados contextos políticos"*, *"como a verdade é evocada"*, *"quem a evoca"*, *"como circula"* e *"quem ganha e quem perde com determinadas nomeações do que é verdadeiro, real e significativo"* (Inayatullah, 1999)

Por outras palavras, preocupa-se criticamente com as *"Indústrias do Futuro"*, ou seja, as instituições que gozam dos maiores poderes de definição de agendas, de definição de horizontes e de definição de problemas em termos da forma como a sociedade pensa e fala sobre o futuro. (Goode & Godhe, 2017)

Questiona os termos utilizados para descrever a amostra, os factores/critérios de análise, as formas de poder e a estrutura do conhecimento no contexto estudado. Os estudos críticos do futuro não estão apenas interessados em domínios especializados, mas também em discursos populares que chegam ao público em geral. (Godhe & Goode, 2018)

Inayatullah dividiu o pós-estruturalismo em cinco etapas:

Tabela 2: CLA: O pós-estruturalismo como método
Fonte: (Inayatullah, 1999; Ouda, 2019)

Deconstruction	How this problem appeared? Who is behind its appearance? Who is privileged at the level of episteme? Who is superior at the social, economic,... levels? Who is silenced? What the policy of Truth? What is the unique future from the perspective of Future studies? What is the preferable alternative future?
Genealogy	What are the winning discourses across history? How these discourses developed throughout history? When exactly the phenomenon became important and/or controversial? What is the future of the concepts describing the phenomenon?
Distance	Which scenario makes the present exceptional and worth observation? Which scenarios make the present strange and unfamiliar? Which scenario provides the present its natural nature? Are these scenarios in the current, future, or 'what can occur' zone of future?
Alternative Pasts and Futures	Which of the interpretations of what happened in the past was able to sustain till the moment? Which of the Past's interpretations are being held tightly? What historical views make the present a problem? What future vision is being used to preserve the current status quo? What view would deconstruct the current unity?
Reordering Knowledge	How reordering knowledge differs according to the civilizations, gender, power,...? How reordering knowledge differs within the different episteme frameworks? How reordering knowledge would make the current frameworks unfamiliar?

José Maria Ramos (2003) abordou esta questão no seu artigo intitulado "Critique to Cultural Recovery: Critical futures studies and Causal Layered Analysis". Ramos utilizou a expressão "reexaminar a dimensão interna do mundo", apelando à reconsideração das convicções culturais como forma de libertar o esforço intelectual do investigador, conduzindo a "respostas mais frutuosas".

Isto pode ser entendido à luz da fonte do CLA; como referido anteriormente, a episteme Dharmic. Baseia-se numa visão do mundo a que se chama *"Neohumanismo"*. É uma abordagem pós-estruturalista desenvolvida no âmbito dos Estudos do Futuro. (Haigh, 2016) O pensamento dhármico, em contraste com a visão ocidental, não identifica os elementos e componentes da vida material de acordo com padrões económicos e elitistas, mas sim de acordo com valores e princípios éticos e espirituais. (Inayatullah, 2002)

Os escritos sobre o CLA, na sua essência, vêem a salvação no "pensamento coletivo". Partilham uma visão das questões e soluções do mundo como interdependentes e influenciadas umas pelas outras; "o desafio é agarrar o nosso destino neste pequeno planeta e trabalhar em direção a futuros conscientemente escolhidos" (Ramos, 2003), "a crença de que vivemos num mundo complexo e incerto forma o conceito de um futuro alternativo" (Son, 2013), "a mudança na Visão do Mundo [camada na ALC] requer a procura de soluções fora do quadro em que a solução foi definida". (Talebian, 2018)

'A forma como se compreende e enquadra o problema limita o acesso à amplitude das soluções e à profundidade da consciência, a CLA minimiza essas limitações através da inclusão de múltiplas visões do mundo e perspetivas das partes interessadas.' (Milojevic, 2015)

Com base na sua experiência académica e de vida, a abordagem de Inayatullah revelou elementos "horizontais" e "verticais". O horizontal refere-se à pluralidade do discurso/visão do mundo/episteme que dá origem às categorias em que vivemos no dia a dia (frequentemente a expressão de interesses ideológicos/de poder). A vertical refere-se à profundidade, à existência de estruturas e camadas que estão na base da existência social e cultural de cada um. O CLA fornece uma ferramenta concreta para construir e reconstruir histórias poderosas que (a) nos tornam conscientes das camadas mais profundas da realidade e (b) as utilizam de forma mais explícita. Por conseguinte, a narrativa central só pode ser alterada através da adoção de novas visões do mundo e valores; salienta a necessidade de construir narrativas que envolvam as pessoas em objectivos e metas partilhados. (Ramos, 2015; Ketonen-Oksi, 2018)

4.2 OS QUATRO NÍVEIS DE ANÁLISE DA CLA

A maioria dos métodos tradicionais prevê um futuro utilizando os termos do presente em vez de o reenquadrar através de visões do mundo e narrativas alternativas. A AIC abre as práticas de criação de valores, tanto do passado como do presente, realçando a importância de compreender a realidade através de diferentes camadas de conhecimento e observação das coisas. As quatro camadas revelam preconceitos e percepções conscientes e subconscientes relacionados com as questões que estão a ser estudadas. Através do CLA, são expostas quaisquer tensões, contradições e imprecisões entre os discursos colectivos internalizados e representados. (Inayatullah, 2017; Ketonen-Oksi, 2018)

No seu artigo intitulado "Causal Layered Analysis: A Four-Level Approach to Alternative Futures", Inayatullah descreveu a ACL como "uma abordagem e uma técnica" utilizada para "debater todos os tipos de questões, colectiva ou individualmente, identificando diferentes níveis de análise para criar novos futuros coerentes". Trata-se de uma *"terceira via"* entre as abordagens "norte-americana e europeia" devido à *"ênfase colocada nos aspectos narrativos/culturais"*. Inayatullah afirmou que as cinco utilizações mais comuns da AIC são (1) "mapear o presente/futuro", o que resulta na "prevenção da cegueira da visão do mundo e cria soluções narrativas e de visão global do mundo". (2) 'Descompactar criticamente uma questão', o que resulta em 'evitar o reflexo de solução rápida e criar estratégias mais duradouras'. (3) "Criar um futuro preferido" que resulta em "passar da situação atual para o futuro desejado e melhora o processo de visionamento". (4) 'Reconstrução a partir de uma visão alternativa do mundo' que resulta em Desafiar os pressupostos para que outras soluções sejam desenvolvidas. (5) "Mapeamento de múltiplas perspectivas", que conduz a um futuro transformado que integra a diferença através da inclusão de "múltiplas posições". (Inayatullah, 2019)

A utilização da AIC para a tomada de decisões políticas é vital, uma vez que proporciona uma análise aprofundada da questão, dos seus factores internos e externos, do contexto em que existe e evolui, e dos conceitos culturais que a formam. A AIC permite desenvolver intervenções políticas para cada camada separadamente, bem como uma previsão global de acordo com o futuro preferível. A AIC não toma uma posição sobre se as histórias são verdadeiras ou falsas; em vez disso, desafia os pressupostos subjacentes sobre a realidade e, assim, facilita a criação de futuros desejados. (Ketonen-Oksi, 2018)

Para o tipo de dados "Ladainha", as soluções são de curto prazo. Na camada "Causas sistémicas", é necessária uma conversa que reúna todas as partes interessadas na questão. As soluções extraídas da camada "Visão do mundo" são de longo prazo e constituem um desafio, uma vez que exigem uma mentalidade aberta para ver para além dos factos e "verdades" confortáveis. Por último, e a camada mais profunda é o "Mito", que fornece soluções que exigem a reescrita da história da questão, das partes interessadas e da sua macro e micro-história. (Talebian e Talebian, 2018)

O pensamento de Inayatullah sobre Litany foi influenciado por Richard Slaughter, que derivou o termo de Frank Fisher. As causas sociais foram influenciadas pela análise de Galtung do imperialismo (teoria do centro/periferia) e por outro pensamento neomarxista. As ideias de Inayatullah sobre a visão do mundo/episteme provêm da análise da cosmologia de Johan Galtung e do trabalho de Michel Foucault sobre a episteme histórica. O Mito/Metáfora foi influenciado principalmente pelo conceito de mito-poética de William Irvin Thompson e também pela teoria CMT (chosen-ness, myth, trauma) de Galtung. (Ramos, 2015)

4.2.1　Ladainha

Inayatullah retira o termo litania de Frank Fisher através de Richard Slaughter. Para descrever parte da ordem social que Frank Fisher descobriu, cunhou o termo "litania". Este termo refere-se ao fluxo interminável de clichés, sound bites, fragmentos dos meios de comunicação social, exageros, afirmações bizarras, desinformação e publicidade; obviamente, tendências quantitativas, problemas, muitas vezes exagerados, muitas vezes utilizados para fins políticos, e outras distorções recebidas no dia a dia. Devido à sua omnipresença, o fluxo sobrecarrega-nos com ideias e imagens desconexas, mas é a realidade em que a maioria vive e pensa. Embora a ladainha possa levar-nos a uma realidade mais profunda e substancial através da análise (como no CLA), é muitas vezes inútil em si mesma - simplesmente uma distração de uma compreensão mais profunda.

O conceito acabou por ser adotado por Slaughter (1999) para descrever o enfoque do *"Futurismo Pop"*, e depois transmitido a Inayatullah, onde se tornou o primeiro nível do seu CLA.

O entendimento da litania entre Slaughter e Inayatullah difere na medida em que

Slaughter pode ver a litania como a expressão mais superficial e banal do campo, envolvendo por vezes a exploração do pensamento do futuro para fins políticos e comerciais.

Para Slaughter, o afastamento da ladainha em direção a futuros "críticos" reflexivos da visão do mundo leva-nos a uma "cultura da sabedoria". Embora Inayatullah tenha inicialmente encarado a ladainha desta forma, considerando-a simplesmente "idiota", expressão de uma cultura grosseira e absurda, acabou por ver a ladainha como a expressão superficial mais visível de camadas mais profundas da realidade, e não como algo que possa ser contornado.

Assim, a ladainha é a superfície, a realidade empírica. Nesta perspetiva, a ladainha é simplesmente a camada superficial de uma realidade mais profunda e substancial, que não pode ser discernida tal como está, funcionando sobretudo como uma distração de uma compreensão mais profunda. Representa as questões que são frequentemente partilhadas coletivamente como "factos", mas que raramente são questionadas ou confirmadas com dados reais (Inayatullah, 1998; Ramos, 2003; Ramos, 2015; Ketonen-Oksi, 2018)

O primeiro nível, ou a ladainha, apresenta os futuros oficiais inquestionáveis; é o entendimento popular e interage com uma visão oficial, muitas vezes politicamente mediada, da realidade; a realidade objetiva empírica - os "factos" tal como popularmente concebidos.

É construído a partir dos saberes e tradições convencionais que geram as representações de uma questão nos meios de comunicação social; os títulos, factos, estatísticas, conceitos, teorias ou um nível de dados da realidade; a expressão mais superficial de um fenómeno, ou seja, os sinais visíveis, por exemplo, notícias, documentos de rotina, relatórios, regras e legislação em vigor. A sua escala temporal é de curto prazo, de agora a alguns meses. Quando esta estrutura é retratada como um "icebergue", apenas a ladainha aparece acima da água.

As perguntas de investigação a colocar na camada da ladainha são: Qual é o problema? Como é que a questão está a ser divulgada nos meios de comunicação social? Quais são os factos conhecidos? Em que é que se acredita e não se questiona? Como é que as pessoas se "sentem" em relação ao assunto? (Inayatullah, 2014; Carbonella et al., 2016; Haigh, 2016; Inayatullah, 2017)

4.2.2 Causas sistémicas

A segunda camada é o nível da causalidade social, a perspetiva sistémica. Em *A Structural Theory of Imperialism,* Galtung revela como funciona a relação entre centro e periferia, Estados imperiais e Estados dominados. Este nível é um nível técnico de análise que dá uma interpretação a dados qualitativos, fáceis de encontrar em revistas e/ou jornais. Centra-se na "perspetiva do sistema"; em factores económicos, sociais, políticos e culturais e explica assim as "regras de comportamento" por detrás da ladainha.

A realidade objetiva revelada pelas ciências sociais e pela análise de dados. Os dados da ladainha são explicados, questionados, mapeados e analisados no segundo nível. Visa articular os factores sociais, económicos, culturais e ambientais de situações particulares e as suas interações. Exprime-se em termos de explicação técnica, de análise sociocultural e de política governamental. Estabelece a ligação entre o indivíduo e a sociedade, o papel do Estado e de outros actores e interesses.

Pode analisar, envolver e criticar diferentes teorias, ideologias e instituições utilizando a linguagem das tendências, forças, fluxos e processos. A sua escala temporal é frequentemente expressa em termos de anos ou décadas.

As perguntas a fazer na camada das causas sistémicas são O que está a criar a situação? Que factores estão a influenciar o problema? Quem está envolvido? Quais são as causas subjacentes? (Inayatullah, 1998; Inayatullah, 2014; Ramos, 2015; Haigh, 2016; Inayatullah, 2017; Ketonen-Oksi, 2018)

4.2.3   Visão do mundo

O terceiro nível dá-nos a visão do mundo. É um nível mais profundo, ligado aos debates. É o quadro geral, o paradigma que informa o que pensamos ser real ou não real, as lentes cognitivas que utilizamos para compreender e moldar o mundo. Revela o impacto dos contextos históricos, sociais e espaciais no senso comum e no pensamento das pessoas, incluindo a forma como estas constroem estruturas e discursos em torno de valores e visões do mundo.

"Os valores estão no centro dos sistemas. São a cola que mantém o mundo unido. Se mudarmos os valores, mudamos os sistemas". (Bussey, 2010)

Esta camada é também conhecida como "discurso"; a análise das narrativas que legitima e apoia a visão do mundo e que está subjacente a essa visão do mundo. Pressupostos ideológicos e discursivos mais profundos e inconscientes, crenças subjectivas conscientes e bases subconscientes de presunção culturalmente mediada são revelados e desempacotados, expressos como compromisso com o significado/razão.

Por exemplo, um compromisso com uma visão materialista do mundo, individualista, meritocracia orientada para a realização, critérios económicos objectivos..., ect... Além disso, as formas como as diferentes partes interessadas e as construções socioculturais subjacentes à camada e ao sistema da Litania são exploradas a este nível. A linguagem e a conceção desempenham papéis cruciais nesta fase, porque não reflectem simplesmente o mundo, mas constituem-no, de acordo com as premissas pós-estruturalistas da ALC.

A este nível, é possível explorar a forma como os diferentes discursos fazem mais do que causar ou mediar a questão, mas constituem-na, como o discurso que utilizamos para compreender é cúmplice no nosso enquadramento da questão, procurando soluções fora desse enquadramento.

As perguntas a fazer na camada da visão do mundo são: Quais são os pressupostos ocultos? Quem são as partes interessadas? Quem tem a maior parte do controlo sobre a questão? Quais são os pontos de vista e ideologias dominantes dos "poderes" para esta questão? Quais são as perspectivas que lhe dão forma? (Inayatullah, 1998; Inayatullah, 2014; Haigh, 2016; Inayatullah, 2017; Ketonen-Oksi, 2018)

4.2.4   MitoZMetáfora

A mais profunda de todas é a quarta camada de mitos, meta-narrativas, mitos e metáforas, que contém as dimensões emotivas inconscientes da questão. Expõe as narrativas e as informações falsas que os seres humanos utilizam para se justificarem perante o seu eu interior. *"A metáfora é a forma como todo o tecido das interações mentais se mantém unido."* (Bateson & Capra, 1988; Ketonen-Oksi, 2018)

Se a ladainha se refere ao "quê", as metáforas referem-se ao "porquê". Um mito/metáfora representa uma crença subjectiva subconsciente revelada pela análise psicológica e de subtexto. São as histórias profundas, os arquétipos colectivos - as dimensões inconscientes e muitas vezes emotivas do problema ou do paradoxo - que ultrapassam os dados e os discursos para ir mais fundo no nível do conhecimento.

Este é o nível dos arquétipos, dos "instintos" e dos estereótipos enraizados, muitos dos quais são retirados de "verdades" pré-racionais aprendidas na infância através de fábulas, do recreio da escola e de ensinamentos culturais ou religiosos. Isto engloba a aprendizagem adquirida, muitas vezes literalmente, ao colo da mãe ou da avó e, por vezes, através da manipulação social por parte dos pares, dos líderes e dos meios de comunicação social, nomeadamente dos modernos jogos de computador. *"É mais fácil matar um dragão do que matar um mito e as suas metáforas associadas."*

Um mito é desafiado a "contar uma nova história; religar o cérebro". Tal como a linguagem não se limita a descrever a realidade, constituindo-a, as metáforas não se limitam a descrever, mas também moldam e criam estratégias. As metáforas funcionam como um quadro que facilita a interação de uma forma dupla, não só ajudando a definir uma tecnologia emergente em termos de uma realidade, mas também tendo impacto na evolução e perceção da realidade.

As perguntas a fazer na camada do mito/metáfora são O que é que encerra os sentimentos em que esta visão do mundo se baseia? Que mitos ou histórias populares vêm à mente? Que metáforas vêm à mente? Quais são as histórias subjacentes que a alimentam? (Inayatullah, 1998; Inayatullah, 2014; Carbonella, 2016; Haigh, 2016; Inayatullah, 2017; Ketonen-Oksi, 2018)

4.3   O COMO FAZER: CLA EM ESTUDOS CRÍTICOS DO FUTURO

Quadro 3: O ALC como método
Fonte: (Inayatullah, 2019)

Context	• How one frames the problem, creates the solution. • Language is not neutral but part of the analysis. • Wisest inquiry goes up and down levels of analysis and across constitutive discourses.
Horizontal levels	• Identification of Problem (what is the problem) • Associated Solution (what is the solution) • Associated Problem-Solver (who can solve it) • Source of Information of problem (where is the problem/solution textualized).
Vertical Levels	• The 'Litany' official public description of issue. • Problem seems unsolvable or it is up to government or power to solve it. • Little personal responsibility. • Often appearing as News. Mediated by interstate system and conventional accounts of reality. • Short term approaches. • Government solves the problem.
Social Science analysis	• Short term historical factors uncovered. • Attempts to articulate causal variables (correlation, causation, theory and critique of other theories). • Often State or monopolistic interest group has ownership. • Solution often in Civil society in interaction with other institutions (values with structures)—partnerships. • Often appearing as Op-Ed piece or in a conservative journal.
Discourse/Worldview analysis	• Problem constituted by frame of analysis. • Strong focus on the genealogy of a problem. • Many frames: paradigms, mindscapes, discourses. • Solution often in consciousness transformation, in changing worldview, in rethinking politics of reality. • Solution long term action based on the interaction of many variables. • Often appearing in fringe/peripheral journals.
Myth/metaphor analysis	• Problem constituted by core myth (unconscious structures of difference, basic binary patterns). • Solution is to uncover myth and imagine alternative metaphors. • Often appearing in the work of artists and visions of mystics. • Solution can rarely be rationally designed.

4.3.1 CLA em estudos futuros

Desde a publicação do *CLA Reader* em 2004, a prática e aplicação do CLA em

várias disciplinas e contextos tem sido notável. Em 2015, Sohail Inayatullah e

Ivana Miljovic publicaram "CLA 2.0: Transformative Research in Theory and

Practice", que aborda as "fases" da criação, desenvolvimento e aplicação do CLA

como método; "a década de 1980 foi a fase pré-formativa, o mapeamento das

teorias - pós-estruturalismo, macro-história, sociologia da mudança, caos,

complexidade e mitologia - que se tornariam a estrutura dentro da qual se criaria o

CLA.

A década de 1990 foi a fase da invenção, quando foram desenvolvidos os princípios

da teoria e da prática da AAC - os quatro níveis e a caixa de ferramentas pós-

estrutural. A década de 2000 foi essencialmente dedicada à prática, tanto na prática

da AAC em workshops de aprendizagem-ação antecipatória como na investigação

de mestrado/doutoramento. Tal como no desenvolvimento de outros paradigmas de

investigação, os últimos dez anos de inovação metodológica resultaram da crítica e

da prática inventiva. (Inayatullah & Miljovic, 2015)

São sete as Questões Fundamentais que orientam a aplicação do CLA nos Estudos

do Futuro. Estas questões representam uma conversa que os investigadores estão a

ter com as suas próprias produções intelectuais, de modo a testar a validade dos

dados, por um lado, e a aplicar o CLA ao quadro de referência dos próprios

investigadores (Inayatullah, 2022). Estas questões podem ser resumidas da seguinte

forma: (1) **De onde** - Qual é a história da questão? O que levou ao presente? (2)

Para onde - previsões e receios - Quais são as suas previsões em relação à questão, se as tendências actuais se mantiverem? (3) **Pressupostos** - Quais são os pressupostos críticos que fez sobre a questão em relação às suas previsões? (4) **Futuros alternativos** - cenários - Com base nestes pressupostos, articule diferentes cenários futuros. (5) **Desejo** - Qual é o seu futuro preferido? (6) **Como** - criar o futuro preferido através do backcast - Como é que chegou ao futuro preferido? (7) **História interior** - transformar a história antiga numa nova metáfora - Qual é a metáfora de apoio para o seu futuro preferido?

O CLA é aplicado no estudo de Talebian e Talebian (2018) com o objetivo de desconstruir o estado atual dos Media e da Política no Irão. Em primeiro lugar, os investigadores abordaram os diferentes aspectos do nível da ladainha, incluindo *"o papel dos meios de comunicação social na promoção da inimizade no discurso sobre os inimigos do Irão"*. Em seguida, foram especificadas as diferentes causas sistémicas, descrevendo e explicando *"a relação entre os meios de comunicação social e a política, incluindo as tentativas contínuas do regime estatal iraniano para controlar e dominar toda a esfera dos meios de comunicação social"*. Na camada "Visão do Mundo", os investigadores analisaram *"dois discursos principais envolvidos na Revolução de 1978-1979 no Irão [...] construindo respostas alternativas à controvérsia entre tradição e modernidade na história contemporânea do Irão"*. O mito mais profundo por detrás da relação entre os media e a política no Irão foi identificado como a narrativa de *"Educar a População"*.

Os resultados apresentam recomendações para cada nível de análise: maior liberdade de expressão, substituição do regime semi-totalitário pela sociedade civil desarmada pelo avanço da tecnologia das TIC. Para a análise dos actores, os investigadores afirmam que o principal ator que molda a esfera mediática no Irão continua a ser o regime estatal. Por conseguinte, é desenvolvido um cenário de "diversidade dos meios de comunicação social" que prevê um Estado mais democrático, um mercado dos meios de comunicação social mais competitivo com múltiplos intervenientes (especialmente em matéria de infra-estruturas) e uma sociedade civil mais poderosa.

Um exemplo que prova claramente o valor acrescentado dos níveis mais profundos das AIC encontra-se no estudo de Syeda Mariya Absar (2013) intitulado "O futuro da gestão dos recursos hídricos no mundo muçulmano". O estudo aplica as CLA à gestão da água em seis regiões.

Os resultados mostram que o Islão é um "fator comum", mesmo com estilos de vida diferentes. O autor concluiu que as soluções geradas a partir dos níveis mais profundos de análise são mais eficazes, uma vez que estão em sintonia com a cultura das partes interessadas.

Um dos estudos de aplicação do CLA apresentado em 'CLA 2.0: Transformative Research in Theory and Practice" e realizado por Saliv Bin Larif (é um pseudónimo do autor, que deseja manter o anonimato) intitulado "Metaphor and Causal Layered Analysis".

O autor centra-se no poder da metáfora para moldar a realidade, descrevendo-a como "veículo de transformação". Além disso, o autor afirmou que se uma metáfora for mantida no nível inconsciente, é por defeito um meio de "interpretar" e "concetualizar" o mundo (especificamente a visão dominante do mundo). O CLA, ao discutir explicitamente as metáforas, está a permitir gerar uma narrativa

transparente a nível pessoal e organizacional.

Outro estudo que revela o papel crucial desempenhado pelos mitos e metáforas na obtenção de resultados transformadores é o estudo realizado por Ian Lowe (2015), que questiona as razões subjacentes à fraca recetividade do público e dos políticos em relação a várias questões urgentes?

O autor aborda os mitos "inconscientes e profundamente enraizados" através da realização de uma "panorâmica abrangente" da literatura académica sobre a questão das alterações climáticas. Lowe concluiu que o CLA ajuda a compreender as razões subjacentes à "resistência à mudança", apelando ao que descreveu como "cura ambiental-humana a longo prazo".

Numa análise do erro humano nos juízos dos académicos sobre os riscos catastróficos globais, Yudkowsky (2008) criticou alguns dos seus trabalhos académicos anteriores e afirmou que o "pensamento sobre o futuro" exige um conhecimento amplo, para além de um domínio disciplinar restrito. (Davidson, 2020)

"Era uma vez eu que inventava cenários demasiado detalhados, sem me aperceber que cada detalhe adicional era um fardo extra. Em tempos, pensei mesmo que podia dizer que havia noventa por cento de hipóteses de a Inteligência Artificial ser desenvolvida entre 2005 e 2025, com o pico em 2018. Esta afirmação parece-me agora um completo disparate. Porque é que alguma vez pensei que podia gerar uma distribuição de probabilidades rigorosa para um problema como este? Onde é que fui buscar esses números?" (Yudkowsky, 2008)

4.3   AVALIAÇÃO DA CLA

Os estudos sobre o futuro têm como objetivo transformar o futuro. Os futuristas procuram utilizar o futuro para mudar o presente. O pensamento futurista tem numerosas vantagens; sobretudo, cria possibilidades a longo prazo/futuros alternativos, em vez de uma gestão operacional quotidiana da realidade/futuro único, o que proporciona um processo de tomada de decisões flexível e uma liderança transformadora que vai além da abordagem estreita de resolução de problemas, passando a um pensamento criativo e lógico que articula as consequências a curto, médio e longo prazo com base numa análise ambiental mais ampla, bem como revela as histórias internas das organizações, instituições e nações, ligando-as a estratégias sistémicas que facilitam a antecipação de questões emergentes, oportunidades e sinais fracos *"para resolver hoje os problemas de amanhã". '*

Os métodos de futuro crítico baseiam-se no facto de que 'as estratégias falham não devido a uma avaliação incorrecta de futuros alternativos, mas devido a uma falta de compreensão da cultura profunda' e, consequentemente, há uma concentração intensa na compreensão das visões do mundo das diferentes partes interessadas, o que facilita a implementação das mudanças desejadas. Vale a pena esclarecer que isto não significa *"Faça o que quer que funcione, resolva o problema"*, mas sim que a base da AAC é revelar como as três camadas de Mito, Visão do Mundo e Contexto Social combinadas criam os problemas na camada da Litania. (Inayatullah, 2013; Inayatullah, 2017)

Uma vantagem importante da aplicação da AIC é o facto de ajudar a expor ideias pessoais fundamentais, subtextos narrativos e crenças culturais que, de outra forma, poderiam não ser questionados. As camadas causais da AIC encorajam a pensar de forma mais profunda e crítica tanto sobre as "representações dos acontecimentos pelos meios de comunicação social" como sobre o discurso dos "comentadores das

ciências sociais na literatura académica".

Como método crítico de futuros, a ACL trabalha com e dentro da questão. Fornece um quadro interpretativo que permite a desconstrução e a reconstrução de diferentes questões no mundo complexo de hoje (multicultural, múltiplas posições de diversos intervenientes, multi-civilizacional, multigeracional, etc.) que precisam de fazer sentido e de se adaptar à emergência através da exploração das causas variadas (reconhecendo e negociando as diferenças), apoiando uma mudança do "determinismo causal para uma abordagem baseada em redes".

Afirma a importância de ter em consideração as "filosofias e tradições culturalmente mediadas" que estão por detrás das causas e que estão representadas em cada camada e que diferem entre as partes interessadas; *"resolver conflitos através da compreensão mútua das perspectivas de cada um"*, o que exige que o investigador reconstrua as camadas da base para o topo, de modo a alcançar os futuros alternativos, o que ajuda no desenvolvimento de cenários, comunicando o poderoso efeito do mito/metáfora na criação intelectual da visão do futuro.

Continua a ser necessário que mais vozes marginalizadas estejam presentes e desafiem as visões do mundo dominantes. O CLA, enquanto quadro teórico, proporciona um quadro teórico e uma oportunidade para ouvir o que os anteriormente "não ouvidos... sem voz, marginalizados e excluídos" trazem para as conversas sobre o futuro. Muitas vezes, é o que normalmente *"não é dito que reflecte a cultura e a comunidade"*. E o que não é dito - um "elefante na sala" ou o "desconhecido conhecido" - pode de facto conter informação crucial sobre um assunto em questão. (Curry & Schultz, 2009; Inayatullah & Miljovic, 2015;

Miljovic, 2015; Haigh, 2016)

No seu capítulo intitulado "Avatar: Ensino Superior e Sustentabilidade", publicado em "CLA 2.0: Transformative Research in Theory and Practice" (2015), Patricia Kelly afirma a necessidade de uma "mudança ao nível do mito/visão do mundo a nível global, no sentido de integrar o sentimento e a racionalidade, alimentando a imaginação, caso contrário, a humanidade enfrenta, coletivamente, a ameaça de chegar a um "beco sem saída".

Acima de tudo, Inayatullah acredita que libertar o método das visões políticas é uma tarefa interminável, que não pode ser alcançada através do controlo dos factores que afectam o problema ou o fenómeno, mas apenas através da análise profunda das diferentes camadas. (Ouda, 2019)

4.5.1 Descrição do corpus

A investigação deve moldar os níveis de AIC e os resultados da produção das fases anteriores. A relevância de cada texto para o foco de cada camada causal é identificada através da leitura, interpretação e anotação dos dados utilizando uma rubrica/codificação de cada um dos quatro níveis principais de AIC para determinar, identificar, organizar e sistematizar as ideias, conceitos e categorias nos dados.

Critérios e processo de seleção

Com base na revisão da literatura, no estudo-piloto e no quadro teórico (Sohail Inayatullah CLA e Habermas Public Sphere), as principais categorias das perspectivas analisadas representam as seguintes partes interessadas: Produção académica [em ciências sociais, em geral, e especificamente no domínio da comunicação de massas], discussões, opiniões e pontos de vista de profissionais dos meios de comunicação social, conteúdos gerados pelos utilizadores de sítios de redes sociais, relatórios de grupos de defesa dos direitos humanos/dos meios de comunicação social, estratégias e políticas recomendadas por representantes de organismos reguladores, declarações, acções e reacções de peritos técnicos e de segurança, análises aprofundadas, feedback e críticas.

Uma análise manual de artigos editoriais [em árabe e inglês], leis e regulamentos relacionados com a Internet e as redes sociais, trabalhos académicos, livros, declarações oficiais e discursos presidenciais, publicações/Tweets/conteúdos audiovisuais no Facebook, Twitter e YouTube, relatórios [locais e internacionais] sobre a situação política, social, económica, religiosa, cultural e o futuro do Egito. Para além disso, frequentar um curso intensivo em linha de Estudos do Futuro; *"Futures 101: Become a Futurist"* com o Professor Sohail Inayatullah; uma vez que o investigador recebeu uma bolsa de "acesso total e um certificado" da Meta Future School entre maio e dezembro de 2022. Este facto reforçou as competências do investigador e garantiu o cumprimento de procedimentos precisos e científicos.

Palavras-chave e hashtags em árabe/inglês: Egito, redes sociais, revolução de Jan25, primavera Árabe, esfera pública virtual, democracia, opinião pública, liberdade de expressão, leis e regulamentos da Internet, o Futuro.

A pesquisa foi efectuada através de diferentes motores de pesquisa e bases de dados da Internet, para além do Egyptian Knowledge Bank (EKB) e das barras de pesquisa do Twitter/Facebook/YouTube.

Nesta fase do estudo, em contraste com a revisão da literatura, foram incluídos os resultados anteriores a 2010, que representam uma base/background e conhecimentos passados que orientam o presente. Além disso, o duplicado foi eliminado antes de escolher a amostra da análise.

Estes passos e procedimentos foram aplicados a cada palavra-chave. O investigador começou com a intenção de desenvolver uma lista exaustiva, mas ao longo do caminho, com a acumulação de uma enorme quantidade de conteúdos, o investigador adoptou uma técnica de amostragem intencional e decidiu que o resto seria incluído quando necessário para cada palavra-chave e/ou tema gerado e categoria de interveniente.

A amostragem **intencional** permite ao investigador selecionar amostras com intenção. Este método de seleção permite que o investigador se concentre em grande detalhe numa determinada questão, assunto ou fenómeno (Flick, 2009; Patton, 2002; Silverman e Marvasti, 2008): "a lógica e o poder da amostragem intencional residem na seleção de casos ricos em informação para estudo em profundidade". Estudos anteriores (por exemplo, Creswell, 2003; Flick, 2009; Gee, 2005) provaram que a ideia de amostragem intencional é adequada para investigações sobre materiais em linha.

A fim de selecionar as amostras mais adequadas, o corpus é recolhido depois de analisar cada item e decidir, como ponto de partida, a que camada pertence. O conteúdo selecionado é colocado em categorias divididas de acordo com uma palavra-chave/tema e uma categoria de partes interessadas.

A literatura recomenda que o conjunto de dados seja suficientemente grande para permitir a identificação de padrões, mas suficientemente pequeno para revelar níveis múltiplos e ricos de significado. As camadas 1 e 2 são mais visíveis, as camadas 3 e 4 são mais amplas e profundas e mais difíceis de identificar. As pessoas de fora são muito mais eficazes no discernimento destes níveis de realidade". Por conseguinte, foram incluídos pontos de vista de não especialistas em política e jornalismo, bem como de vozes não egípcias, árabes e não árabes/estrangeiras. **A tabela do Anexo I inclui a lista do corpus** recolhido e analisado; **o número total é de 193** textos e transcrições [publicados nos anos de 2008 a 2023].

4.5.2   Cenário CLA: Uma nova abordagem

Um princípio básico dos estudos de futuros é que as imagens do futuro informam as decisões que as pessoas tomam e a forma como actuam. A noção de que o propósito humano pode afetar o curso dos acontecimentos para criar futuros que são transformações significativas do presente está subjacente a toda a investigação sobre futuros. O seu objetivo é *"perturbar o presente",* nas palavras de Gaston Berger (1967). Os cenários são desenvolvidos em duas fases; uma fase de análise trabalha através das camadas para a visão do mundo e a metáfora, depois o cenário é desenvolvido reinterpretando as camadas. (Curry & Schultz, 2009)

A construção de cenários é uma metodologia, mas também uma forma de pensar; está sempre a perguntar: Qual é a alternativa? Os cenários *"não prevêem o futuro - são ferramentas que nos ajudam a explorar diferentes formas de o futuro se desenrolar",* permitindo aos investigadores alterar o futuro previsto através da decisão do que deve ser feito para moldar o futuro. Em geral, os cenários são criados com diferentes objectivos: "contingência *(vamos estar preparados;* avaliar e prepararmo-nos para o que pode correr mal), oportunidade ou resolução de conflitos. Os cenários, no entanto, são mais do que opções; um cenário representa um[i] *mundo vivido possível*. (Milojevic, 2015; Inayatullah, 2022)

Os cenários permitem aos investigadores criar uma distância concetual em relação ao presente, de modo a que este seja visto como menos real e fixo e, por conseguinte, mutável; compreender e gerir as incertezas - explorar *"o que não sabemos que não sabemos, compreender melhor o caos e a complexidade, incluindo as potenciais alavancas de influência, compreender os pontos de vista de diferentes partes interessadas e perspectivas, encontrar novas áreas e possibilidades de crescimento, ajudar a clarificar pressupostos ocultos, pensar sobre o desconhecido e abrir espaços para novas acções e reflexões"*. (Inayatullah, 2022)

Os cenários criados sem a Análise Causal por Camadas basear-se-ão nos condutores actuais, sendo estes cenários muito seguros. Tal como descrito por Wendy L. Schultz, cenário é um *"termo técnico utilizado para descrever uma imagem vívida, provocadora e acessível do futuro, avaliada em termos de plausibilidade e probabilidade"*. Um cenário tem de conter os resultados possíveis, as oportunidades e as ameaças, e descrever como as mudanças criaram um determinado futuro.

Para desenvolver cenários para o futuro dos sítios de redes sociais como uma esfera pública, a aplicação dos quatro níveis de análise do CLA permite reunir pontos de vista, opiniões, informações e perspectivas de alta qualidade, actualizados, especializados e inclusivos, respondendo às várias questões do estudo sobre o passado, o presente e o potencial dos sítios de redes sociais no futuro, no contexto egípcio.

James Dator desenvolveu um modelo de cenário amplamente adotado que tem quatro partes: (1) Crescimento contínuo, (2) Transformação (com duas variações, valores e foco organizacional e um foco tecnológico), (3) Fracasso ou Colapso e (4). Regresso ao passado ou estado estacionário.

Existem vários métodos de cenários, cada um com diferentes vantagens:

➢ A abordagem dos pressupostos: é excelente para desafiar a forma como convencionalmente vemos o futuro. No entanto, se a visão do mundo for demasiado dominante - bem-sucedida - então não se consegue ver os pressupostos, uma vez que acreditamos que a única forma de atuar é como fazemos as coisas.

➢ O método do cenário de dupla variável: é excelente para desenvolver uma estratégia de curto e médio prazo, mas é fraco na identificação de fenómenos anómalos ou de acontecimentos e tendências que podem alterar profundamente o futuro.

➢ O método multivariável é excelente para identificar futuros com base em diferentes factores, mas não é tão útil do ponto de vista estratégico como a variável dupla.

➢ O método organizacional tem menos valor estratégico de médio alcance do que a variável dupla, mas é muito mais útil para definir a direção, uma vez que identifica o futuro preferido, e para avaliar o risco, uma vez que identifica o cenário atípico. (Isto baseia-se nas perspectivas das principais partes interessadas: (1) Manutenção do status quo, (2) pior cenário, (3) cenário atípico, (4) melhor cenário).

➢ O método integrado garante uma maior plausibilidade; procura passar do preferido - que muitas vezes pode ser demasiado idealista - para o rejeitado - o que foi afastado - para o integrado. Conclui com o cenário outlier, de modo a ajustar-se ao desconhecido ou perturbador.

O CLA pode ser utilizado tanto antes como depois do processo de desenvolvimento de cenários. A estrutura do cenário, tal como descrita por Sohail Inayatullah [o método integrado]: (1) Futuro preferido (articular cinco critérios do seu futuro preferido), depois o (2) Futuro repudiado (o que é que o futuro preferido afastou, considerou não importante? Existem aspectos do futuro rejeitado que são importantes manter no futuro preferido (para levar o futuro preferido a uma maior plausibilidade ou que podem ser necessários para a resiliência e a robustez?), depois (3) Futuro integrado (o futuro preferido e o rejeitado são integrados, explicando como trabalhar um com o outro para que o futuro preferido seja alcançado à luz do futuro rejeitado) e, finalmente, o (4) Futuro desconhecido: Quais são as questões emergentes, os sinais fracos ou os factores actuais que prenunciam um futuro dramaticamente diferente? O que é que uma nova tecnologia está a perturbar os cenários anteriores? E se um choque externo mudar o jogo? Articular um futuro muito fora do comum - mas ainda assim potencialmente útil. Mesmo que este cenário não se concretize, o que é que se pode aprender com os aspectos deste futuro? (Milojevic, 2015; Inayatullah, 2022)

Os cenários têm como principal objetivo estimular o discurso público e apoiar decisões sobre questões complexas com implicações a longo prazo: Mapeamento do fenómeno (revisão da literatura e estudo-piloto). Brainstorming dos factores-chave que impulsionam a mudança e o desenvolvimento *(análise em quatro camadas)*. Consolidação dos resultados num número manejável de categorias genéricas. Discussão de tendências/padrões relevantes dentro de cada categoria. Geração de uma imagem do status quo e de possíveis direcções de mudança. Analisar as relações entre as diferentes categorias e tendências. Determinar os factores-chave subjacentes à mudança. Criação de cenários: *estrutura de cenários* (combina dois ou mais factores-chave de mudança para dar uma gama de cenários possíveis) *e análise de actores* (utilizada para complementar a estrutura de cenários: 'quem são os actores mais importantes nos cenários e como se espera que actuem?) Tal como recomendado pela Organização para a Cooperação e Desenvolvimento Económico (OCDE, 2019), é necessário, na construção de cenários, assegurar o seguinte: garantir que o trabalho sobre o futuro seja protegido das preocupações quotidianas e das controvérsias políticas, financeiras ou sociais imediatas. Assegurar que a iniciativa não se limita a refletir sobre o futuro, mas inclui também a concetualização de como alterar os sistemas actuais de formas específicas. Construir cenários com base em análises sólidas para clarificar e aprofundar a compreensão das principais forças que estão na base da mudança dos fenómenos estudados.

Para aprofundar o cenário, colocar as seguintes questões: "Qual é a estratégia central deste cenário? Quais são as narrativas, histórias e metáforas que a apoiam? Quais são as narrativas, histórias e metáforas que a impedem? De que forma se pode reescrever a narrativa para que o cenário tenha uma maior possibilidade de ser realizado ou evitado?" (Inayatullah, 2022)

Assegurar que os processos de desenvolvimento de cenários tenham em conta as tendências do mundo exterior e do ambiente próximo, e não apenas estas últimas.

Não avançar demasiado depressa para os cenários preferidos e utilizar os cenários menos atractivos, mas igualmente prováveis. Dar tempo para identificar e especificar os valores que sustentam as práticas e estruturas existentes e que aparecem em cada um dos cenários. Ser claro, preciso e inovador no método de apresentação dos resultados, a fim de evitar uma sobrecarga de informação suscetível de desviar a atenção.

Para obter uma compreensão pormenorizada dos factores de mudança, combinar duas abordagens: (1) agrupar e considerar cenários por tipo, de modo a ajudar a realçar aspectos específicos de uma questão, juntamente com (2) considerar cada cenário isoladamente para ajudar a destacar diferentes formas de alcançar o mesmo resultado.

O CLA levou à criação de um novo método de cenários. Nesta abordagem, começa-se por desenvolver o futuro preferido e, em seguida, articulam-se as contradições ou os aspectos rejeitados. Por fim, descreve-se um cenário conclusivo transformado ou integrado.

Isto aumenta a robustez, uma vez que o futuro preferido pode muitas vezes ser fantasioso. É articulada uma situação anómala para garantir que as incógnitas conhecidas e desconhecidas - questões emergentes e sinais fracos - são identificadas. Este cenário final completa a matriz.

Esta abordagem de cenários retira a fantasia do cenário preferido, uma vez que o cenário preferido rejeita frequentemente um aspeto da realidade - uma contradição dialética, se quisermos. No método dos cenários das CLA, o rejeitado é reintegrado, em vez de ser descartado.

O presente estudo, por conseguinte, desenvolve os cenários em função da recolha e análise de dados, seguindo quatro grandes etapas consecutivas:

(i)   Determinação da comunidade do estudo e seleção da amostra de acordo com determinados critérios identificados em função dos indicadores do estudo-piloto.

(ii)   Recolha de dados: *(conteúdo e contexto);* recolha de opiniões, informações, expectativas, pontos de vista e perspectivas da amostra, abordando cada fator e aspeto relacionado com o passado, o presente e o futuro do fenómeno estudado e descrevendo as principais caraterísticas do contexto global, nacional e local.

(iii)   Análise de dados *(categorização, comparação* e *interpretação).*

(iv)   Desenvolver os cenários.

4.6 VALIDADE E LIMITAÇÕES DO ESTUDO

4.6.1 Aplicação das ALC

A análise em quatro camadas move-se horizontal e verticalmente e mapeia criticamente o contexto da questão do ponto de vista das múltiplas partes interessadas através da profundidade e amplitude conceptuais, incluindo o "outro" e não apenas com base na mitologia/perspetiva do próprio investigador, considerando-a como uma realidade objetiva.

Isto enriquece a compreensão do passado e do presente da questão e, assim, todos são incluídos, o que proporciona cenários e implementações mais robustos. Transforma o futuro e, em seguida, é criada uma nova realidade que exige transformações no sistema de apoio e nas litanias que medem a mudança; uma vez que a CLA começa e termina com o questionamento do futuro e dos esforços necessários para alcançar futuros alternativos.

Isto desafia a política atual, o que é considerado "objetivo", bem como evita a "cegueira de visão do mundo", uma vez que revela diferentes visões do mundo através da utilização de uma abordagem de visão global. Isto confronta o "poder", abordando a relação de poder, por um lado, e clarificando, nas palavras de Curry e Schultz, *"quem é privilegiado e quem é silenciado,* por outro.

Consequentemente, a aplicação das ALC ajuda a revelar "lutas de poder" entre discursos, expondo as várias dinâmicas, tensões, contradições e indefinições nas interações colectivas com estes discursos que os indivíduos e a sociedade interiorizaram.

Este quadro permite desafiar os *"pressupostos dominantes"; "o que parece natural e normal"* sobre como o mundo é percebido e como será percebido e apresentá-lo criticamente como *"problemático".* (Milojevic, 2015; Inayatullah, 2017)

4.6.2   Ultrapassar o futuro dos usados

"Comprou um futuro usado? A sua imagem do futuro, o seu futuro desejado, é sua ou é inconscientemente emprestada de outra pessoa?" (Inayatullah, 2008)

Al-Surouri (2016) escreveu um artigo com o título "What is discourse and what are discursive practices?" (O que é o discurso e o que são práticas discursivas?), no qual introduz uma análise filosófica do significado de "Discurso", afirmando que "-dis" em inglês é um prefixo negativo que dá à palavra seguinte o significado oposto. E 'course' em inglês é uma direção.

Assim, o investigador diz que o "discurso" se refere de alguma forma a "mudar o rumo/direção". Ora, como afirma Al-Surouri, há mais do que uma direção; numerosos "significados" potenciais que fluem através da sociedade; é uma agenda linguística que não é linear nem direta; é antes uma rede sem princípio nem fim.

Por outro lado, a sua contraparte árabe refere-se principalmente ao papel da "língua" como socialmente construída, coletivamente e não individualmente, na formação das convicções dos membros da sociedade. Consequentemente, é impossível provar que uma pessoa, ou mesmo um grupo de pessoas, é responsável por tornar a tendência geral do público numa sociedade num domínio específico num determinado período de tempo; trata-se antes de uma questão institucional.

Al-Surouri afirma que é difícil associar os acontecimentos da primavera Árabe a um canal de televisão ou mesmo a uma série de canais de televisão, referindo-se ao enfoque na *Al-Jazeera,* porque isso representaria apenas uma pequena parte da complicada e diversificada visão árabe; estes não reflectiriam o quadro geral; mas podem definitivamente ter um efeito nas práticas discursivas do discurso dominante, seja ele positivo ou negativo.

Qualquer discurso está, portanto, ligado a práticas e instituições (poder). E os discursos académicos, dos meios de comunicação social, religiosos, educativos, culturais, artísticos e literários, etc., são discursos periféricos de um discurso dominante principal que visa formar o pensamento e o comportamento das pessoas.

Uma das caraterísticas das práticas discursivas é a "seletividade", ou seja, o que mostrar/dizer e o que esconder.

Al-Surouri afirma que o que está escondido é também um discurso que não é, de forma alguma, menos importante do que o que é dito/anunciado/mostrado. Por exemplo, isto pode ser aplicado à etapa de revisão da literatura na investigação académica realizada no âmbito de um discurso dominante específico. É por isso que a segunda camada não é suficiente, porque a terceira camada esclarece a razão por detrás desta dominância.

Estes discursos institucionais visam formar a visão das pessoas em relação ao mundo, a si próprias e aos que as rodeiam, aos seus países e aos seus convívios religiosos e culturais. E o início da consciência é estar ciente desse discurso.

Depois, Al-Surouri questiona a capacidade de resistir ao discurso, e a resposta é "sim", é possível resistir a um discurso dominante, mas isso não é possível através de esforços individuais; os contra-discursos, embora sejam importantes, requerem um contra-discurso institucional. Este discurso institucional igualitário explica e critica estas práticas discursivas e clarifica os seus efeitos e enquadra-as de modo a compreender como funcionam as práticas discursivas institucionais e a descobri-las e desafiá-las através de técnicas paralelas na sociedade.

Isto poderia explicar o facto de haver uma referência intensa à cobertura mediática "estrangeira" como um contra-discurso face ao discurso oficial do regime egípcio quando se trata de discutir: direitos humanos, liberdade de expressão e outras questões que necessitam de resistir ao discurso dominante e desafiar as suas práticas discursivas.

O argumento central do CLA é a afirmação do poder excecional das camadas mais profundas; 'metáfora, linguagem, visões do mundo, mitos culturais de raiz inconscientes e narrativas actuais'.

A análise crítica não é um fim em si mesmo, mas visa antes alcançar os "significados" que orientam a emergência e os diferentes futuros possíveis; e isto é exatamente o que os outros estão a fazer "inconscientemente" ou

subconscientemente. Isto é expresso como "colonização" do "espaço" futuro; quando certas imagens e ideias se tornam hegemónicas ou dominantes.

Este futuro é visto como um "espaço aberto", um "ainda não", um "devir" e "está para vir ou ser" ou uma "série de espaços numerosos e diversos" e este fluxo de expectativas "em sintonia com o que aconteceu ou está a acontecer" "limitaria as acções tomadas" no presente e os comportamentos na sociedade reflectiriam essas expectativas dominantes inconscientes e desactualizadas sobre o futuro, ou ainda mais complexas; os indivíduos e as sociedades comportar-se-iam de acordo com futuros que, na realidade, desejam evitar; também isto resulta de crenças sobre a inevitabilidade de determinados futuros ou de acções de "piloto automático" baseadas em futuros usados. (Inayatullah, 2013; Milojevic, 2015; Haigh, 2016)

4.6.5 Desafios e oportunidades para futuras aplicações

O que tornou o Renascimento único na história da humanidade não foi a visão emergente do futuro, mas a abertura do futuro, a criação de múltiplas visões e possibilidades. "

Milojevic (2015) descreveu o CLA como um *método integrativo,* pois fornece uma estrutura para a investigação dos dualismos; subjetivo/objetivo, passado/presente/futuro, agência/estrutura e dominância/multiplicidade. Fá-lo tendo em conta uma multiplicidade de discursos, do empírico ao simbólico, do dominante ao marginalizado. Além disso, o pressuposto central subjacente à ALC é que a realidade aparente não é discernida a partir de uma realidade objetiva "lá fora", mas criada, co-criada e recriada.

As coisas não existem apenas em si mesmas - o que significa que mesmo as tendências mais fortes sobre o futuro podem não se concretizar num futuro específico - "o futuro". E mesmo as tendências mais fortes afectarão pessoas e lugares diferentes de forma diferente - certamente os significados que as pessoas dão às tendências diferem com base na sua própria localização em determinados discursos.

No entanto, Milojevci esclarece que isto não significa que "tudo é possível" ou que "vale tudo", mas sim que há limites para o que é possível e exequível. A ideação - um "impulso" de um futuro desejado - não é suficiente, o "peso" da história e das estruturas sociais, bem como os "empurrões" em direção ao futuro, também desempenham um papel importante.

Inayatullah (2022) afirma que *"muitas vezes, nos seminários de prospetiva, não estão presentes as pessoas exactas que podem fornecer as novas ideias"*, criticando as limitações dos "especialistas que falam uns com os outros criando "conversas auto-referenciais" e descrevendo-as como "representando o passado, não o futuro" e "reforçando" a visão do mundo dominante

Por isso, um futurista crítico tem de continuar a perguntar: *"Quem não está na sala? Quem está a faltar? Quem pode proporcionar a todos os presentes novas formas de saber e pensar?* Essa inclusão, embora confusa, "reduziria" a incerteza do futuro e melhoraria o resultado do desenvolvimento de estratégias e cenários baseados numa compreensão mais profunda das perspectivas que desafiam o sistema e vêem a realidade de forma diferente.

No entanto, criar uma nova história é um desafio. As narrativas não estão certas ou erradas; a questão que orienta o processo de análise é se elas "impedem ou servem" o caminho que os indivíduos, as sociedades, as nações ou as organizações desejam/planeiam seguir.

Sem uma metáfora de apoio e uma visão do mundo, é "fácil regressar ao que já não funciona"; um padrão confortável de pensamentos e hábitos. Criar uma visão clara que não seja nem demasiado próxima nem demasiado distante; uma visão demasiado próxima leva a que se fique preso ao presente, e uma visão demasiado distante torna-se uma ficção científica. Uma visão clara deve fazer sobressair o melhor das pessoas e trazer o futuro desejado de volta ao presente para implementar as transformações necessárias. (Inayatullah, 2022)

Como sistematicamente analisado por Inayatullah (2004; 2014) e Inayatullah & Milojevic (2015) em edições variadas de CLA delineando estudos de caso de CLA como uma teoria e metodologia integrativa e transformadora, é claramente apontado que CLA, como qualquer outra metodologia, tem limitações:

> Desafios presentes na camada de análise da visão do mundo, indicando que exige que os investigadores questionem os significados culturais e tenham uma visão "mais alargada". Além disso, para o investigador que aplica a CLA, é necessário justificar a sua seleção de dados, de modo a não excluir o conhecimento que estaria em contradição com as convenções e tradições dominantes no contexto cultural da questão estudada; *esta não é uma competência que a maioria dos cientistas aprenda mesmo agora*'.

➢ É necessário dedicar mais tempo especificamente à terceira camada, a visão do mundo, porque é fundamental para permitir que "surjam e sejam discutidas compreensões mais profundas - especialmente porque é provável que um conflito de visão do mundo seja a principal razão [por trás da questão]".

➢ A estrutura básica do CLA também foi posta em causa. É por vezes *difícil diferenciar alguns dos níveis,* por exemplo, entre a análise ao nível da visão do mundo e do mito/metáfora ou entre a análise ao nível do mito/metáfora e da ladainha.

➢ "Existe uma subjetividade inerente associada à compreensão e perceção de cada camada do CLC; "uma vez que a visão do mundo de uma pessoa pode ser o mito ou a metáfora de outra". O investigador tem de "manter uma posição neutra durante a [análise].

CAPÍTULO 5: DESCONSTRUÇÃO E RECONSTRUÇÃO: PASSADO, PRESENTE E FUTURO

"Porque se formos demasiado pragmáticos, estamos a reforçar o presente tal como ele é agora, pelo que ficamos com o futuro usado, o futuro renegado, o futuro por defeito. E, se formos demasiado idealistas, não tocamos na realidade das pessoas e elas desistem". (Sohail Inayatullah, 2022)

Trata-se de uma tentativa de criar um futuro que não é dado por peritos ou baseado na imaginação pública, mas sim desenvolvido através da inclusão das perspectivas de todas as partes interessadas. Os estudos críticos do futuro, em geral, e as CLA, em particular, têm como objetivo capacitar os investigadores para pensarem em "alternativas".

Quadro 4: Descompactar a esfera pública virtual egípcia

Unpacking Egyptian virtual public sphere futures	
Litany	Mapping the Arabic Blogpshere. Trust. Fragmentation. Non-stop flow of information. Religion, politics, to entertainment and cynicism.
Systemic Causes	Contextualization: context provides specific needs, possibilities, and limitations for the actors involved. Academics to distinguish between what is context-specific and what is general in studying the Internet/social media. Ethics. Legal vacuum. Moral collapse.
Worldview	Evaluating social networking sites in light of the professional standards of traditional mass media. This is the strongest argument repeated to diminish the credibility of social networking sites. "If the modern society has a structural level and an action level, then communication would be in the action level, but the civil sphere is in the structure level. A public sphere is a prerequisite for communication; hindering the establishment of an effective and function civil sphere means the regime is not prioritizing communication."
Myth/Metaphor	All Arab Spring, even the cases that turned into civil wars, countries tried to build a democratic participatory public sphere. "The path to stability is for citizens to feel as partners.'

Ao longo da análise, foram mapeados cinco temas principais: (1) Sites de redes sociais como parte da paisagem mediática, (2) O dilema egípcio: sites de redes sociais e a esfera pública, vários intervenientes e perspectivas, (3) Cobertura mediática: Sites de redes sociais e mudanças sociais e políticas, (4) Empresas de tecnologia, e (5) Indicações futuras.

Quadro 5: Sítios de redes sociais em linha como parte da paisagem mediática

Online social networking sites as part of media landscape	
Litany	Freedoms. Business model. Access. Reach. Users' digital rights. Regulatory bodies. Hard/expensive to be regulated and controlled. Varied definitions and usages. Surveillance software. Disinformation, fake news, hate speech, and propaganda.
Systemic Causes	Tech-companies are blamed for fake news, disinformation, and hate speech. Competitions. New platforms/ alternative applications. Copying features.
Worldview	'Technological advancement is threat to national security.' 'Cyber / Fourth-generation wars.' "Popularity challenges truthfulness for influence." "People resort to social media platforms after the gats of press, Radio and Television were blocked."
Myth/Metaphor	SNSs are seen as the early days of invention of Printing Press. 'The world is watching.'

Quadro 6: Os sítios de redes sociais em linha como esfera pública virtual no Egito

Online social networking sites as a virtual public sphere in Egypt	
Litany	Self-reported vox pops. Public opinion monitored.
Systemic Causes	Self-censorship. Narrowing the space for civil society (summer 2013). How to balance security with freedom of expression? An inclusive dialogue.
Worldview	Professional journalists and academics focused on the quality of the public sphere input and output, not only on freedom of expression or the technological advancement. 'People were coming out of 2013 tired, exhausted, frustrated, not believing in the value of the democratic transition in Egypt.' 'A new social contract.' Nationalistic narrative.
Myth/Metaphor	Death of politics. 'The republic of fear.' 'New authorities should be careful not to repeat past mistakes.' "The new borders; the borders of the cyberspaces." "An upgraded playbook of autocracy."

Quadro 7: Cobertura mediática: sítios de redes sociais em linha e mudança política e social

Media Coverage: online social networking sites and political and social change	
Litany	Western examples. User-generated content is the threat. Biased in favor of strict laws and regulations. Distrust in social media platforms. Safety and privacy. Enhancing social media experience.
Systemic Causes	Advertisement, not content, is the threat. Addiction and other psychological effects. Social networking sites as facing 'Existential Crisis.' Lack of transparency in Tech-companies reports.
Worldview	Tech-companies/social media platforms and Stats struggle over Power. "[Online] debates are not about 'what' happened; rather the debates are about 'what does it mean' and 'what should be done?'" Social media as western tools. Conspiracy theories.
Myth/Metaphor	'Tech-companies are not doing enough.'

Quadro 8: Empresas tecnológicas e perspectivas técnicas

Tech Companies and Technical Perspectives	
Litany	"Fake-news rhetoric as a 'smokescreen' to muzzle critical voices." The dual-use nature of social media.
Systemic Causes	Liability. Section 230 Novel features. Self-regulation.

Worldview	Four pressures:
	  o Avoiding official regulation.
	  o Unhappy users and public shaming campaigns.
	  o Internal pressure from employees to step up and become better corporate citizens.

	o Advertising dollars and corporate support are not immune to bad citizenship and failure to self-regulate. There is a problem in addressing social networking sites as a one package; there are core differences among them. Disinformation as 'adversarial narratives.'
Myth/Metaphor	'Governments don't understand how algorithms work.' "[There are] barriers for organizations and individuals from the Global South to meaningfully participate in the development of Internet norms, policies, and standards."

Quadro 9: Indicações futuras

Future Indications	
Litany	Technical. Target audience. Competition. User-generated content. Tech-companies Business model. Voice applications.
Systemic Causes	Quality of the content. Healthy environment for communication. Audience. Niche platforms. Academics to question the relationship between the traditional public sphere and the emerging virtual public sphere in terms of: social, cultural, and political dimensions of technology. The impact of values and objectives of the actors on communication. Levels of regulations: Platforms administration. Users reporting violating content. State-owned and independent external regulatory bodies for varied reasons: economic, political, security, and social. Key actors: Governments: legal intervention. Users: raising the awareness (media literacy). Programmers, Tech-companies: technical solutions.
Worldview	Electronic immigration. Global citizen. "Negotiation around meaning." Identity question: who are we? "Expanding the definition of terrorism to include peaceful protests and online social media posts; treating state critics as enemies."
	Reframing social media. Why users keep coming back?
Myth/Metaphor	"It is the Man, not the machine, which we should worry about." "Wrecking the publics sphere is the new authoritarian strategy."

Em seguida, foi desenvolvido um cenário para cada dimensão. Os cenários fornecem um caminho para simplificar um fenómeno complexo. No entanto, não se trata da questão "qual deles se concretizará?", uma vez que a resposta é "não sabemos". Em vez disso, os cenários baseiam-se na capacidade de ter várias possibilidades e depois perguntar: qual delas prefere? E, depois, decidir como envolver toda a gente para criar o futuro preferido.

Os cenários desenvolvidos, especialmente na terceira e quarta camadas, estão a desafiar a mentalidade dos decisores políticos, em primeiro lugar, bem como do resto das partes interessadas. Para evitar o futuro usado e ter um futuro melhor, é necessária uma vontade política e esforços nacionais inclusivos, bem como uma abordagem científica para a resolução dos problemas.

5.1 LITANIA

Ao abordar os sítios de redes sociais, dentro da camada de análise Litany, são cobertos três aspectos principais; Conceito, Estrutura e Função, e a concentração é principalmente dirigida às estatísticas para compreender, avaliar e analisar a utilização de dispositivos digitais, da Internet e, especificamente, dos serviços das redes sociais. Afirma-se claramente que *"os últimos números publicados sobre a utilização da Internet sub-representam invariavelmente a realidade, e a adoção e o crescimento efectivos podem ser mais elevados do que os números sugerem"* (Simon Kemp, 2023)

As fontes da maioria dos relatórios publicados em linha e discutidos nos principais meios de comunicação social são empresas/sítios Web privados globais identificados como especialistas em Web e programação, experiência do cliente e tendências no âmbito da investigação na Internet e da comunicação digital, em geral, e serviços de consultoria em gestão de redes sociais e marketing digital, em particular. Na sua maioria, estão disponíveis relatórios gratuitos que monitorizam dados em linha anuais, trimestrais e mensais. Estes relatórios podem fornecer uma panorâmica global, informações locais ou relatórios especiais sobre tendências e dados relativos a tópicos específicos, com uma panorâmica regional e informações locais.

Outros relatórios são os relatórios locais oficiais publicados pelo Governo egípcio, pelo Centro de Informação e Apoio à Decisão do Governo egípcio (IDSC), pela Agência Central de Mobilização Pública e Estatística do Egito (CAPMAS) e pelo Ministério da Comunicação e das Tecnologias da Informação do Egito. Além disso, os relatórios publicados por grupos e instituições nacionais e internacionais de defesa dos direitos humanos, grupos de reflexão, centros de investigação académica, organizações da sociedade civil e relatórios analíticos sobre legislação e segurança que interpretam criticamente os números e as estatísticas para contextualizar questões relacionadas com políticas e regulamentos digitais, leis e direitos dos utilizadores, vigilância, censura, bloqueio de sítios Web, encerramento da Internet e liberdade de expressão, entre outros.

Os principais factores-chave abordados são: Adoção e crescimento, em percentagens, tanto entre o público elegível (uma vez que a maioria das plataformas restringe a utilização a uma faixa etária específica) como em comparação com o número total da população, ligações móveis, velocidades de ligação à Internet, tempo de utilização em todas as plataformas, alcance publicitário de cada plataforma separadamente, conetividade entre países, classificação das várias plataformas e aplicações de redes sociais e a diferença de género (aplicações e plataformas masculinas versus femininas).

Além disso, a limitação dos números na descrição do cenário digital é explicada nos relatórios publicados. Como afirma Simon Kemp (DataReportal,

2023): 'os números de cada país não são comparáveis com números equivalentes de anos anteriores; uma vez que há actualizações contínuas realizadas pelas fontes de que dependem para informar e calcular os números. Assim, o leitor não deve considerar quaisquer diferenças nestes números como uma mudança real na utilização das redes sociais, mas sim como "correcções" nos dados e não como uma indicação de que a adoção das redes sociais diminuiu'.

As plataformas e aplicações incluídas variam consoante os relatórios. No Egito, as principais plataformas e aplicações referidas quando se aborda a utilização das "redes sociais" são as seguintes Meta-empresa: Facebook, Facebook Messenger, Instagram e WhatsApp, YouTube, Snapchat, LinkedIn, TikTok e Telegram (os recém-chegados), YouTube e Twitter.

A natureza interdisciplinar da Internet; está abrangida e interligada por várias leis. Difícil de regular e controlar; diferentes definições e diferentes utilizações e partes interessadas. O quadro de referência para a análise jurídica dos direitos digitais no Egito: (Artigo 19.º, 2015; Miller, 2018; RSF, 2018; Artigo 19.º, 2018; AFTE Primeira Parte, 2021; AFTE Segunda Parte, 2021; AFTE Terceira Parte, 2021; Freedom House, 2021; Media Landscapes, 2022): Declaração Universal dos Direitos do Homem (10 de dezembro de 1948), artigo (25.º) da Constituição egípcia (2014), Pacto Internacional sobre os Direitos Civis e Políticos (10 de dezembro de 1966), Lei Antiterrorismo n.º 94 de 2015, Lei de Regulamentação das Comunicações n.º 10 de 2003, Lei de Regulamentação das Telecomunicações n.º. 10 de 2003, Organização da Imprensa, dos Meios de Comunicação Social e Conselho Superior dos Meios de Comunicação Social

(2018), Lei de Regulamentação da Imprensa e dos Meios de Comunicação Social n.º 180 de 2018, Lei de Combate aos Crimes das Tecnologias da Informação n.º 175 de 2018, Lei de Regulamentação dos Transportes Terrestres n.º 73 de 2019 e Lei de Proteção de Dados Pessoais n.º 151 de 2020.

Os sítios de redes sociais são referidos como "Social/New Media" no contexto da apresentação destas plataformas como parte da paisagem mediática mais vasta. Ao mesmo tempo, são descritas como "empresas tecnológicas" quando se referem às questões de controlo e regulamentação, de modo a referir-se ao seu modelo de negócio orientado para o lucro que prejudica a qualidade do conteúdo gerado e publicado através das suas plataformas. Os principais aspectos mencionados são: as liberdades, os modelos de negócio, a questão do acesso e do alcance, para além do quadro regulamentar.

Não é gratuito

De acordo com o relatório da Freedom House (2021), "Freedom on the Net", o Egito [classificado em 161.º lugar em termos de liberdade de imprensa e em 139.º lugar na classificação do Índice de Paz] apresenta um panorama dos meios de comunicação social que sofreu muitas alterações desde a revolução de 25 de janeiro de 2011. O *relatório aborda três factores fundamentais: obstáculos ao acesso, limites aos conteúdos e violações dos direitos dos utilizadores. Afirma-se que a televisão continua a ser o principal meio de comunicação popular. No entanto, os meios de comunicação digitais [29,5% de penetração da Internet, classificado em 26/100 na categoria Liberdade da Internet classificada como **"não livre"**] "registaram um crescimento notável e muitas entidades dos meios de comunicação* *social começaram a modificar os seus modelos de negócio tradicionais para obter um maior alcance".*

O relatório também mencionou os principais desenvolvimentos [1 de junho de 2020 - 31 de maio de 2021] da seguinte forma: Em outubro de 2020, as autoridades bloquearam o Telegram em três redes. As autoridades não forneceram uma explicação para o bloqueio. Em outubro de 2020, foi revelado que as autoridades egípcias utilizaram dispositivos Sandvine para bloquear 600 sítios Web e vigiar os utilizadores da Internet através da tecnologia de inspeção profunda de pacotes (DPI). Os bots pró-governamentais tentaram manipular o espaço em linha. O Facebook e o Twitter removeram centenas de contas devido a um "comportamento coordenado não autêntico". Desde abril de 2020, as autoridades egípcias têm visado mulheres influenciadoras do TikTok; pelo menos três mulheres receberam penas de prisão por "violarem os valores e princípios da família" nas redes sociais. Em setembro de 2020, o Laboratório de Segurança da Amnistia Internacional relatou novos exemplos de utilização do FinSpy contra dispositivos Windows e Android, juntamente com versões anteriormente desconhecidas que visavam computadores Linux e macOS. O presidente egípcio ratificou uma lei de proteção de dados em julho de 2020. Embora, de acordo com o relatório, seja "a primeira salvaguarda legal deste tipo no Egito, algumas cláusulas podem ter um impacto negativo na privacidade individual do utilizador". '

Em 26 de dezembro de 2016, foi ratificada uma nova lei da comunicação social; foram criados três novos organismos reguladores para regular a imprensa escrita, a radiodifusão e os meios de comunicação electrónicos egípcios. A nova lei aprovada pelo parlamento egípcio revoga a Lei n.º 13 de 1979 e as suas alterações à Lei n.º 223 de 1989 da União Egípcia da Rádio e Televisão. A nova lei introduz três artigos principais nas constituições egípcias: a criação do Conselho Supremo para a Regulamentação dos Meios de Comunicação Social (SCMR), do Conselho Nacional de Imprensa (NPC) e do Conselho Nacional dos Meios de Comunicação Social (NMC).

Em maio de 2017, segundo a Associação para a Liberdade de Pensamento e de Expressão (AFTE), o governo egípcio bloqueou o acesso a vinte e um sítios Web de notícias, acusando-os de apoiarem o terrorismo e de divulgarem notícias falsas. O Egito procurou adquirir tecnologia de vigilância que permite às autoridades bloquear, monitorizar e redirecionar o tráfego da Internet, permitindo o que é descrito como uma medida significativa de controlo estatal sobre a Internet. Desde então, o Cairo bloqueou o acesso a quase quinhentos sítios Web, a maioria dos quais pertencentes a organizações de comunicação social, para além de centenas de jornalistas, cidadãos-jornalistas e bloguistas presos.

Esta situação é facilitada e legalizada pela Lei dos Crimes Cibernéticos e das Tecnologias da Informação (18 de agosto), que permite às autoridades bloquear sítios Web considerados "uma ameaça para a segurança nacional" ou para a "economia nacional" e exige que os fornecedores de serviços Internet guardem e divulguem informações pessoais aos serviços de segurança, a pedido destes.

Além disso, o parlamento do Egito aprovou uma lei que trataria as contas das redes sociais e os blogues com mais de 5000 seguidores como meios de comunicação social, tornando-os vulneráveis a processos judiciais por publicação de notícias falsas ou "incitamento à violação da lei". (Miller, 2018)

"O mundo está a ver"

Os sítios de redes sociais foram descritos como oferecendo uma oportunidade a milhões de cidadãos "que anteriormente se sentiam frustrados e não se preocupavam com os assuntos públicos". Desde então, estas plataformas têm vindo a "espelhar" a realidade. O seu papel na mobilização e recrutamento de indivíduos, pensamentos e princípios foi a razão por detrás dos crescentes apelos à atenção oficial para compreender as mudanças sociais e as opiniões públicas como um procedimento preventivo para seguir o movimento da rua árabe. Estas plataformas têm vindo a tornar-se um dos indicadores mais importantes das acções e manifestações públicas esperadas. Não funcionam de forma isolada da realidade.

Alguns referem-se à deterioração do papel e do impacto destas plataformas devido a pressões internacionais ou à natureza das estruturas organizacionais dos jovens árabes e ao seu papel na manutenção da ação e do movimento. As redes sociais reflectem o conflito político árabe.

"As novas tecnologias estão no centro das lutas pelos direitos na região da Ásia Ocidental e do Norte de África (WANA), oferecendo oportunidades sem precedentes para a liberdade de expressão, a criação de redes e a mobilização. No entanto, estas tecnologias também foram assimiladas pelos sistemas de controlo existentes, conduzindo a uma série de ameaças, desde a violação da privacidade até ao assédio direcionado e à supressão da dissidência. Os regimes autoritários de toda a região investiram em novas ferramentas que vigiam os cidadãos, ao mesmo tempo que fomentam parcerias comerciais com grandes empresas tecnológicas que colocam os lucros acima dos direitos humanos. Nas últimas duas décadas, as plataformas digitais têm sido utilizadas para criar espaços de libertação e organização por parte das comunidades marginalizadas da região." (SMEX, 2023)

A relação entre as autoridades e as plataformas de redes sociais é descrita como complexa; o atual regime está empenhado em acompanhar regularmente as mudanças na opinião pública; e o encerramento destas plataformas não serve de modo algum os interesses da autoridade política. Mas, ao mesmo tempo, o facto de estas plataformas continuarem a funcionar como estão é considerado um dilema. Estas plataformas representam um espaço para monitorizar a opinião pública; proporcionam um "vox pops auto-reportado", facilitando o conhecimento do que está na mente das pessoas; o que se está a passar.

A regulamentação tem sido a reação oficial a quaisquer alterações nas plataformas. Em 2018, o quadro jurídico que regula a Internet foi recebido com "medo" e "suspeita", uma vez que as penas de prisão variam entre 3 meses e 5 anos. Foi feita uma comparação entre o contexto egípcio e o contexto dos Emirados. Os comentários públicos mencionados na cobertura mediática incluíam *[i]O Egito [está a tornar-se] a Coreia do Norte][i] a definição do que é considerado um crime de informação é explicada em 45 parágrafos da lei, [o que] indica uma restrição injusta dos direitos humanos; liberdade de expressão e acesso à informação? A utilização normal e quotidiana da Internet pode pôr em risco a vida de uma pessoa, podendo levá-la à prisão",[i] O que há de novo em ? Precisavam de uma lei?" "Se quisessem pôr esta lei em prática, precisariam de milhares de milhões de dólares?*

Um deputado comentou e descreveu a Internet e as redes sociais como "uma tábua de salvação" para os jovens egípcios e "até as crianças são viciadas nela". As leis foram justificadas como restrições à utilização "ilegal" da Internet. Isto pode ser entendido em relação às manchetes publicadas que reflectem a "tecnologia" como uma "ameaça". Durante o Fórum Mundial da Juventude (2019), o presidente egípcio advertiu contra a utilização das redes sociais para prejudicar os países, descrevendo estas plataformas como *"ferramentas nas mãos dos serviços secretos do Estado"* em todo o mundo *"ameaçando a segurança dos países que saem da linha"*, acrescentando que "*a sua humanidade é maior do que a sua posição oficial; e que nenhum funcionário faria uma declaração tão perigosa?* Referiu-se ao seu discurso nas Nações Unidas, em 2014, a favor do estabelecimento de regras e regulamentação, descrevendo estas plataformas como *"um apelo ao terrorismo"*, e disse aos jovens presentes na conferência para *"prestarem atenção a este desenvolvimento acelerado da tecnologia".* '

A discussão sobre a "saída" para esta situação refere-se à abertura da esfera pública [offline]. Desde o verão de 2013, tal como documentado nos relatórios sobre a Internet, o Egito restringiu fortemente as liberdades civis, incluindo a liberdade de imprensa e a liberdade de reunião. A oposição política significativa é praticamente inexistente, uma vez que as expressões de dissidência podem dar origem a acções penais e a penas de prisão. Além disso, tem havido um elevado nível de auto-censura entre os utilizadores egípcios da Internet. (Freedom House, 2021)

Em 2022, numa altura em que o Egito está muito atrasado em termos de liberdade de imprensa e de liberdades políticas, os opositores políticos aceitaram o convite do Estado para participarem num "Diálogo Nacional" e anunciaram que a sua prioridade era a "reforma política" e a "libertação dos detidos", para além de "apresentarem a sua visão sobre a economia, a dívida externa e as despesas". Ficou provado que a ausência de imprensa livre constituía uma oportunidade para o aumento da corrupção. O ponto central é voltar às exigências do povo: "democracia", ' imprensa livre" e "eleições".

A cobertura mediática e os debates públicos sociais abordaram o facto de que "os efeitos negativos das plataformas de redes sociais superam os seus papéis positivos", especialmente durante a turbulência política e os períodos críticos. Os efeitos negativos incluem: orientar as crenças, as convicções e os comportamentos dos indivíduos, ameaçar a "especificidade" da nação, abalar a segurança social e nacional, e a utilização ilegal e invulgar que espalha mentiras e rumores.

Os relatórios abordam também "uma relação direta entre o aumento da comunicação numa sociedade e as taxas de boatos". As razões apontadas são as seguintes: as ferramentas avançadas que permitem a produção profissional de fotografias e conteúdos audiovisuais, as contas falsas incontroláveis e a ausência de quaisquer regras relativas aos conteúdos publicados.

Os objectivos da propagação de boatos, tal como referido nos relatórios, incluem: a desintegração da unidade social; a destruição do sistema de valores e da paz social; o enfraquecimento da confiança entre os cidadãos e os líderes e os principais meios de comunicação social; a propagação do espírito de desespero, desesperança, pânico e histeria; o prejuízo da imagem do país no estrangeiro/internacionalmente, principalmente através de notícias sobre prisioneiros políticos e violações dos direitos humanos; e a dificuldade em separar factos de boatos.

São referidos quatro factores que afectam a propagação de boatos na sociedade: (1) as caraterísticas próprias das plataformas/aplicações, (2) a ausência de leis, (3) os próprios utilizadores e (4) o atraso na resposta oficial e no esclarecimento de qualquer notícia falsa ou desinformação amplamente partilhada. Tal como documentado nos relatórios, o Estado reagiu e emitiu leis e criou unidades para responder e corrigir os rumores: o Conselho de Ministérios, Al-Azhar (para pensamentos extremistas) e o Ministério do Interior, para além de campanhas e iniciativas sociais planeadas e implementadas pelo Ministério do Desenvolvimento Local e pelo Centro Internacional de *Fatwa* Eletrónica de Al-Azhar (editais).

O Conselho de Ministérios do Egito (2022) anunciou que a "economia" estava no topo dos sectores visados pelos rumores, seguida da Educação, Saúde, Agricultura, Solidariedade e Combustível e Energia. A razão subjacente, segundo o relatório, era interagir com os sectores que afectam diretamente a vida quotidiana dos egípcios, de modo a enfraquecer o seu sentimento de lealdade para com o seu país e a segurança em relação ao futuro.

Durante a COP27, realizada no Egito (novembro de 2022), verificaram-se muitas mudanças na relação entre as redes sociais e os meios de comunicação social tradicionais. Os activistas e a sociedade civil procuravam a cobertura dos meios de comunicação social, nomeadamente dos meios de comunicação social estrangeiros, que fizessem a ponte entre a causa nacional e outras partes do mundo. Discutiu-se a questão de apelar à comunidade internacional para interferir e exercer pressão em prol dos direitos humanos, e se isso é contra a soberania do país ou um vínculo humano que deve atravessar fronteiras. Muitas vozes que regressaram activaram as suas contas nas redes sociais e escreveram sobre a situação no Egito. Os argumentos polarizados vinham de todo o lado, com muitos a afirmar que se tratava apenas de contas electrónicas falsas mobilizadas para corromper os apelos à libertação dos presos políticos. A maioria escrevia em inglês. Procuravam activistas, jornalistas ou cidadãos comuns de qualquer parte do mundo que se juntassem à causa. [th]Já não é como nos primeiros dias da revolução de 25 de janeiro, quando a língua árabe era a mais utilizada. É descrito como um código Morse (Save Our Ship; S-O-S) para o mundo exterior que, ironicamente, foi um convidado dentro das fronteiras egípcias durante alguns dias. *O tema da COP27 era "O mundo está a ver"*, pelo que era a altura ideal para *"falar"*.

"Crise Existencial"

As plataformas dos meios de comunicação social, desde que foram lançadas no início do ano 2000, eram sinónimos da rede Internet "trazendo milhares de milhões de utilizadores para lutar com estranhos e ligar-se a entes queridos". Com o enorme número de utilizadores e anunciantes, estão a enfrentar uma crise existencial: De acordo com um relatório publicado na Reuters: A participação desequilibrada: muitos tweets mas poucas vozes: cerca de 90% dos tweets são criados por apenas 10% dos tweeps, conhecidos como os "heavy tweeps", que tweetam diariamente e publicam mais de três a quatro vezes por semana. O mesmo acontece exatamente no Facebook. Mas esses utilizadores intensivos começaram a abandonar as plataformas. O conteúdo "inadequado" leva-os a reconsiderar a utilização da plataforma, mesmo que sejam diretamente afectados. Uma cultura mais agressiva; o assédio e a intimidação são mais generalizados.

A mesma situação é testemunhada pelo Facebook; "[perdeu] meio milhão dos seus 2 mil milhões de utilizadores até ao final de 2021"; as estatísticas mostraram, no entanto, que *"o Facebook recuperou esta perda, mas a questão sobre esta diminuição continua sem resposta".* É possível que *"não haja mais espaço para o Facebook na Terra para expandir a sua base",* mas a plataforma está a trabalhar para *"reconquistar os adolescentes que dependem fortemente do TikTok".*

O maior problema é considerado a "desinformação" e os dois maiores exemplos são as eleições presidenciais americanas de 2016 e a crise da COVID-19 em 2020. O segundo maior problema é o efeito da plataforma na "saúde mental", especialmente entre os adolescentes. O problema é descrito da seguinte forma: estudos demonstraram que a desativação de contas nas redes sociais teve consequências positivas no sentimento geral de satisfação e boa disposição do indivíduo e no facto de passar mais tempo com os seus entes queridos. O modelo de negócio destas plataformas depende da publicidade, e esta depende da interação dos utilizadores na plataforma, especialmente com conteúdos relacionados com desporto, moda e entretenimento. Verifica-se uma diminuição da interação com estes conteúdos e um aumento da interação com outros tipos de conteúdos que representam um contexto controverso para os anunciantes e que, por isso, estes evitam; os conteúdos Bitcoin e +18.

O debate sobre os "rumores" foi alargado aos sítios de redes sociais e às suas implicações na sociedade em geral. Afirma-se que "as divisões sociais foram amplificadas" pela Internet; a difusão de falsidades em linha, distorcendo a realidade, prejudicou desproporcionadamente os grupos vulneráveis e marginalizados e contribuiu para uma sociedade cada vez mais polarizada.

Em geral, os principais pontos debatidos são: segurança e privacidade, "melhorar a experiência nas redes sociais", saúde mental, falta de confiança, abandono das redes sociais pelos utilizadores, responsabilidade das empresas de tecnologia, violência eletrónica, notícias falsas e utilização ilegal. As afirmações mais frequentes foram: *as empresas não estão a fazer o suficiente"*, *"as pessoas são a favor de regulamentos"*, *"os principais meios de comunicação social são mais fiáveis"* e *"a necessidade de um novo modo de negócio"*, uma vez que se argumenta que as questões da desinformação estão relacionadas com a publicidade e o entretenimento. Quanto às fontes, para além das estatísticas globais, os relatórios referem indicações baseadas na revisão da literatura, estatísticas oficiais do Conselho Egípcio de Ministérios e do Centro de Informação e Apoio à Decisão (IDSC), bem como o sítio Web Datareportal.

Afirmou-se que "os contratempos foram mais do que os sucessos" e que a pressão sobre o Facebook e o Twitter estava sobretudo relacionada com a privacidade e a segurança dos utilizadores. A isto juntou-se a invasão da conta do fundador e diretor executivo do Twitter, Jack Dorsey, para além da investigação da União Europeia por incumprimento do *Regulamento* Geral *sobre a Proteção de Dados* (RGPD). Por outro lado, os sucessos técnicos proporcionaram mais controlo aos utilizadores na proteção dos seus tweets e dados pessoais. O Facebook começou o ano com a multa de 5 mil milhões de dólares (escândalo Cambridge Analytica), para além do conflito com a Apple que acusou a plataforma de explorar uma lacuna nas definições de privacidade para publicar uma aplicação que lhe fornecia os dados dos utilizadores e o acesso à câmara do iPhone. Esta perspetiva consideraria os "anúncios", e não o conteúdo, como a ameaça.

O Facebook, por exemplo, é descrito como facilitando o processo para qualquer pessoa que tenha uma conta e um cartão de crédito para criar um anúncio geral ou politicamente motivado dirigido a um país específico ou a um número de países, e determinar o orçamento, depois o anúncio estará instantaneamente disponível para distribuição, e o Facebook garantirá que chega à categoria de utilizadores visada. Além disso, se o anúncio for dirigido a um público local, será muito mais fácil para o Facebook entregá-lo ao utilizador-alvo exato com a ideologia ou atitude política pretendida; de entre cinco categorias: liberal, extremamente liberal, moderado, conservador e extremamente conservador.

Esta discussão foi baseada e apoiada por relatórios, estudos, análises e incidentes ocidentais traduzidos, principalmente europeus e americanos, que reflectem claramente a desconfiança nas empresas de tecnologia e a favor da regulamentação. Por exemplo, um excerto traduzido de um relatório do New York Times explicava o aumento maciço da publicidade através do Facebook, afirmando que esses anunciantes não só têm uma enorme audiência, como também a podem classificar de acordo com os seus objectivos. A "publicidade negra" é um tipo de publicidade que não aparece exceto para o público-alvo, e foi alegadamente disso que a propaganda de Trump dependeu para dirigir diferentes mensagens a potenciais eleitores, atraindo especialmente os negros afro-americanos, citando

Hilary Clinton que descreveu os jovens afro-americanos em 1996 como: superpredadores. O relatório concluiu que o Facebook e o Google são os culpados pelas notícias falsas.

Outra perspetiva (2018) baseou-se na tradução dos principais resultados de um "estudo" global realizado no Reino Unido e publicado no Times, afirmando que o Facebook e o Twitter, especificamente, entre outras plataformas de redes sociais, *"não estão a fazer o suficiente"* para parar e combater as notícias falsas, o uso ilegal e o que foi chamado de "banditismo eletrónico", pensamentos corrompidos e a desconfiança do público na informação divulgada nestas plataformas.

Afirmou também que 64% dos inquiridos (sem mencionar o número total da amostra e as suas caraterísticas demográficas) apoiam fortemente leis e legislações que regulem estas plataformas, bem como a responsabilização destas plataformas pelos conteúdos publicados nos seus espaços. O estudo aplicou os Barómetros de Confiança da Edelman, mostrando que a confiança nos principais meios de comunicação social aumentou 13% em relação ao ano passado.

Descrevendo os resultados como surpreendentes, o relatório continua a resumir os principais resultados: 10% dos jovens (sem faixa etária específica) abandonaram o Facebook, apesar do que é descrito como o enorme esforço exercido pela rede para atrair mais utilizadores em todo o mundo. A razão por detrás desta deterioração da confiança, de acordo com a interpretação do Times, é que os utilizadores se aperceberam de que tais plataformas estão a espalhar notícias falsas e têm um efeito negativo na saúde mental, especialmente os *"utilizadores predominantemente jovens"*. (Delcker, 2023) No final da reportagem, o repórter menciona o anúncio anterior do Facebook (e do Twitter) de que milhares de contas foram geridas por actores russos para afetar as eleições presidenciais americanas de 2016.

A eleição presidencial americana de 2016 é o incidente repetidamente citado como prova de que os sítios de redes sociais têm um efeito negativo na "democracia". No entanto, um contra-argumento afirma que as pessoas tomam as suas decisões antes de lerem as notícias e que, se não tivessem encontrado notícias falsas no Facebook, tê-las-iam visto noutro sítio qualquer. É a mudança na procura de notícias falsas e tendenciosas que é necessária; caso contrário, as caraterísticas da filtragem pouco ou nada mudarão. Este argumento está a recomendar que o que a América precisa é de "corrigir o sistema educativo de modo a construir eleitores esclarecidos".

A cobertura recente dos meios de comunicação social (2022), secções técnicas, continua a abordar as questões das caraterísticas (a função de lista do Twitter, por exemplo, que permite aos Trolls; visar os utilizadores com abusos e assédio, adicionando-os a listas maliciosas, mesmo com títulos/nomes inócuos ou com nomes que são externamente odiosos) nas plataformas dos meios de comunicação social que permitem abusos, e afirmando que, embora as plataformas recebam queixas dos seus utilizadores, estas plataformas (o Twitter anunciou a sua sensibilização para esta questão) não fizeram muito para a impedir, acrescentando que os utilizadores continuam a encontrar razões convincentes para permanecerem nestas plataformas. No entanto, isto está a afetar a sua experiência nas redes sociais.

Os "trolls" são apresentados como um problema causado por "razões técnicas"; especificamente, uma das funcionalidades do Twitter é utilizada para inundar os outros com abusos e, mais uma vez, a plataforma foi descrita, pelos alvos dos trolls, como não fazendo muito para o impedir. As acções tomadas pelos utilizadores lesados são estratégias desenvolvidas por eles próprios que se adequam ao nível e à intensidade do abuso/assédio: ignorá-los, responder com gentileza, bloquear as contas (impedindo-as de aceder à sua conta) que criaram a lista abusiva, sair da lista ou, para silenciar o abuso, o utilizador pode descobrir a razão por detrás desta reação odiosa e decidir eliminar totalmente esse conteúdo específico como a medida mais eficaz.

Os utilizadores expressaram que a página oficial de ajuda pode não ser útil e que dependem dos conselhos de amigos ou "juntaram" soluções da Internet. - Muitos utilizadores afirmaram que moderaram as suas vozes no Twitter para se manterem fora da linha de visão dos agressores. Vários utilizadores afirmaram que, nos últimos anos, parte do puro prazer do Twitter foi substituído pelo ódio. Alguns começaram a moderar o seu discurso no Twitter - usando menos bombas de baixo calão e tentando transmitir os seus pontos de vista com um tom mais empático. Às vezes, eles simplesmente não postam nada.

Mas, para alguns, a única forma eficaz de evitar o assédio e bloquear as mensagens antes mesmo de estas chegarem ao utilizador visado foi recorrer a ferramentas tecnológicas; uma aplicação chamada 'Block Together' "destina-se a ajudar a lidar com o assédio e o abuso no Twitter" e utiliza listas para esse fim. Os utilizadores podem partilhar as listas de contas que bloqueiam para que outros possam subscrever e bloquear essas contas a partir dos seus próprios perfis. O plugin do Google Chrome "Twitter Block Chain" permite igualmente aos utilizadores bloquear todas as pessoas que seguem uma determinada conta.

No entanto, é muito mais fácil lidar com estas listas formais do que com o que os utilizadores chamam de listas informais; referem-se a assediadores que marcam vários nomes num tweet. Isto faz com que seja mais difícil para os utilizadores visados removerem os seus nomes sem que a plataforma remova completamente o tweet. Uma forma mais eficaz de evitar os abusos era falar abertamente sobre eles e expô-los ao seu grande número de seguidores, chamando a atenção da empresa/plataforma. No entanto, isto não funciona com um número mais pequeno de seguidores.

Os utilizadores afirmam que as plataformas não aplicam eficazmente as suas próprias condições. As próprias políticas do Twitter dizem que os utilizadores "não se podem envolver no assédio direcionado a alguém, nem incitar outras pessoas a fazê-lo. Consideramos o comportamento abusivo uma tentativa de assediar, intimidar ou silenciar a voz de outra pessoa". Consideramos um comportamento abusivo uma tentativa de assediar, intimidar ou silenciar a voz de outra pessoa". A empresa tem tentado melhorar a sua capacidade de detetar comunicações pouco saudáveis ou inseguras na sua plataforma, como através da recente aquisição de uma startup de IA!

Outros analistas não culpam as funcionalidades, mas sim os próprios utilizadores. Os extremistas são muito poderosos nas redes sociais, referindo-se ao que se designa por *Superuser-Supremacy do Facebook.* Isto significa que "a maior parte da atividade pública na plataforma provém de um grupo minúsculo e hiperativo de utilizadores abusivos. O Facebook conta com eles para decidir o que toda a gente vê".

No Egito, o espaço para a política formal e informal estava a diminuir. Desde 2013, activistas influentes dos meios de comunicação social que se opõem ao regime, principalmente da Irmandade Muçulmana (MB), têm vindo a realizar uma propaganda caracterizada por realçar os males sociais e económicos do Egito, abordando a situação dos direitos humanos no Egito, espalhando Fakenews e apelos à continuação da revolução até à mudança de governo. O regime egípcio está a acompanhar este fenómeno com preocupação e está a tomar várias medidas para o travar. No entanto, parece que o caminho para a minimização ainda é longo. Nas redes sociais, há dezenas de influenciadores egípcios identificados com a oposição do MB ao atual regime. Ao longo dos anos, têm conseguido recrutar entre várias centenas de milhares e milhões de seguidores, graças à qualidade dos vídeos, às mensagens incisivas que distribuem e às várias plataformas que utilizam, nomeadamente o YouTube, o Twitter e o Facebook. Não é por acaso que o publicista egípcio Ibrahim 'Issa apelidou o MB de "génios e feiticeiros" no que diz respeito à utilização das redes sociais para incitar as massas contra o Estado. (Barak, M, 2022)

Em 2015, as manchetes questionavam o Ministério do Interior [egípcio] sobre a "compra de equipamento de vigilância". Foi um escândalo e obrigou os organismos oficiais a desmentir o facto, depois de o sítio Web BuzzFeed News ter publicado um relatório pormenorizado sobre o acordo egípcio-americano. A cobertura mediática referiu-se à "sala de emergência" de 2008 que o governo egípcio formou e que incluía representantes do Ministério do Interior, do Ministério da Defesa, do Ministério das Telecomunicações, da Inteligência Geral e dos três fornecedores de serviços Internet da altura, tendo sido esta a comissão responsável pela decisão de encerramento da Internet a 28 de janeiro. Os nomes de empresas internacionais de tecnologia e as alegações sobre "experiências" que permitiam a terceiros divulgar mensagens pessoais e enviar e receber mensagens através de roubo de identidade. O relatório questionava a eficácia destes procedimentos e o papel desempenhado por cada um neste processo.

Resposta das empresas tecnológicas

Os principais incentivos que atualmente levam as empresas de redes sociais a combater a desinformação política e outros conteúdos nocivos incluem (1) um sentido de obrigação social, que tem sido muitas vezes anulado pelos seus modelos de negócio e pelo seu impulso para o crescimento, e (2) a ameaça de legislação e outra regulamentação, que até à data não tem sido suficientemente plausível para induzir as empresas a efetuar mudanças significativas.

O ponto central foi o controlo das empresas sobre os dados dos seus utilizadores. Afirma-se que as empresas de redes sociais mantêm os dados dos seus utilizadores privados e que nenhum anunciante pode ter acesso a eles. No entanto, a empresa pode aceder aos dados dos seus utilizadores e direcionar o anúncio de acordo com os objectivos do anunciante. Estas plataformas têm uma descrição detalhada dos favoritos dos utilizadores com base em cada clique, comentário, visualização, leitura, seguimento e redes de amizade.

As empresas tecnológicas provaram ser capazes de interferir e controlar os conteúdos; é repetidamente referido o exemplo do Twitter que foi forçado a cumprir as leis rigorosas da Alemanha e conseguiu bloquear símbolos de ódio como a suástica. Os utilizadores definiram a sua localização para a Alemanha no Twitter para evitar conteúdos pró-nazis ou neonazis. Mas, vale a pena mencionar que uma das razões pelas quais Elon Musk anunciou que comprou o Twitter foi para "atenuar as regras de monitorização de conteúdos".

Em geral, as plataformas e aplicações de redes sociais afirmam que as críticas reflectem que quem as critica "não compreende" o processo técnico subjacente à autorregulação. Em
2017, A conta de segurança do Twitter partilhou que os utilizadores deixariam de ser incomodados com notificações quando fossem adicionados a listas. Duas horas mais tarde, reverteu a decisão, considerando-a um "passo em falso", depois de os utilizadores terem reagido com indignação e preocupação por já não poderem acompanhar as listas nocivas a que foram adicionados.

O porta-voz do Twitter defendeu a plataforma e descreveu a situação dizendo "embora reconheçamos que há mais trabalho que pode ser feito para tornar as listas mais saudáveis, este foi um primeiro passo (uma reação ao feedback das pessoas) e continuamos a melhorar o nosso serviço, regras e ferramentas para manter as pessoas seguras todos os dias".

A rápida ascensão da aplicação chinesa de streaming de vídeo TikTok alarmou os legisladores e os vigilantes da privacidade em todo o mundo. A questão que se colocou foi "com o que é que estão preocupados?". Em
2018, A ByteDance lançou o TikTok, que segue o modelo da sua aplicação chinesa

Douyin, no mercado global. Em setembro de 2021, a plataforma anunciou que tinha atingido mil milhões de utilizadores mensais activos - um marco que o Facebook demorou mais de oito anos a atingir. Em poucos anos, passou de uma aplicação de nicho para crianças que faziam sincronização labial para uma das principais plataformas de redes sociais do mundo, à qual os utilizadores recorrem cada vez mais para "fazer pesquisas ou seguir as notícias".

À medida que os utilizadores utilizam cada vez mais a aplicação como fonte de notícias - com os principais meios de comunicação social, incluindo a DW, a publicar regularmente na plataforma - os críticos alertam para o facto de o seu poderoso algoritmo poder ser utilizado de forma abusiva para espalhar deliberadamente a desinformação. A porta-voz do TikTok rejeitou as acusações, argumentando que a plataforma estava a esforçar-se "para limitar proactivamente a propagação de informações enganosas". A porta-voz referiu as parcerias com organizações de verificação de factos e uma nova iniciativa que agora alerta os utilizadores quando os vídeos são carregados por "contas geridas por entidades cuja produção editorial ou processo de tomada de decisão está sujeito ao controlo ou influência de um governo".

Segundo os relatórios, as duas empresas afirmaram os seus esforços para impedir os dark ads, referindo a eficácia do algoritmo das empresas no bloqueio de conteúdos incómodos. O Facebook anunciou que se concentra em aumentar o conteúdo relacionado com o círculo social próximo do utilizador em comparação com o conteúdo publicado nas contas dos meios de comunicação social, para além da equipa da empresa na deteção de histórias falsas.

Além disso, os activistas contratavam outras pessoas para os ajudar a proteger as suas contas online, e poucos mencionaram que agora estão a tentar criar uma barreira entre os assediadores e a sua voz, publicando em locais como o Patreon, que exige que os utilizadores paguem uma pequena taxa para aceder ao seu trabalho. Os utilizadores reconhecem um bot ou uma conta hostil através de alguns critérios: uma conta que tenha menos de dois meses e não tenha qualquer conteúdo, e também se adicionou o utilizador a uma lista na qual são incluídos amigos que partilham determinadas caraterísticas: cor, ideologia, género,... Além disso, embora seja normal ter pessoas que discordam de nós nas redes sociais, é quando se torna claro que se trata de uma "proliferação" e que "estão a dizer a mesma coisa, mesmo que de formas diferentes", e que estão a visar "conteúdos específicos".

As tendências futuras

"O Estado compromete-se a desenvolver um plano abrangente para erradicar a iliteracia alfabética e digital entre os cidadãos de todas as idades, e compromete-se a desenvolver mecanismos de implementação com a participação de instituições da sociedade civil dentro de um plano de tempo específico".
(Artigo [25], Constituição Egípcia, 2014)

Em 2019, de acordo com a Agência Central Egípcia de Mobilização Pública e Estatística, a percentagem de utilizadores da Internet entre os jovens era de 62%, sendo o Facebook e o Twitter as duas plataformas mais importantes, uma vez que 97,7% dos utilizadores da Internet utilizavam estas duas plataformas. O número de tweets egípcios no Twitter foi de 2,9 milhões, representando 18% de todos os tweets da região árabe, que atingiu 27,4 milhões por dia. O relatório indica que o número de utilizadores do Facebook e do Twitter é de 45,5 milhões e 7,5 milhões, respetivamente.

O número de dispositivos móveis e tablets e o aumento do tempo de ecrã (especialmente nos países subdesenvolvidos) em todas as classes sociais e económicas da sociedade a nível mundial, a dependência das plataformas de redes sociais para a procura de informações e notícias, bem como para a comunicação, são os principais indicadores para prever o futuro da importância, do impacto e da relação dos sítios de redes sociais com a segurança nacional. No Egito, o desenvolvimento das infra-estruturas contribuiu para este aumento. Além disso, as estatísticas referem o aumento da utilização de dispositivos móveis, o que se insere no âmbito do plano 2030 do país, em que um dos objectivos é implementar uma transformação digital em todas as instituições e relações do país.

As redes sociais continuarão a desempenhar o seu papel de quinto Estado. Lei de Moore, previsão feita pelo engenheiro americano Gordon Moore em 1965, segundo a qual o número de transístores por chip de silício duplica todos os anos. Em 1975, quando o ritmo de crescimento começou a abrandar, Moore reviu o seu prazo para dois anos. A sua lei revista era um pouco pessimista; durante cerca de 50 anos a partir de 1961, o número de transístores duplicou aproximadamente a cada 18 meses.

A questão do futuro no âmbito da camada Litany baseia-se em observações gerais relacionadas principalmente com: os conteúdos publicados e partilhados, a criação de um ambiente saudável para a comunicação, os utilizadores-alvo, a liberdade, as novas funcionalidades e serviços, a concorrência e as alterações no modelo de negócio das plataformas. As caraterísticas básicas são: funcionalidades de cópia, a voz e o áudio vão substituir o texto, novas plataformas estatais, e o aspeto central da concorrência seria a facilidade de utilização e a capacidade de os utilizadores realizarem várias tarefas ao mesmo tempo. Por último, considera-se que tanto os "utilizadores" como os "programadores" têm nas suas mãos os caminhos futuros das plataformas de redes sociais.

A eficácia das plataformas de redes sociais reside no facto de estarem a prestar os seus serviços gratuitamente e de fornecerem caraterísticas e funções semelhantes. (março de 2014) São desenvolvidos, criados e adicionados ao mercado novos sítios/plataformas e aplicações de redes sociais. O foco está a tornar-se cada vez mais na especialização do público-alvo/utilizadores e do conteúdo ou classe social, e alguns já não são gratuitos. Para além dos concorrentes das grandes empresas de tecnologia, há o tipo de redes que visam uma categoria de nicho de público (apenas dispositivos da Apple, por exemplo), ou indivíduos que partilham objectivos comuns (LinkedIn, Investmates), e aplicações que exigem pagamentos para se registarem. Há também as aplicações que adoptam o modelo empresarial, permitindo que os seus utilizadores sejam parceiros e detenham acções.

Os exemplos incluem: Ello; *"the Creators Network;"* uma comunidade global de artistas dedicada à excelência criativa, *"construída por artistas, para artistas"* como uma plataforma sem anúncios. Em 2015, a Discord começou por ser uma rede para amantes e criadores de jogos e, gradualmente, tornou-se aberta ao público em geral e, em 2021, conta com 100 milhões de utilizadores. Outros exemplos de aplicações áudio: Wafy, Spoon, Spotify Green room.

Aparentemente, a Clubhouse não é a primeira aplicação áudio, mas surgiu durante a quarentena (COVID-19). As vantagens incluem o facto de os utilizadores não precisarem de se deslocar continuamente ou de olhar para o ecrã e interagir sempre; podem participar como oradores ou ouvintes enquanto fazem outras actividades. Em seguida, esta funcionalidade foi copiada pelas principais redes sociais: Facebook Live Audio Rooms, Twitter Spaces. Copiar os concorrentes não é novidade; o Instagram copiou a "história" do Snapchat, os rolos do TikTok, as salas do Zoom.

A nova plataforma *"grátis agora e para sempre"* GlobAllShare; *"a verdadeira rede social"* Foi amplamente referida nas notícias de tecnologia dos meios de comunicação social, traduzindo relatórios ingleses que mencionam que se tornará um concorrente muito forte das principais plataformas de redes sociais. No entanto, os utilizadores começaram a partilhar a sua experiência ao tentar registar-se e verificou-se que se tratava apenas de uma fraude:

"Parece que a Globallshare é de facto um SCAM! Paguei a minha taxa de administração de $19,99 e recebi o certificado - eletronicamente - das minhas 206 acções. Agora trata-se de as transacionar. Sempre que se chega a uma data para poder negociar as acções - o que só se pode fazer através do sítio Web deles, se alguma vez se chegar a esse ponto - é dada outra data sem razão. Têm um relógio no sítio Web que se reinicia, tal como o "calendário". Originalmente, estas acções deveriam ser "negociadas" em dezembro de 2014 e agora a última data indicada é abril de 2015. Vamos lá Globallshare! Dêem-nos algumas respostas! " (Richard Crowhurst, 2016)

O Netropolitan é descrito como *o "Facebook para pessoas ricas"*. Foi fundado por um maestro de orquestra em Minneapolis que diz que queria um lugar para *"falar sobre as coisas mais finas da vida sem reacções adversas"*. A criação de um perfil custa a um novo utilizador 9.000 dólares. Depois disso, custar-lhes-á uns meros 3.000 dólares por ano para se tornarem membros.

Para moldar o futuro das redes sociais, o projeto HELIOS (2022), financiado pela UE, está a lançar as bases para uma nova visão das redes sociais assente na transparência, na confiança e na verificação. O projeto argumenta que o atual papel das redes sociais se limita a canais de distribuição de conteúdos; "algumas das aplicações em linha não conseguem dar resposta à complexidade das estruturas sociais, em que os utilizadores mudam frequentemente de papel de uma rede para outra em vários contextos independentes mas interligados". O HELIOS desenvolveu uma plataforma móvel de redes sociais descentralizada, com base na privacidade e na conceção, sobre a qual os programadores podem criar serviços de redes sociais independentemente de qualquer ecossistema, em contraste com o paradigma federado mais comum, que não depende de servidores fixos que armazenam os dados que as pessoas partilham. O HELIOS também estudou e implementou novas funcionalidades para os meios de comunicação social, como as comunicações contextuais, o controlo da sobrecarga de informação, a confiança e a recompensa. *"Ao longo do projeto, o desenvolvimento do HELIOS foi inspirado em redes orgânicas reais, tendo em conta os aspectos contextuais, espaciais e temporais das comunicações humanas.""*

Em geral, o cenário atual dos sítios e aplicações de redes sociais está a mudar muito rapidamente. Os peritos em tecnologia debatem seis expectativas e recomendações fundamentais para um futuro melhor: (1) não será possível evitar os vídeos em direto. (2) É muito provável que o Snap Chat ganhe mais utilizadores após enormes investimentos no desenvolvimento da aplicação para a tornar madura e atrair utilizadores, podendo vir a substituir o Twitter. (3) Cada vez mais utilizadores preferem conversas e ligações pessoais; Facebook messenger, Whatsapp, por exemplo. (4) Lerá muitas vezes as duas letras VR que significam Virtual Reality (Realidade Virtual) e, muito provavelmente, toda a gente comprará os óculos de realidade virtual, uma vez que se tornarão uma tendência e terão um impacto tremendo na utilização futura dos sítios de redes sociais, interagindo com tudo na vida real através deles. (5) O futuro está a caminhar para a conversação por voz. (6) Deveria haver uma dependência do tempo gasto na leitura. Interagir com a publicação em vez de depender de critérios superficiais como os "cliques" e limitar o conteúdo que pode ser partilhado diariamente, de modo a diminuir o que é descrito como caos e a forçar os utilizadores a reconsiderar as suas publicações antes de as partilharem. Além disso, a aplicação de diferentes modelos de subscrição, através de pagamento, filtraria os utilizadores e permitiria às plataformas visar categorias específicas de utilizadores.

Se este modelo de negócio continuar, as plataformas actuais correm o risco de fechar. Além disso, o Facebook era atrativo nos seus primórdios porque representava uma plataforma para as pessoas que pensavam da mesma maneira e para as que já faziam parte dos seus círculos sociais. Mas esta enorme dimensão é diferente e não tão atractiva como a versão antiga. Com 500 milhões de utilizadores, o TikTok é o primeiro concorrente que atrai agora sobretudo a Geração Z; esbate a linha entre ver e criar.

Existem visões complementares e, por vezes, contraditórias sobre o aspeto do Metaverso. Exige cooperação, uma vez que nenhuma empresa será proprietária ou gestora do mesmo. Mudará a forma como definimos a "realidade", a "verdade" e as interações humanas. É um espaço que combinará todos os outros espaços virtuais e redes. Esta ligação pode depender da Blockchain. Pertence à Web 0.3; a Web Semântica. O termo foi mencionado pela primeira vez em 1992 pelo escritor Neal Stephenson no seu romance Snow Crash.

Paralelamente, verificam-se mudanças e avanços nas principais plataformas de redes sociais actuais. Elon Musk anunciou que o Twitter publicará em breve os pormenores do funcionamento do seu algoritmo de recomendação de tweets, o que fornecerá novas informações sobre quais os tweets que ganham força, como maximizar o alcance dos tweets através do envolvimento e quais os elementos específicos que o sistema do Twitter procura incentivar na aplicação. Esta é uma "abordagem arriscada" e um passo que nunca foi dado por nenhuma outra empresa de tecnologia; o argumento deles é que isso abrirá a porta para "spammers e scammers enganarem o processo". Mas Elon expressou a sua convicção de que a transparência, em tantos aspectos quanto possível, é a chave para ganhar a confiança dos utilizadores e fazer do Twitter a fonte da verdade e uma plataforma mais viável e valiosa para todos os utilizadores.

O Twitter tem estado a atrair muita atenção desde que Elon Musk assumiu a propriedade da plataforma. Apesar de muitas vozes afirmarem que centenas de pessoas estão a abandonar a plataforma, esta tem sido alvo de constantes alterações introduzidas por Musk e partilhadas diretamente através da sua conta oficial. O número de utilizadores aumentou com a adesão de novos subscritores após a decisão de pagar o "blue tick".

Este serviço seria fornecido aos assinantes com números de telefone verificados e permitir-lhes-ia criar tweets mais longos, responder e citar tweets com até 4.000 caracteres, editar o Tweet até 5 vezes em 30 minutos, utilizar imagens de perfil NFT, bem como carregar vídeos de 1080p (Full HD).

Dado que a IA moderna pode resolver qualquer teste "prove que não é um robô", é agora trivial criar 100 mil bots semelhantes a humanos por menos de um cêntimo por conta. A verificação paga aumenta o custo dos bots em cerca de 10.000% e torna muito mais fácil identificar bots por telefone e agrupamento de CC. Conclusão óbvia: as redes sociais com contas pagas serão as únicas redes sociais que interessam" (Elon Musk, 27 de março de 2023)

Recentemente, os relatórios mencionaram que a próxima fase do "Twitter 2.0" inclui uma mudança de nome para a aplicação, com a Twitter Inc. a deixar oficialmente de existir, sendo a empresa integrada noutra entidade corporativa chamada "X Corp." Isto remete para a visão de Musk de uma "aplicação para tudo" que forneça uma funcionalidade semelhante e abrangente à forma como o WeChat se tornou um utilitário fundamental na China. (Andrew Hutchinson, abril de 2023)

Entretanto, o TikTok estava a enfrentar restrições nos EUA, com a Casa Branca a considerar uma proibição total da aplicação por motivos de segurança nacional. Enquanto o Congresso se prepara para uma audiência com o CEO da empresa, estão a decorrer conversas paralelas em todo o mundo. (Access Now, 2023) A aplicação, consequentemente, tem vindo a tomar medidas para ganhar o apoio dos anunciantes na sua luta. A conversa, no entanto, continua a questionar se tais regulamentos devem ou não estender-se aos utilizadores regulares. (Andrew Hutchinson, 2023)

As proibições do TikTok são descritas como "soluções míopes para o problema errado". Os analistas políticos e as organizações que se ocupam dos direitos digitais afirmam que "nenhuma destas medidas repressivas melhoraria drasticamente a privacidade das pessoas que utilizam a aplicação; pelo contrário, violariam os direitos dos utilizadores de se expressarem em linha". As recomendações políticas apelam aos legisladores para que dêem prioridade aos princípios de minimização de dados, transparência e responsabilidade; para que se concentrem em: aprovar legislação federal forte em matéria de proteção de dados. (Willmary Escoto, 2023)

A audiência, que poderia decidir o futuro da aplicação, foi descrita nos relatórios tecnológicos como "[o] conjunto regular de acusações enquadradas como perguntas e questões vagas que pareciam não compreender o funcionamento da própria Internet". E o diretor executivo, Shou Zi Chew, com respostas cuidadosamente redigidas, concentrou-se principalmente em dissipar a preocupação regulamentar dos EUA quanto à possibilidade de os dados dos utilizadores americanos serem partilhados com o governo chinês. (Andrew Hutchinson, 2023)

O relatório referia-se ao que foi tweetado pela conta oficial do TikTok (News and Updates Team) no Twitter: "No seu testemunho de abertura ao Comité de Energia e Comércio da Câmara, o nosso CEO partilha os nossos compromissos para proteger mais de 150 milhões de americanos no TikTok. Protegeremos os dados do usuário dos EUA com firewall contra acesso estrangeiro não autorizado. Manteremos a segurança, especialmente para adolescentes, como prioridade máxima. O TikTok continuará a ser uma plataforma para a liberdade de expressão e não será manipulado por nenhum governo. Seremos transparentes e daremos acesso a monitores independentes de terceiros, para nos mantermos responsáveis pelos nossos compromissos.

Cenário da primeira camada: O "Frenemy" (inimigo)

O resultado da análise nesta camada corrobora a descrição de Sohail Inayatullah: "[são] os argumentos mais estreitos que não levam a lado nenhum. Criticar sempre foi mais fácil do que criar. [Neste nível], cada lado fala uma língua diferente (tecnologia versus ideologia, por exemplo) e há muito poucas e até confusas provas de qualquer das afirmações mencionadas. É considerada uma comunicação unidirecional que não é suficiente para produzir um resultado significativo e frutuoso.

Por conseguinte, uma concentração nesta camada conduziria apenas a uma via de solução: a inovação de aplicações alternativas que satisfizessem as recomendações ideais exigidas pelas actuais empresas. Além disso, as intervenções da Litany conduzem a soluções de curto prazo, fáceis de apreender e repletas de dados.

Isto pode ser contextualizado em duas grandes categorias: (1) as principais questões/argumentos, e (2) as principais declarações e soluções. As questões mais importantes que orientam a conversa seriam: As leis são emitidas para punir? Como é que os sítios de redes sociais estão relacionados com a falta de confiança nos principais meios de comunicação social profissionais? Quais são as definições de: Desinformação, discurso de ódio, notícias falsas e polarização política/social, ameaças aos valores da família egípcia e à identidade egípcia/árabe? O mundo está a desenvolver uma IA racista? Será que levamos a tecnologia a sério no nosso mundo?

"Sisi do Egito ratifica lei para reprimir as redes sociais". "A Irmandade é mágica na utilização das redes sociais para incitar contra o Estado". (2018) "Sisi nega alegações sobre as redes sociais na Conferência da Juventude". (Egypt Today, 2019) "Porque é que al-Sisi está em guerra com as redes sociais?" "O forte controlo do regime teve um efeito positivo na concretização das realizações." (2021) "A guerra contra a consciência pública", "A Irmandade está a desenvolver

uma 'guerra de rumores'... e 'o Egito está a responder fortemente'". (Sky News Arabia, 2022)[ii] *Como é que a Irmandade e os seus comités electrónicos utilizam as plataformas dos meios de comunicação social para espalhar mentiras, provocar conflitos e incitar a opinião pública?* (AlMarsad AlMasry, Centro Egípcio de Estudos Estratégicos, 2022)

No Egito, os vídeos do empreiteiro *Muhmmad Ali* e os apelos aos protestos em setembro de 2019 revelaram uma mudança na forma como o regime está a lidar com as mensagens dos opositores; Mubarak tem sido muito famoso com a sua palavra: *"Deixem-nos divertir-se?"* Em 2019, contra o conselho dado pelas instituições de segurança, o presidente respondeu numa conferência oficial às reivindicações: *"Sim, estamos a construir palácios [presidenciais]?"*

Durante e após a COP27, houve debates intensos em torno de muitas questões relacicnadas principalmente com a esfera pública; *"liberdade sem medo de vingança".* A pressão internacional foi recebida com silêncio e sem resposta das autoridades egípcias ou com a justificação de que a situação no *"Egito é diferente".*

Em geral, a camada Litany revelou que os principais factores são os seguintes

- Controlar e regulamentar os conteúdos em linha.

- Preparar e publicar uma lista negra de utilizadores/grupos/páginas/qualquer fonte que espalhe boatos.

- É necessária uma pressão positiva por parte das coligações civis para abrir o espaço público; liberdade para todas as categorias reprimidas, incluindo as liberdades digitais e o desbloqueio dos sítios Web.

Neste cenário, as redes sociais devem continuar a ser uma ferramenta versátil em constante evolução que se adapta a um número crescente de utilizadores e, sobretudo, às gerações futuras. Uma ferramenta que consegue adaptar-se a todas as mudanças e necessidades. No entanto, vai haver um sentimento crescente de uma utilização cuidadosa, especialmente entre a geração mais velha, no que respeita às preocupações relacionadas com a privacidade, a segurança e as notícias falsas.

São as plataformas "amigo-inimigo" que conseguem dar aos grupos não ouvidos, marginalizados e vulneráveis a possibilidade de se expressarem e partilharem informações, mobilizarem apoiantes e sensibilizarem para questões importantes, mas também são utilizadas para difundir propaganda, desinformação e discursos de ódio que podem levar os utilizadores a "procurar plataformas alternativas" ou a "adotar novas estratégias" de organização e mobilização.

Cada uma das numerosas partes interessadas terá uma perceção destas plataformas de acordo com a sua experiência. Não devem ser vistas como aliadas ou inimigas de nenhuma delas; em vez disso, são meras ferramentas que facilitam e apoiam, em certa medida, quaisquer esforços exercidos em diferentes direcções.

A nível mundial, os sítios de redes sociais são descritos como os primeiros dias da invenção da imprensa escrita. A história testemunhou a luta entre o homem e a máquina e, no futuro, assistirá à luta entre a vida real e a vida virtual, que representará o espaço para a realização dos sonhos e aspirações do homem com o menor custo e sem confronto com tradições, barreiras éticas, de segurança e legais.

Ultrapassar o local e juntar-se à conversa global; lidar com as questões internas de forma suficiente permitiria ao Egito participar nas conversas globais sobre o futuro da Internet, das plataformas dos meios de comunicação social e da IA; os árabes precisam de colocar a questão de "quem está a alimentar intelectualmente a futura IA?" e de acompanhar os esforços internacionais para regular, moldar e formar a esfera pública em linha transcultural.

[ii]A maior reviravolta no enredo que ocorreu no final de 2022 é que as pessoas estavam a trabalhar e pensavam que, quando a Inteligência Artificial ocupasse o seu espaço, começaria com os empregos físicos, ou com o fundo da carreira; mas o que aconteceu é que começou com o topo da própria pirâmide; começou a ocupar um espaço numa verdadeira revolução que não reconheceremos até ao final deste ano." (Mostafa Gaber, 23 de fevereiro de 2023)

Além disso, está a tornar-se necessário que os sítios de redes sociais não sejam estudados apenas como um concorrente dos meios de comunicação tradicionais, mas sobretudo como um fenómeno de comunicação distinto. Os investigadores prevêem que *a capacidade de computação duplicará 8 mil vezes* em 2026.

Os pontos centrais da cobertura mediática têm sido os impactos sociais na família versus indivíduo e o isolamento, a alienação social, o egoísmo e o egocentrismo. A análise da Litany requer uma investigação mais aprofundada no que diz respeito às mudanças esperadas nos aspectos culturais, sociais e económicos do espaço offline e online.

O fenómeno da *imigração eletrónica;* as empresas podem agora subcontratar mão de obra qualificada além-fronteiras, abrindo as portas à *cidadania virtual,* especialmente com debates teóricos sobre o futuro da cidadania que remetem para novos conceitos como: Cidadania Global, Cidadania Transnacional e Cidadania Pós-Nacional.

Outros académicos argumentam que o isolamento social, por exemplo, não está ligado apenas aos sítios de redes sociais e é um conceito bem conhecido nos estudos de sociologia de há anos atrás, mas os sítios de redes sociais proporcionaram aos indivíduos a oportunidade de se rebelarem e procurarem alternativas longe da comunidade local. Outras questões importantes relacionadas com o futuro são variadas e vão desde *a Dependência* até às questões do *"Colonialismo Eletrónico"*.

Os sítios de redes sociais não fazem a mudança; apenas a reflectem e facilitam. No entanto, vale a pena referir que o impacto dos sítios de redes sociais na mudança social e política no mundo árabe é muito maior do que nas comunidades americanas e europeias, uma vez que são urgentemente necessários, pois as liberdades e a oposição partidária são muito reduzidas ou mesmo inexistentes.

5.2 CAUSAS SISTÉMICAS/SOCIAIS

A análise de dados na segunda camada; Causas Sistémicas, *liga* o indivíduo à sociedade; mapeia o papel do Estado com outros actores e interesses. A análise é conduzida, em termos de décadas, principalmente no âmbito dos ***editoriais* e da *literatura* académica**, identificando *factores* sociais, tecnológicos, económicos, culturais, ambientais, políticos e históricos que interagem e afectam a questão. *Questiona* as tendências, forças, fluxos e processos linguísticos nas políticas governamentais, no contexto sociocultural, nas ideologias e nos aspectos técnicos. A análise tem como objetivo ***interpretar* os resultados da Litany**, respondendo às seguintes questões O que está a *criar* a situação? Que *factores* estão a influenciar a questão? Quem está *envolvido?* Quais são as *causas* subjacentes?

Esta camada é mais prática na medida em que revela os diferentes actores responsáveis pelos problemas e pelas soluções. Agora, a conversa é mais razoável, uma vez que são necessárias mais provas para obter uma resposta dos outros actores. Relatórios, estatísticas, investigação e documentos políticos estão todos a analisar a questão de diferentes perspectivas. A solução aqui é um esforço coletivo. É claro que os pesos dos intervenientes não são iguais, mas nenhum interveniente pode mudar a situação sem diálogo, sem uma responsabilidade partilhada e sem uma mudança nos procedimentos e regras actuais. As soluções sistémicas procuram intervir tornando o sistema mais eficiente, mais inteligente, assegurando que todas as partes do sistema estão perfeitamente ligadas. As políticas governamentais ligadas à parceria com o sector privado também resultam da análise.

Neste nível, os profissionais e os académicos dos meios de comunicação social centram-se na ética dos meios de comunicação social (a qualidade do input e do output da esfera pública, e não apenas na liberdade de expressão e/ou na evolução das ferramentas tecnológicas). Se a sociedade moderna tem um nível estrutural e um nível de ação, então a comunicação estaria no nível de ação, mas a esfera civil estaria no nível estrutural. Uma esfera pública é um pré-requisito para a comunicação: impedir o estabelecimento de uma esfera civil eficaz e funcional significa que o regime não está a dar prioridade à "comunicação".

Os principais intervenientes neste nível são: o Estado, o regime político, o mercado, a sociedade civil e os meios de comunicação independentes, e a tecnologia, representada pela Internet, redes sociais, satélite, telecomunicações e meios digitais. Os principais intervenientes são: as empresas que fornecem as soluções técnicas, os governos que decidem o quadro jurídico e os próprios utilizadores. As soluções recomendadas são técnicas e jurídicas, a par da sensibilização social.

Quando se utiliza a expressão "sítios de redes sociais", há uma tendência para diferenciar as várias plataformas, principalmente o Facebook, o Twitter e o YouTube. Além disso, houve uma tentativa de fazer dos "valores" e da "cultura" os meios e os objectivos para devolver o equilíbrio social a qualquer sociedade. Além disso, os sítios de redes sociais foram considerados como um *"processo de negociação em torno do significado"*. A esfera do Twitter, por exemplo, é descrita como um espaço dinâmico constituído por uma multiplicidade de pequenos grupos que funcionam em grande medida de forma independente e descentralizada. [Além disso, existe muito mais pluralidade de opiniões no Twitter do que alguma vez foi possível na esfera pública tradicional. (Bukhabzah, 2016; Yang, Quan-Haase e Rannenberg, 2017; Bumadian, 2019)

No entanto, o termo "meios de comunicação social" levanta a questão de saber se nem todos os meios de comunicação social são, de uma forma ou de outra, sociais. Isto depende da forma como se define o social. Por conseguinte, é necessária uma teoria social para compreender o que é social nos media sociais. Jean Burgess e Joshua Green (2009) defendem que o YouTube é uma *esfera pública cultural* porque "é um facilitador de encontros com diferenças culturais e do desenvolvimento de uma 'escuta' política entre sistemas de crenças e identidades". (Fuchs, 2014)

Os sítios de redes sociais foram descritos como um fator importante que altera a "geometria" da esfera pública. Isto referia-se principalmente aos papéis dos "líderes de opinião", dos "guardiões" e das pessoas que interagem com identidades reais em vez de anonimato/nicks. O "público" na esfera pública estava a descrever os interesses dos participantes e os motivos subjacentes aos debates, diferenciando entre uma esfera pública e qualquer outro tipo de espaços tribais que não equivalem a uma esfera pública. Consequentemente, a esfera pública virtual contribuiu, de uma forma ou de outra, para criar uma realidade em que a barreira da ofuscação e/ou do monopólio da informação foi quebrada. (Bukhabzah, 2016; Bumadian, 2019)

Os tipos de tópicos discutidos nas redes sociais são descritos como "decepcionantes"; houve uma separação entre as pessoas e a sua realidade reflectida; "estamos a mudar os sinais, mas é a mesma estrada". A maioria dos debates em linha são meras *distracções ou balões; são questões tão provocadoras que os utilizadores não conseguem resistir a participar."* (@ElGabarty, 2022) Além disso, as vozes apelam à luta de ideias, questões e pensamentos, em vez de pessoas de grupos. Isto desviaria a discussão do seu ponto focal. Isto tornaria a conversa defensiva.

Agustin Goenaga (2022) identifica três funções normativas que se espera que as esferas públicas desempenhem nas democracias representativas: dão voz a perspectivas alternativas, capacitam os cidadãos para criticar as autoridades políticas e divulgam informações sobre assuntos de interesse público. O artigo intitulado "Who cares about the Public Sphere" oferece a primeira análise empírica e transnacional das opiniões dos cidadãos sobre a importância democrática da esfera pública. O autor argumenta que os cidadãos desenvolvem opiniões diferenciadas sobre a importância destas funções democráticas, dependendo (1) da sua capacidade de influenciar as decisões políticas através do debate público e (2) da medida em que a voz, a crítica e a informação abordam problemas democráticos que lhes interessam particularmente.
A função da esfera pública não é produzir uma vontade comum, mas sim facilitar a troca pluralista de opiniões, argumentos, reivindicações e exigências

sobre problemas colectivos ou preocupações importantes que, por sua vez, informam a responsabilidade e a capacidade de resposta. Se as câmaras de eco criassem um mosaico de informação fracturado e desconexo, seria impossível ter "tópicos" de conversa partilhados. Mas há cada vez mais provas de que não estamos numa *"rotação centrífuga"* em que as nossas fontes de informação estão cada vez mais isoladas umas das outras.

Um exemplo forte de que ainda partilhamos temas de conversa através das redes sociais pode ser visto nos recentes protestos contra George Floyd nos Estados Unidos. O movimento de protesto e o subsequente debate público foram desencadeados pela partilha de vídeos e relatos dos acontecimentos que tiveram lugar a 25 de maio de 2020, numa rua de Minneapolis. Não há um debate sobre o que aconteceu ou "que" aconteceu; há um debate sobre o que significa e o que devemos fazer em relação a isso. Aqui, temos um tópico partilhado que pode ser o foco de um debate público coletivo (acalorado, partidário e polarizado, com certeza) sobre "o que deve ser feito?"

Atualmente, as empresas de redes sociais não têm "responsabilidade" pelo conteúdo dos seus sítios; não se consideram editoras, responsáveis pela revisão e edição de tudo o que os outros publicam nos seus sítios, mas o desenvolvimento da tecnologia incentivou os decisores políticos a pedir às plataformas que "assumam a responsabilidade" pelo "material ilegal" que aparece nas suas plataformas.

Os quadros regulamentares tratam as empresas de redes sociais como "anfitriões" de conteúdos em linha, como é o caso da Diretiva relativa ao comércio eletrónico da UE (2000). Estas são descritas como legislações "desactualizadas". O argumento foi mais longe e explicou que o Facebook, o Twitter e o Google não são meras plataformas para o conteúdo que outros publicam; desempenham um papel na definição do que os utilizadores vêem.

A investigação recente centra-se mais nos aspectos técnicos, nas caraterísticas, na ética e nos quadros jurídicos, bem como nas suas implicações sociais, por exemplo, a radiodifusão em direto. Os exemplos são sobretudo de países ocidentais. Registaram-se incidentes relacionados com o entretenimento, os direitos de propriedade intelectual na transmissão em direto durante concertos e eventos desportivos, a privacidade das crianças e a violência. Embora o foco tenha sido intensamente colocado no Facebook e no Twitter, há agora vozes que incluem o YouTube como uma das plataformas através das quais o "discurso de ódio" e o "extremismo" chegam a milhões de espectadores.

Os círculos do Twitter, que permitem limitar as visualizações dos Tweets a uma determinada lista de seguidores, foi uma caraterística criticada pela maioria dos utilizadores. Foi considerada irrelevante para a natureza do Twitter enquanto plataforma que incentiva a diversidade de opiniões e o debate entre diferentes pontos de vista de uma forma lógica. O Twitter tem sido mais eficaz na persuasão do que outras plataformas, de acordo com o feedback dos utilizadores. Os espaços do Twitter, criados recentemente, eram semelhantes à ideia da aplicação Clubhouse, mas eram mais populares por serem mais fáceis de aceder e não exigirem condições prévias.

São muitas as vozes que criticam as redes sociais entre aqueles que delas beneficiam; e a relação de inimizade, o aborrecimento por estas plataformas, torna-se claro dia após dia, que são necessárias novas plataformas, no entanto estas novas plataformas para serem eficazes e atraírem utilizadores, não podem simplesmente copiar as plataformas estabelecidas, nem devem negligenciar as críticas às plataformas actuais; Mastodon como exemplo. *'A falência da inovação é perigosa para o futuro das empresas tecnológicas.' (@Zakovich, 2022)*

O aspeto técnico dominou a forma como os sítios de redes sociais são descritos e analisados. O termo "novos meios de comunicação", enquanto pacote, foi visto como um fator determinante para uma "revolução" na "comunicação", uma vez que produziu uma rede global de comunicação audiovisual e textual com a qual os utilizadores interagem eletronicamente. O ideal Habermsiano de esfera pública foi aplicado, exigindo uma dimensão teórica ética/moral, por um lado, e um diálogo lógico/racional, por outro. Terminou a diferenciação entre o que é público e privado, o que é massivo e pessoal. Chegou-se a acordo quanto à descrição dos "novos meios de comunicação" como uma esfera pública virtual democrática que permite aos cidadãos interagir, discutir e contribuir para enriquecer o diálogo entre todos. Formou comunidades virtuais que ultrapassaram as fronteiras geográficas e eliminaram parcialmente todas as formas de pressão, uma vez que ainda existe vigilância para combater os apelos a qualquer tipo de violência. (Bukhabzah, 2016; Bumadian, 2019)

A introdução de novos meios de comunicação no mundo árabe afectou muitas áreas, incluindo o desenvolvimento de códigos de ética para orientar o trabalho de comunicação. [th]O mundo árabe tornou-se um exemplo repetidamente referido para compreender as plataformas dos meios de comunicação social no âmbito de um ecossistema em mutação da comunicação e dos meios de comunicação de massas e, especificamente no Egito, aplicando quadros de governação dos meios de comunicação social para avaliar o efeito da utilização ética na atitude dos utilizadores em relação ao Facebook após a revolução de 25 de janeiro.

Os sites de redes sociais também foram vistos como uma extensão dos meios de comunicação de massas tradicionais em termos do seu papel na formação e orientação de atitudes e comportamentos. Os quadros teóricos tradicionais foram testados e aplicados ao novo contexto; a ética da discussão em linha (Al- Kidwany, 2011), a forma de utilizar estas plataformas na publicidade aos projectos nacionais do Estado (Abd-Alaziz, 2017) e a promoção da cidadania (Abd-Alhady, 2021)

Todas as cartas e códigos deontológicos dos meios de comunicação social árabes incluem referências à liberdade de expressão e de discurso. Incluem também disposições que exigem acções penais contra a violação de interesses religiosos, morais e de segurança. Embora esses códigos se baseiem principalmente em normas de moralidade árabe-islâmicas, parecem também estar em sintonia com as orientações éticas ocidentais. A crescente liberalização e democratização política em 2011 parece ter afetado as componentes éticas islâmicas do trabalho dos meios de comunicação social árabes, uma vez que os jornalistas pressionam no sentido de uma maior liberdade de informação ao estilo ocidental, que pode ser incompatível com visões islâmicas mais restritivas do trabalho dos meios de comunicação social. (Muhammad Ayish, 2003)

O crescimento incessante das plataformas dos meios de comunicação social em África proporcionou os meios de resistência, auto-expressão e auto-configuração nacional para a juventude do continente, que é incansavelmente enérgica e contagiosamente criativa. Isto constituiu um profundo desafio para o "Estado guardião" africano, que respondeu frequentemente com estratégias para restringir e limitar o luxo retórico das redes sociais e da esfera digital; desde a censura, muitas vezes através de leis anti-meios sociais, ou tácticas menos evidentes, como a cibervigilância estatal, ataques de spyware a activistas das redes sociais, até à utilização engenhosa da retórica das "notícias falsas" como cortina de fumo para amordaçar as vozes críticas. (Farooq Kperogi, 2022)

O ponto fulcral da força dos "novos meios de comunicação" foram as suas caraterísticas e desenvolvimentos que proporcionam uma esfera pública virtual eficaz, colectiva, descentralizada e interactiva com uma proliferação horizontal acelerada. Os principais critérios mencionados foram: acesso para todos, participação, reunião, capacitação dos cidadãos comuns [em contraste com o domínio dos especialistas e das elites]; independência e propriedade de ferramentas de expressão, publicação, até mesmo a mera existência de categorias especificamente marginalizadas e vulneráveis, interação e partilha de problemas, queixas e questões de interesse, juntamente com a disseminação da cultura de abertura em relação ao "outro".

Formou um contexto não só relacionado com a "abundância de informação" mas também com a "generalização da capacidade de falar" entre os indivíduos. As vantagens abordadas incluem: facilidade de uso, autoexpressão, compartilhamento e troca de emoções, oferta de novas formas de formação da sociedade, acesso a dados, atividades down-top e reorganização da geografia da internet com a introdução da "persona global" das pessoas visando a coexistência pacífica, a comunicação moral e o diálogo civilizado. (Bukhabzah, 2016; Bumadian, 2019)

A estrutura dos meios de comunicação social, um fluxo horizontal em várias etapas de reencaminhamento, aprovação e autoria de mensagens, facilita o envolvimento com o conteúdo em termos do contexto social e não da sua fonte ou credibilidade. Isto torna mais difícil distinguir o autor original do que no caso das mensagens dos meios de comunicação social distribuídas centralmente; "para um cidadão que lê um feed dos meios de comunicação social num dispositivo móvel, uma manchete da BBC que passou por outros cidadãos, reunindo gostos ou comentários, não será necessariamente diferente de um rumor originado num tópico de discussão no Reddit." (Bimber & Gil de Zúñiga, 2020)

Os anunciantes vão ter com os influenciadores". É assim que os profissionais da comunicação social estabelecem pontes entre os meios de comunicação social e os meios de comunicação social tradicionais, esclarecendo que a saída é os anunciantes perceberem que os números não são iguais ao impacto. No entanto, os jornalistas do futuro não se devem tornar criadores de conteúdos. O jornalismo é contar histórias; as pessoas compreendem através de narrativas e não de dados quantitativos; deve haver equilíbrio nas narrativas e contar-lhes a história por detrás da história; o público está consciente e procura explicações, especialmente durante períodos/eventos de emergência.

A IA transforma o jornalismo num jogo para o utilizador/leitor e, até agora, é fraca com a língua árabe. Apenas 5% das discussões no Facebook são baseadas em conteúdos dos media tradicionais.

As principais recomendações: personalizar o conteúdo, qualidade em vez de quantidade, definir as prioridades, profissionalismo e capacidade de adaptação num estado de mudança constante, especialização, para além de ter a sua própria tecnologia/ferramentas, para mudar o sistema a partir de dentro, e tornar-se um aprendiz ao longo da vida; dependendo principalmente da autoeducação. Fornecer jornalismo de investigação social aprofundado, mudar a audiência; envolver os jovens e visar o público mais jovem, e abordar "soluções".

O TikTok atrai sobretudo o grupo etário dos 13 aos 20 anos. No jornalismo, trata-se igualmente de construir um jornalista (o profissional criador de conteúdos). O problema com o público é a falta de consciencialização dos cidadãos sobre os seus direitos de "saber". O direito de acesso à informação precede a liberdade de expressão. A liberdade de acesso à informação é *"o sangue que corre no corpo da sociedade".* '

O acesso à informação não consiste apenas em fornecer informação, mas sobretudo em torná-la compreensível. A crise é que não estamos a falar; e isto não se limita ao jornalismo, pelo contrário, fazemos parte da sociedade e afectamos e somos afectados pelos problemas da sociedade; liberdades académicas, leis e regulamentos de imprensa à luz do direito internacional, etc. Bloquear [sítios Web] é um procedimento impossível. Para o Ocidente, o futuro exige que se dê esperança e humor às pessoas; que se atinja a sua mente e o seu coração, que se envolva o público num diálogo; esta é uma alternativa mais segura e muito melhor do que as redes sociais, para além das estações de rádio locais que dirigem as comunidades locais. Outros pensam que o futuro é nacional, uma vez que os *jovens árabes parecem ter preocupações comuns.*

O direito é uma arena de conflitos sociais e políticos. Os jornalistas consideram que as normas do Facebook são uma nova censura. As pessoas não confiam nos meios de comunicação social tradicionais. Não há concorrência; o público difere entre o online e o offline. Há questões que nunca teriam sido discutidas, abordadas ou "vistas à luz" sem os sítios de redes sociais; mas quando os

se os meios de comunicação social profissionais publicarem sobre o assunto, isso atrai a atenção das instituições oficiais. Além disso, o problema das redes sociais é a *"banalização de tudo".*

O futuro é digital e, tal como a rádio regressou sob a forma de podcasts, os jornais impressos encontrarão o seu caminho para o futuro. Os [jornalistas] egípcios, sendo o seu país a mãe do mundo, podem não compreender o problema das pequenas nações que dependem dos países à sua volta para respirar". *"O jornalismo requer democracia".*

O ecossistema dos media mudou. Os avanços na eficiência informática, na capacidade de armazenamento de dados e na conetividade permitiram o aparecimento de novos modelos de negócio na Internet que trouxeram benefícios para a sociedade, mas também prejuízos significativos. Na ausência de uma autorregulação adequada, o sector das redes sociais exige agora uma supervisão governamental sustentada.

A literatura recomenda a elaboração de um código de ética para os utilizadores das redes sociais. Os principais problemas referidos são: a violação da privacidade e o incitamento. A razão subjacente a este facto, segundo a literatura, é o vazio jurídico. Os resultados descrevem a situação como "um colapso moral"; técnicas de propaganda negra e cinzenta; exagero, desinformação e ataque direto e indireto. A maioria dos estudos depende da análise de conteúdos de páginas públicas que representam diferentes ideologias e pontos de vista políticos, para além de inquéritos distribuídos entre os utilizadores. No entanto, a literatura é criticada por se centrar na quantidade em detrimento da qualidade e por negligenciar a questão da ética da utilização.

A literatura reflecte também uma situação de "governos contra empresas" relacionada com o equilíbrio entre restrições e liberdade de expressão. As recomendações políticas, principalmente nos EUA e no Reino Unido, visam a interferência do Estado e do governo para reduzir a desinformação, o discurso de ódio, o incitamento à violência e outras formas de conteúdos nocivos em linha que ameaçam as instituições democráticas. Considera-se que as "promessas de melhoria por parte das empresas" já não são suficientes; é tempo de uma intervenção governamental inteligente e precisa", para além de alcançar este objetivo respeitando plenamente os direitos constitucionais das pessoas, bem como de promover a inovação que impulsiona o crescimento económico.

Por outras palavras, para abordar eficazmente estas questões éticas, não basta que as empresas façam promessas através dos seus programas de responsabilidade social. Por conseguinte, as mudanças necessárias devem fazer parte de um quadro regulamentar e de governação reforçado. No entanto, o papel do governo é limitado, em termos práticos. É dispendioso monitorizar e difícil de controlar ou prevenir, uma vez que os governos não têm acesso a conteúdos problemáticos em tempo útil e não dispõem dos meios técnicos para tomar medidas corretivas - por exemplo, fazendo ajustes nos algoritmos.

No Reino Unido, os decisores políticos estão preocupados com a utilização generalizada das redes sociais, que é descrita como um fator significativo que acelera e permite comportamentos intimidatórios e cria um ambiente em linha intensamente hostil. As empresas de redes sociais são descritas como "demasiado lentas" na tomada de medidas para proteger os seus utilizadores. Os utilizadores, por sua vez, sentiram a necessidade de se desvincularem. Além disso, os partidos políticos partilham a responsabilidade, uma vez que são chamados a mostrar liderança na mudança do tom do debate político. Por conseguinte, recomenda-se que tanto as empresas como o governo abordem esta questão de forma proactiva.

O poder das redes sociais em documentar momentos com imagem e som, em vez de apenas narrar um testemunho verbal/escrito, torna-o difícil de falsificar e é muito mais impactante intelectualmente e principalmente emocionalmente, especificamente com questões sociais.

Os relatórios mencionam o incidente do "homem do comboio"; "Egyptian Goerge Floyd". O Ministro dos Transportes pediu desculpa à família dos dois jovens que não tiveram outra alternativa senão saltar do comboio, tendo um deles morrido. O vídeo mostrava discussões intensas entre os passageiros do comboio e o supervisor, que foi acusado de homicídio.

Além disso, as redes sociais contribuíram para aumentar a sensibilização e continuar a acompanhar o caso da criança que foi morta por uma bala perdida numa festa social. A mãe da criança, que iniciou uma campanha para proibir o uso de armas de fogo em eventos sociais, disse que o direito do seu filho foi recuperado graças às redes sociais.

A posição oficial egípcia encara as redes sociais como um espaço alargado para os meios de comunicação social", uma "arma". Por conseguinte, os utilizadores são convidados a publicar as "realizações positivas" do governo, a verificar os factos e a prestar atenção à imagem apresentada do Egito à comunidade internacional. De acordo com a lei egípcia, qualquer conta de rede social que atinja mais de 5000 seguidores é considerada uma plataforma de publicação que é monitorizada e verificada como qualquer outro meio de comunicação/website.

Os comentários do deputado apelam à punição de quem utiliza as plataformas de redes sociais para desestabilizar a confiança nas instituições oficiais e distorcer as pessoas, promovendo pensamentos extremistas e terroristas. Os comentários acrescentam que as redes sociais foram utilizadas para desacreditar os fundamentos do Estado egípcio e incitar à violência e ao terrorismo, o que é incompatível com o papel positivo das redes sociais, afirmando que devem existir regras específicas que separem as opiniões do incitamento à violência.

Os factos no terreno são que o Facebook e o Twitter anunciaram em outubro de 2019 que removeram contas do Egito, dos Emirados Árabes Unidos e da Arábia Saudita em várias ocasiões, uma vez que utilizavam contas falsas para gerir e promover grupos para aumentar as interações. De acordo com os relatórios, essas contas pertenciam a empresas ligadas a instituições e organizações governamentais.

Não foram publicados relatórios semelhantes que comprovem actos de utilizadores comuns que visem ou ameacem o Estado.

Respondendo à pergunta "Como" isto aconteceu, os jornalistas explicaram que a superioridade das redes sociais resulta do facto de os organismos oficiais e os meios de comunicação tradicionais não prestarem atenção às preocupações da opinião pública; as pessoas recorrem a estas plataformas depois de as portas da imprensa, da rádio e da televisão terem sido bloqueadas, e estas plataformas estão a tornar-se um espaço que envolve

o maior número de jogadores. (Abd Al-Baseer Hassan, 2019)

Recomenda-se que se dê maior liberdade aos meios de comunicação tradicionais, para além de uma declaração ética internacional para lidar com estas plataformas, uma vez que a situação está a ficar fora de controlo. Os jornalistas concordam neste ponto; que para combater os impactos negativos das plataformas de redes sociais, é necessário abrir a esfera pública; abrir outras janelas de comunicação entre as pessoas e a imprensa, e então as redes sociais tornar-se-iam um meio secundário.

"Reengenharia política do Egito

A vida privada é inviolável, protegida e não pode ser violada. A correspondência telegráfica, postal e eletrónica, as chamadas telefónicas e outras formas de comunicação são invioláveis, a sua confidencialidade é garantida e só podem ser confiscadas, examinadas ou controladas por ordem judicial causal, durante um período de tempo limitado e nos casos previstos na lei. O Estado protege os direitos dos cidadãos de utilizarem todas as formas de comunicação pública, que não podem ser arbitrariamente interrompidas, impedidas ou recusadas aos cidadãos, nos termos da lei. (Artigo [57], Constituição do Egito, 2014)
A Internet foi introduzida pela primeira vez no Egito em 1993 pela Egyptian

Universities Network do Conselho Supremo das Universidades Egípcias, servindo inicialmente 2000 utilizadores. Em 1994, num esforço para difundir a utilização da Internet entre a sociedade em geral, o Centro de Informação e Apoio à Decisão (IDSC) do Governo do Egito, em colaboração com o Centro Regional de Tecnologia da Informação e Engenharia de Software (RITSEC), começou a fornecer acesso gratuito à Internet, a título experimental, a organizações públicas e privadas.

A penetração vertical e horizontal da Internet tinha como objetivo minimizar o fosso digital desde o início. Para tal, contou com o apoio financeiro do governo, numa tentativa de aumentar a exposição global do mercado local e abrir caminho à comercialização dos serviços Internet. Em 1996, o governo substituiu a sua política de acesso livre por uma política de acesso aberto: os serviços comerciais da Internet foram privatizados e uma dúzia de fornecedores de serviços Internet (ISP) começou a funcionar.

Em dezembro de 2001, mais de 600.000 egípcios estavam em linha, mas apenas 77.000 eram assinantes pagos, servidos por 51 ISP privados. Este crescimento limitado foi considerado um obstáculo ao desenvolvimento da sociedade do conhecimento e à criação de uma divisão entre os que têm e os que não têm. Por conseguinte, em janeiro de 2002, o MCIT lançou uma nova iniciativa que proporcionava acesso gratuito à Internet a nível nacional a todos os cidadãos. Esta iniciativa contribuiu para o rápido crescimento da utilização, tendo a percentagem da população em linha aumentado de 5,5% (3,9 milhões de utilizadores) em 2004 para 15,6% (11,4 milhões de utilizadores) em 2008, o que reflecte uma taxa de crescimento anual de cerca de 16,7%.

Durante as últimas três décadas, o governo, o sector privado e a sociedade civil colaboraram através de programas de parceria público-privada para introduzir as tecnologias de informação e comunicação (TIC) como uma plataforma sólida que pode apoiar o desenvolvimento socioeconómico no Egito. Os benefícios das TIC começaram gradualmente a ser percebidos em diferentes sectores e nas diferentes províncias do Egito, levando à transformação para um governo centrado nas pessoas, com descentralização do processo de tomada de decisões e capacitação das pessoas. É importante notar que as TIC desempenharam um papel fundamental na formação de um segmento da população com poder.

O passado é um elemento importante para compreender o futuro porque o passado afecta o futuro, ou seja, o passado é a memória da experiência humana. Sem o passado, não podemos saber quem somos ou para onde queremos ir." (Filho, 2013) Está bem estabelecido que existe uma grande variedade de discussões políticas em linha no mundo árabe, mais do que noutras regiões. A blogosfera egípcia é dominante e, em grande medida, política: desde o início que está intimamente ligada ao ativismo. No entanto, os efeitos exactos destas deliberações em linha têm sido mais difíceis de determinar. Além disso, os estudos discutidos demonstram diferenças claras nas suas escolhas metodológicas: enquanto alguns estudos se baseiam na análise de material em linha e/ou de outras fontes, outros fornecem uma visão mais ampla utilizando exemplos isolados de várias fontes.

As revoltas de 2010/11 e, em particular, a revolução egípcia, e o papel das plataformas em linha, suscitaram muito debate, bem como atenção académica. Os escritos estrangeiros e árabes exageraram o papel e o efeito dos sítios de redes sociais e atribuíram-lhes um papel de relevo, quando eram apenas uma ferramenta; espaços rápidos e amplamente difundidos que facilitaram a inevitável revolução. Estas plataformas são apenas um reflexo da realidade social e política. [th]Após o seu notável sucesso na mobilização para a revolução de 25 de janeiro, tornou-se um espaço de conflitos intelectuais e políticos e de lutas entre diferentes pontos de vista. Reflecte uma situação de fragmentação e de dispersão de opiniões entre os principais actores: os que são a favor do regime e os que se lhe opõem.

O papel das redes sociais foi mais o de um catalisador, de um motor, de uma ferramenta de comunicação que serviu de plataforma para a mudança social. Os desenvolvimentos de janeiro de 2011 são, em parte, o culminar de uma sociedade que tem vindo a utilizar cada vez mais as TIC nos últimos anos, independentemente dos diferentes desafios que enfrenta.

Utilizando um vasto conjunto de dados que abrange vários países, Howard e Hussain argumentam que "[o]s meios de comunicação social digitais tiveram um papel causal na primavera Árabe, na medida em que forneceram a infraestrutura fundamental para os movimentos sociais e a ação colectiva". Rane e Salem, também analisando vários países, argumentam que os meios de comunicação social desempenharam um papel importante na difusão de ideias para além das fronteiras nacionais e na facilitação da comunicação entre activistas, mas salientam que o sucesso ou o fracasso dependeram em grande medida de outros factores.

A centralidade dos utilizadores poderosos é reiterada por Faris, que realizou um extenso trabalho de campo no Egito antes e durante a revolução de 2011. Faris argumenta que as redes sociais são fundamentais para obter uma maior atenção para qualquer questão específica através de ligações entre os utilizadores do poder e os jornalistas. Vários estudos concordam que as plataformas em linha desempenharam de facto um papel importante durante as revoltas, sobretudo devido à sua capacidade de ligar as pessoas, de permitir a mobilização, de documentar a situação e de se ligar ao mundo exterior. Eaton argumenta que "embora possa parecer lógico, até mesmo óbvio, sugerir que o WAAKS *[We are all Khalid Said]* aumentou a probabilidade de os seus membros participarem nas manifestações, continua a haver falta de provas concretas".

Do mesmo modo, no seu estudo sobre a revolta egípcia, Eltantawy e Wiest recorrem à teoria da mobilização de recursos, argumentando que "os meios de comunicação social introduziram um novo recurso que proporcionou rapidez na receção e divulgação de informação, ajudou a criar e reforçar laços entre activistas e aumentou a interação entre os manifestantes e entre estes e o resto do mundo". '

Num outro estudo de caso sobre a revolução egípcia, Khamis e Vaughn argumentam que o ciberactivismo desempenhou um papel crucial na criação de fóruns para a "liberdade de expressão e oportunidades de criação de redes políticas". Na sua opinião, "estes esforços agregados resultaram na alteração do equilíbrio político e de comunicação no Egito a favor dos defensores da liberdade e dos activistas políticos", embora alertem para o facto de "os novos meios de comunicação não serem mais do que ferramentas poderosas". (Os novos media não são mais do que ferramentas poderosas)

A revolta do Egito (2011) foi uma função das pessoas, da paixão e não de qualquer tecnologia de comunicação, ferramenta ou aplicação de redes sociais em particular. Não foi definitivamente a revolução do Facebook, do Twitter ou das redes sociais; foi a revolta do povo que capitalizou a tecnologia de ponta para realizar o sonho de uma nação de ter "pão, liberdade e justiça social". As promessas da esfera pública parecem estar a ser "cumpridas de formas inesperadas" pela capacidade da Internet de "transformar a conetividade passiva em mobilização ativa", como se viu na chamada primavera Árabe.

A investigação investigou o papel das redes sociais na decisão de participar nos protestos e argumenta que existe uma relação positiva entre a utilização das redes sociais pelos inquiridos e a sua participação ou não no primeiro dia de protestos. O estudo baseia-se no que os autores designam por "Tahrir Data Sets", que inclui dados de inquéritos a manifestantes, entrevistas com "utilizadores avançados" selecionados e uma amostra recolhida no Twitter com base no hashtag mais utilizado durante a revolta. Outros investigadores concluíram que os meios de comunicação digitais não eram "dominantes na atividade de protesto egípcia", embora fossem uma "componente integral e impulsionadora do panorama mediático". Além disso, argumentam que o Twitter foi utilizado com êxito para obter atenção internacional, principalmente devido a um número limitado de "utilizadores avançados" - activistas influentes em linha. (Jon Nordenson, 2017)

Os analistas políticos e os académicos centraram-se no papel das redes sociais na ligação entre o online e o offline, no seu impacto no terreno e na alteração da esfera pública offline. Para eles, 11 de fevereiro é a data em que os sítios de redes sociais provam a sua importância e eficácia. Só passados três anos é que se questionam sobre o estatuto destas plataformas na esfera pública política egípcia, e se já atingiram o seu momento de pico e depois se estão a deteriorar significativamente ou se elas, ou os seus utilizadores, estão a passar por uma fase chamada pausa guerreira. E, ao contrário do número crescente de utilizadores e das estatísticas que mostram as caraterísticas demográficas de uma maioria de jovens, não houve um impacto forte paralelo nas eleições parlamentares e presidenciais. *O Tamarrud* começou no terreno, e era conhecido também pela cobertura da comunicação social, e depois a sua página no Facebook veio mais tarde apoiar esta mobilização, não para a convocar ou estabelecer.

Esta deterioração foi explicada, no âmbito da especificidade cultural e intelectual das sociedades árabes e da sua estrutura social, da seguinte forma (1) A limitação intencional ou não intencional do papel da juventude no processo político. (2) Desapontamento dos egípcios que esperavam estabilidade, justiça transitória, boa governação, transparência e responsabilidade, pelo que houve pouca resposta aos pedidos de protesto. (3) O SCAF e os sucessivos governos fizeram questão de criar a sua página oficial, através da qual interagiam diretamente com a população, mas depois houve a fase de controlo e, com os casos de prisão, os utilizadores tiveram cuidado ao exprimir as suas opiniões em linha. (4) Os meios de comunicação social tradicionais, especialmente a televisão, recuperaram a sua eficácia. (5) As pessoas estão a perder a confiança na juventude revolucionária. O futuro depende, portanto, do contexto social, político e económico em que estas plataformas reagirão, não criarão uma ação independente ou iniciarão outro momento decisivo.

Em 2022, o Ministério Público do Egito apelou mesmo ao alargamento do âmbito da legislação sobre plataformas digitais para proteger aquilo a que se referiu como as "novas fronteiras", ou as fronteiras dos ciberespaços. (SMEX E-Newsletter, 2023) a equação crítica: como equilibrar as políticas de segurança com os valores da liberdade na realidade egípcia. Esta questão foi expressa numa das declarações oficiais feitas pelo presidente egípcio no seu primeiro ano de presidência, durante uma conferência económica internacional. Conferência de ciência política intitulada: "Os desafios políticos e económicos do Egito: visões para o futuro". [th]A liberdade foi uma das exigências da revolução de 25 de janeiro e abriu a porta a discussões sobre o termo e a diferença entre liberdade e caos.

Quando se fala de redes sociais e da lei no Egito, a primeira referência é o ano de 2018, quando foi publicada a lei de combate aos crimes na Internet. Esta lei é descrita no relatório como a lei que prevê a pena de prisão para quem publicar informações sobre os militares e a polícia, ou promover pensamentos extremistas de organizações terroristas. Além disso, prevê uma multa de 10 mil euros para quem for encontrado envolvido no roubo ou pirataria de contas de correio eletrónico de terceiros. A lei também concede às autoridades de investigação o direito de bloquear um ou mais sítios Web se forem encontradas provas de que esses sítios publicaram números, imagens, filmes, textos ou qualquer conteúdo promocional que ameace a segurança nacional.

Quaisquer desvantagens na esfera pública virtual são meramente um reflexo da esfera pública real numa sociedade, a nível nacional ou mesmo global. Exemplos disso são: os confrontos políticos, a linguagem violenta e a fabricação; fotos e vídeos falsos ou fotos e vídeos reais que representam contextos diferentes.

A luta pela esfera pública no Egito continua após a revolta contra o regime de Hosni Mubarak, em janeiro de 2011. A esfera pública foi aberta a vários grupos e movimentos. Embora o período de transição sob o domínio do Conselho Supremo das Forças Militares (SCAF) e do então ex-presidente Mohammad Morsi tenha testemunhado uma tentativa de recuperar o controlo do Estado sobre a esfera pública, esta falhou frequentemente devido à fraqueza das instituições estatais, que não conseguiram fazer cumprir as suas regras, enquanto os grupos e movimentos populares conseguiram mobilizar apoio em torno das suas actividades.

Após a intervenção militar de julho de 2013, a relação de forças alterou-se. As instituições do Estado recuperaram uma grande parte da sua credibilidade porque: (1) o apoio aos manifestantes em junho de 2013, (2) a fraca oposição representada pelos actores que procuram alcançar um Estado egípcio reformado, (3) a falta de acordo entre os actores sobre quais as leis a abordar, (4) o medo das pessoas de um colapso do Estado que teria sido seguido por uma guerra civil, (5) já o vimos, porque as pessoas estavam a sair de 2013 cansadas, exaustas, frustradas, não acreditando no valor da transição democrática no Egito; porque não lhes mostrou muitos aspectos positivos para aderirem a ela e, mais importante ainda, (6) havia um vazio constitucional, uma vez que não houve Parlamento durante mais de um ano.

Esta situação permitiu ao governo tomar uma série de medidas destinadas a recuperar o controlo do Estado sobre a esfera pública. Para atingir este objetivo, o regime emitiu uma série de leis e decisões dirigidas a diferentes actores. O controlo direto do espaço público consiste na exclusão física dos cidadãos do mesmo, para além de reavivar outra estratégia de controlo, menos direta mas não menos intrusiva: a repressão indireta. (Meringolo, 2015)

Os anteriores presos políticos que foram detidos devido às suas publicações nas redes sociais mudaram a sua presença em linha. Uma vez que o risco é elevado e as consequências ameaçam a própria vida, há uma tendência para expressar opiniões através dos canais oficiais e profissionais dos principais meios de comunicação social e para calcular as próprias palavras.

Os principais actores políticos, nomeadamente o poder judicial e o sector empresarial, podem trabalhar em paralelo, se não exatamente em conjunto, para influenciar a trajetória do país ao longo do tempo. (Steven A. Cook, 2009) O problema tem sido a ausência de instituições políticas que possam representar os interesses dos jovens egípcios e responder às suas preocupações de forma rápida e eficaz, para além da importância de convidar todas as partes interessadas para a mesa de debates e discussões, a fim de garantir políticas e regulamentos suficientes. Outros actores fundamentais a incluir são: indivíduos, empresas de redes sociais, conselheiros locais, organismos reguladores, organismos de radiodifusão e jornalistas, polícia e autoridades de segurança. Vale a pena notar, no entanto, que desde o verão de 2013, não havia "confiança" entre as diferentes partes interessadas.

Em 2015, os esquerdistas e os liberais das elites intelectuais, culturais, mediáticas e partidárias começaram a levantar a voz para condenar a violência do Estado contra os cidadãos egípcios. As medidas repressivas são utilizadas por este sistema de governo não só para atingir membros e grupos da oposição, mas também para reprimir segmentos inteiros da população, como a juventude, os estudantes e os movimentos de trabalhadores independentes. Através destas medidas, os detentores do poder no Egito procuram excluir totalmente estes grupos da esfera pública, desde que se recusem a conformar-se com a "vontade oficial" expressa pelo Estado. Impor punições colectivas a organizações da sociedade civil, como grupos de defesa dos direitos humanos e outras organizações não governamentais, bem como a associações de adeptos de futebol e outros grupos.

Há um aspeto frustrante no debate público do Egito. [As pessoas estão a tentar substituir a questão das instituições e dos mecanismos pelos líderes. *O que é realmente fundamental neste momento é chegar a acordo sobre o que vai acontecer, não só em relação à Constituição, mas também em relação à reengenharia política do Egito, através da abertura do sistema e da criação e manutenção de eleições competitivas. O que vai acontecer em termos de reconstrução e reforma das instituições do Estado e da reforma dos meios de comunicação social do Estado? O que é que é necessário?* A combinação correta de procedimentos, mecanismos, instituições, estruturas, tradições institucionais, precedentes. Isto não está a ser discutido.

Em 2019, numa atmosfera de polarização aguda entre aqueles que acusam os sites de redes sociais de desestabilizarem a sociedade, apelando a leis rigorosas para os controlar e descrevendo o seu contexto com uma "cultura de rebanho" que leva à disseminação de rumores, difamação e insultos, por um lado, e aqueles que consideram estas ferramentas como meios de comunicação alternativos que não podem ser controlados como os meios de comunicação de massas tradicionais, estas plataformas testemunharam um momento de pico no impacto no terreno, fazendo a ponte entre o online e o offline e, mais uma vez, foram utilizadas na mobilização e convocação de protestos de rua. A resposta à convocação de protestos em setembro de 2019 não era esperada nem mesmo pelo próprio convocador, como afirma Abd-Albaseer Hassan (2019).

O autor refere-se aos vídeos curtos do empreiteiro Muhammed Ali, que vivia no estrangeiro e enviava mensagens ao regime egípcio e ao povo, tendo uma das suas acusações sido respondida na televisão pelo Presidente durante uma conferência pública, confirmando a informação mas justificando a ação.

O Ministério do Interior adoptou uma nova medida de segurança: parar os transeuntes, especialmente nas praças públicas, e verificar os seus telemóveis para aceder ao que escrevem nas suas contas das redes sociais.

No Egito, as plataformas de redes sociais estão sujeitas a revisão e investigação por parte das autoridades egípcias, que se sentem preocupadas com qualquer interação ou escalada de raiva sobre qualquer questão, seja ela política, económica, social ou mesmo humanitária. Estas plataformas tornaram-se, assim, a única plataforma mediática que fala em nome do povo egípcio, em resultado da ausência do papel do parlamento, da oposição, dos jornais e dos meios de comunicação social, por um lado, e do encerramento do clima público e do silenciamento das vozes, por outro. Os sítios das redes sociais tornaram-se a plataforma mais comum para os egípcios exprimirem as suas opiniões e esperanças, apesar das sanções que lhes são aplicadas, que podem levar a longas penas de prisão e pesadas multas.

Os assuntos e os debates misturam-se normalmente nas plataformas das redes sociais e as informações podem ser contraditórias. Isto deve-se à ausência de factos e de dados oficiais, o que abre a porta a inúmeras interpretações, como é o caso da lei do registo das unidades habitacionais, que suscitou uma grande controvérsia nas ruas egípcias.

As autoridades egípcias aperceberam-se do papel das redes sociais e, nos últimos anos, um dos seus objectivos passou a ser reduzir o papel e a influência das plataformas das redes sociais. O governo egípcio aprovou quatro leis que incluíam penas severas para combater o que chamou de disseminadores de rumores e notícias falsas. Publicar em plataformas de comunicação é perigoso, uma vez que alguns egípcios foram detidos por causa do que publicaram em sítios de comunicação e acusados de espalhar notícias falsas e rumores que perturbariam a segurança pública. Talvez o caso recente da falta de oxigénio na unidade de cuidados intensivos para doentes com coronavírus numa cidade da província *de Sharqia* seja o mais recente destes casos.

Para além das leis, o governo criou um aparelho permanente, que responde perante o Conselho de Ministros, para controlar os boatos e tomar medidas legais contra eles, quer a nível interno quer externo. Este órgão inclui na sua composição representantes de muitos sectores do Estado, incluindo os militares e a segurança, sob o pretexto de travar a propagação de rumores. (Egypt Watch, 2021)

Esta medida foi criticada pelo Conselho Nacional para os Direitos Humanos e por outras organizações internacionais de defesa dos direitos humanos (2022), que comentaram o facto de a Procuradoria-Geral da Segurança do Estado do Egito ter alargado a definição de "Terrorismo" de modo a incluir protestos pacíficos e publicações em linha nas redes sociais, o que levou a tratar os críticos do Estado como inimigos. Um mês mais tarde, tal como indicado no relatório, o Procurador-Geral do Egito emitiu uma ordem para criar uma unidade de acompanhamento dos conteúdos das redes sociais e detetar pessoas e/ou organismos que publicam mentiras e notícias falsas.

O futuro da esfera pública depende principalmente da questão da "economia". Um manual democrático atualizado no Egito exige que se aborde a questão da economia. Ninguém pode fazer avançar uma plataforma democrática sugerindo simplesmente aos cidadãos que estão a defender os direitos humanos e a liberdade, mas que estão a alterar as más leis ou a eliminá-las, ou a exigir responsabilidade e transparência. Tudo isto não é possível se não forem abordadas as preocupações económicas dos cidadãos. O atual regime pode não ser capaz de produzir crescimento económico mantendo o controlo sobre os meios de comunicação social, devido a restrições orçamentais nos meios de comunicação social estatais e à crescente alienação da comunidade empresarial egípcia, que opera os principais meios de comunicação social privados. (Mansour, 2015)

Existe uma "tendência generalizada para homogeneizar a experiência digital árabe", que deve ser evitada. Isto, por sua vez, levanta a questão do que é específico do contexto e do que é mais geral, quando se trata da utilização da Internet entre activistas no Médio Oriente. (Nordenson, 2017)

A esfera pública virtual egípcia está interligada com outras esferas públicas árabes e muçulmanas. A luta dos palestinianos durante o caso *Sheikh Jarrah* representa um dos marcos na relação entre os activistas e as plataformas em linha.

As regras e as técnicas de censura destas plataformas - proibição de contas, remoção de conteúdos e de contas, proibição de sombras -, apesar de terem sido confrontadas com técnicas de resistência contra-criativas, formaram uma relação de[i] *frenemy* '. Parecia que os activistas estavam a ocupar a esfera pública em linha para manterem as suas vozes ouvidas; apresentaram algumas alternativas para ultrapassar a vigilância: os símbolos digitais da melancia e das colheres em substituição da bandeira palestiniana e do sinal de vitória. Além disso, escreveram sem pontos palavras específicas que são consideradas pelas ferramentas de controlo e filtragem de conteúdos como "discurso de ódio ou violento", e houve uma campanha para atribuir ao Facebook uma classificação de uma estrela na Google Store.

"Melhorar o discurso público

Ainda não passámos da fase de construção de hipóteses. Na ausência de uma investigação mais sistemática, os ciber-utópicos e os ciber-cépticos continuarão a atirar anedotas uns aos outros para demonstrar a eficácia ou não das redes sociais para provocar revoluções".
(Albrecht Hofheinz)

No seu livro Egypt after Mubarak, Bruce Rutherford (2008) menciona a "protuberância juvenil" demográfica, afirmando que a região precisaria de 50 milhões de novos empregos até 2010 para acomodar 38% da população com menos de catorze anos. Analisa este fenómeno do ponto de vista do regime e conclui que "este desafio demográfico chama a atenção para uma das principais fraquezas da ordem atual: a fraca qualidade da gestão económica liderada pelo Estado".

A importância da Internet e das questões relacionadas com os sítios de redes sociais no domínio da comunicação baseia-se no facto de se verificar um rápido crescimento destas plataformas; "todos os meses, mais de 320 milhões de pessoas utilizam o Twitter em mais de 35 línguas e 1,59 mil milhões de utilizadores do Facebook todos os meses. O YouTube tem cerca de mil milhões de utilizadores, que vêem centenas de milhões de horas de vídeo todos os dias". Com um crescimento da penetração da Internet de mais de 3.500% na região do Médio Oriente nos últimos 15 anos, as plataformas em linha exigem - e têm recebido - uma atenção académica.

Foram duas as principais questões que conduziram o conteúdo que aborda a esfera pública virtual/digital/online. Uma é a definição [e as mudanças nessa definição] tanto dos sites de redes sociais [e dos seus outros sinónimos utilizados indistintamente] como da esfera pública virtual; as suas limitações, caraterísticas e conteúdo. A segunda é questionar a relação entre a esfera pública tradicional habermsiana e a esfera pública virtual emergente, em termos de: dimensões sociais, culturais e políticas da tecnologia, valores, objectivos e actores e impactos na comunicação. (Bukhabzah, 2016; Bumadian, 2019)

As TIC, em geral, ajudaram diferentes activistas a encontrarem-se uns aos outros e permitiram uma maior difusão e visibilidade dos seus debates, especialmente para um segmento mais jovem da sociedade, com conhecimentos informáticos, que procurava um espaço através do qual pudesse comunicar, exprimir os seus pontos de vista e abordar as questões que os preocupam e que dizem respeito ao seu futuro. Os meios de comunicação social, em particular, provaram ser capazes de construir uma opinião pública consciente e eficaz através da interação ativa em linha com um conteúdo variado, desde a sátira política, a crítica severa e a procura de soluções para as numerosas crises sociais.

Uma das vantagens de referir os resultados dos estudos que investigam os sítios de redes sociais numa perspetiva de marketing é que revelam o facto de que: existe um problema em abordar os sítios de redes sociais como um pacote único. Os estudos indicam que existem diferenças fundamentais entre os numerosos sítios de redes sociais e não se justifica estudar todas estas plataformas como se fossem a mesma coisa. Se for bem compreendido, este facto poderá mesmo afetar as políticas, as leis e os regulamentos de acordo com as consequências esperadas. Poderia também alterar drasticamente a forma como as diferentes partes interessadas definem os sítios de redes sociais.

De acordo com o modelo desenvolvido por Yakoub Madi (2022), que determina o conteúdo de cada plataforma, o Facebook pergunta principalmente "o que te vai na alma?", pelo que é uma plataforma para exprimir os teus pensamentos e ideias que fluem continuamente e que ainda estão em curso, sendo um espaço de discussão sobre os mesmos. O Twitter, sendo o meio mais rápido para obter notícias, pergunta "o que está a acontecer?", pelo que dá prioridade às notícias e à cobertura que é misturada com as perspetivas e convicções pessoais de cada um; *"é o lado da história de cada um"*. Por conseguinte, os tweets rápidos e curtos do Twitter, que fluem na linha do tempo, permitiriam formar um quadro geral seguindo o maior número possível de contas e lendo o maior número possível de tweets. Além disso, a análise da rede permitiria descobrir os centros que representam os tweeps que procuram retweetar mesmo os tweets que podem não estar de acordo com o seu conteúdo; *"RT# Endorsement"*. O YouTube destina-se principalmente a conteúdos audiovisuais e é o meio mais próximo da televisão, exigindo menos ação e, por isso, o utilizador torna-se um espetador/audiência. O Instagram serve para criar uma rede de pessoas com ideias semelhantes.

É importante identificar o papel das diferentes plataformas de redes sociais que foram utilizadas. Enquanto o Facebook foi utilizado principalmente para o intercâmbio de conteúdos audiovisuais excessivos, para escrever e para a formulação de grupos de discussão, o Twitter foi utilizado para fins logísticos sobre o local de encontro, o que evitar e como lidar com o gás lacrimogéneo, entre outras utilizações. O Flicker foi utilizado para publicar fotografias de diferentes incidentes e locais e o YouTube foi fundamental para documentar todo o tipo de acontecimentos que tiveram lugar no Egito. O YouTube também contribuiu como memória institucional do Egito e dos diferentes acontecimentos que tiveram lugar, reflectindo uma partilha de acontecimentos em tempo real, em que os acontecimentos iniciados em 25 de janeiro eram publicados e partilhados com o mundo à medida que aconteciam e representavam motores para outros acontecimentos.

Argumenta-se que há muitos pormenores negligenciados quando se estuda o potencial da Internet para alcançar mudanças sociais e políticas. É feita uma crítica reiterada à generalização da cobertura mediática, bem como uma análise crítica da investigação académica realizada, em termos de metodologia, enquadramento teórico e amostra/estudos de caso. Para além de se centrar nas reacções dos utilizadores e no tipo de conteúdo partilhado e publicado, bem como nas discussões relacionadas com as "teorias da conspiração".

As notas críticas que se seguem baseiam-se no livro de Jon Nordenson

"Online Activism in the Middle East: Political Power and Authoritarian Governments from Egypt to Kuwait" (2017). Nordenson tenta responder a duas grandes questões: (A) o que pode e o que não pode ser atribuído à Internet? E (B) o que é que a Internet introduziu na relação entre as pessoas e a democratização no Médio Oriente? Por outras palavras: *Como podemos estudar melhor o ativismo em linha e as suas repercussões?*"

> Os investigadores não podem simplesmente investigar a influência da "Internet" per se. Têm de prestar atenção ao que se entende por "Internet", ou seja, que plataformas são utilizadas e com que objectivos.

> Há uma diferença clara entre discutir a corrupção num Estado autoritário e organizar uma revolução, embora ambas possam ser importantes para provocar a queda de um ditador.

> Para aprofundar o conhecimento sobre a utilização e o efeito das plataformas em linha empregues pelos activistas no Médio Oriente, é inevitável que isto implique a utilização de conceitos desafiantes, como mudança política e social, democracia e democratização, e a literatura relevante não se restringe nem aos estudos sobre a Internet nem a uma área geográfica específica. Assim, será utilizada uma variedade de fontes de diferentes domínios.

> Existe também uma grande diferença entre o grau de utilização de determinados meios de comunicação social durante, por exemplo, uma revolução, e o grau de influência dessa utilização na revolução. Estas distinções são ignoradas nos meios de comunicação social e no debate

público, mas devem ser abordadas numa perspetiva de investigação.

➤ Perguntas diferentes exigem estratégias diferentes e materiais diferentes. Se os investigadores alargarem demasiado a rede, a tarefa sempre importante de contextualizar corretamente o nosso estudo pode tornar-se difícil.

➤ O ambiente em linha, factores como a localização geográfica, o sistema político e as normas sociais, as questões debatidas e os grupos envolvidos no contexto em que o material em linha se situa acrescentam significado à interpretação dos dados.

➤ Os investigadores não podem separar o que está em linha do que está fora de linha. O online não é menos complexo do que o offline. Dificilmente se espera descrever e compreender o ativismo e a política em linha num único estudo, tal como não se espera explicar o ativismo e a política em geral num único estudo.

➤ Ver a Internet e a sua utilização no seu devido contexto; evitar o centrismo ocidental para compreender o seu significado no contexto local, tanto em linha como fora de linha.

➤ O simples facto de as pessoas discutirem temas sensíveis em linha não conduz necessariamente, por si só, a uma mudança política, mas pode criar expectativas importantes e, não menos importante, práticas. Os investigadores identificaram duas caraterísticas da utilização da Internet na região (2005): Em primeiro lugar, a religião tem um peso maior do que em qualquer outra parte do mundo e, em segundo lugar, os utilizadores árabes estão particularmente ansiosos por participar em discussões - sobretudo sobre política, religião e sexo".

O inquérito do Pew Global Attitudes Project (2012) corrobora este ponto, afirmando que "[exprimir] opiniões sobre política, questões comunitárias e religião é particularmente comum no mundo árabe".

> Os investigadores, que defendem que devemos abandonar as perspectivas pessimistas ou optimistas em favor de uma visão mais equilibrada, estão a considerar a forma como estas formas de comunicação são adoptadas no âmbito de movimentos sociais específicos, em vez de avaliarem as suas propriedades em abstrato.

O foco na contextualização é uma expetativa de que as possibilidades, necessidades e limitações específicas que um determinado contexto proporciona influenciam o comportamento em linha dos actores envolvidos. Isto não quer dizer que o comportamento em linha dependa apenas do contexto offline; o online também é um contexto e as diferentes plataformas partilham as mesmas possibilidades técnicas.

> Há várias questões cruciais levantadas na literatura há mais de duas décadas: As pessoas utilizaram as redes sociais, quando disponíveis, durante e antes da revolução? Em caso afirmativo, o que é que faziam em linha? Foram as plataformas em linha que fizeram pender a balança a favor da revolução? E o que dizer das outras campanhas menos dramáticas, mas ainda assim muito influentes, que os activistas conduziram no Médio Oriente nos últimos anos, nas quais a utilização de plataformas em linha foi

também um fator muito visível? Será que a tortura policial poderia ter sido exposta de forma tão convincente no Egito sem o YouTube?

➢ Embora a utilização de plataformas em linha tenha sido altamente visível durante os 18 dias da revolução egípcia, está agora provado que a visibilidade não é igual ao impacto. Além disso, como se afirma claramente na literatura, o 25 de janeiro de 2011 não foi a primeira vez que os activistas utilizaram a plataforma das redes sociais para planear protestos.

As tentativas anteriores não tiveram a mesma magnitude; no entanto, a maioria considera que se tratou de um "processo de construção". Durante mais de uma década, os meios de comunicação social foram descritos como sendo a plataforma "de retaguarda" para os activistas debaterem diferentes ideias relacionadas com questões socioeconómicas e políticas. Desde o início da década de 2000, destacados bloguistas e activistas egípcios começaram a utilizar os blogues para abordar questões socioeconómicas e políticas fundamentais.

➢ O artigo de Radsch (2008) traça o desenvolvimento da blogosfera egípcia, argumentando que, na altura em que escreveu o artigo, esta tinha passado por três fases distintas: Uma fase inicial de experimentação, uma fase ativista durante o período de 2005-6, seguida de uma fase de diversificação e fragmentação a partir daí. A autora relaciona o surgimento da blogosfera egípcia com o início do movimento secular pró-democracia em meados da década de 2000, parte do qual é conhecido como *Kifaya,* e a fase de diversificação com o desaparecimento deste movimento, juntamente com a entrada de novos grupos em linha, incluindo jovens membros da Irmandade

Muçulmana.

> O projeto Mapping the Arabic Blogosphere (2009) considerou a política e a religião como temas importantes. O estudo exaustivo identificou uma base de 35.000 blogues na região, criou um mapa de rede de 6.000 deles e codificou manualmente 4.000. Com esta base empírica sólida, o estudo observou que a blogosfera árabe está predominantemente organizada em torno de países, sendo as blogosferas egípcia e kuwaitiana duas das maiores. Dentro destas esferas específicas de cada país, identificam vários subgrupos, que no Egito estão em parte relacionados com a orientação ideológica.

> O caso ou o domínio abrangido em cada estudo varia muito, uma vez que alguns procuram cobrir a revolução egípcia enquanto tal, enquanto outros se centram em sítios ou amostras específicas, o que tem implicações no nível de pormenores que podem ser fornecidos.

> Em termos de abordagens teóricas ao material, são utilizadas diferentes fontes, incluindo a teoria dos movimentos sociais, a teoria da difusão e a teoria da mobilização de recursos. No entanto, o quadro dominante é, de longe, o da esfera pública. Até certo ponto, este debate produziu duas linhas de investigação. Alguns estudos analisam determinados sítios, locais, campanhas, etc., e discutem as suas conclusões no quadro da esfera pública. Outros estudos são mais puramente teóricos e estão frequentemente preocupados com as caraterísticas estruturais da própria Internet, particularmente com o advento da Web 2.0, e com o facto de as condições

proporcionadas encorajarem e/ou terem ou não estabelecido uma ou mais esferas públicas num sentido mais ou menos Habermasiano. Papacharissi afirma que "[a] investigação sobre o potencial político da Internet é frequentemente arrebatada pelas dualidades do determinismo, utópico e distópico". '

O ano de 2013 foi um ponto de viragem. Antes e depois dos acontecimentos de 30 de junho, muitas vozes acreditavam que se tratava de uma indicação de que "as redes sociais vieram para ficar". Poucos meses depois, as perspectivas mudaram completamente.

[th]Uma notícia intitulada "Facebook e Twitter: a República da Realidade Confusa" abordava o desaparecimento de muitas vozes das redes sociais desde o verão de 2013, tanto de revolucionários individuais como de figuras públicas políticas e páginas oficiais que marcaram um ponto central antes e depois da revolução de 25 de janeiro. O relatório cita o administrador de uma dessas páginas dizendo: *"é confuso, tudo é confuso, ninguém confia em ninguém, e desconfiar é a regra básica agora nas* redes *sociais".* Outros disseram: *"Enganámo-nos no Facebook, temos de ter equilíbrio". Já não estamos unidos, estamos dispersos em dezenas de pedaços; todas as manhãs há novas notícias, estamos a falar sozinhos e a questionar-nos, estamos a girar".* Havia uma sensação de cansaço devido à pressão social e política; um fluxo ininterrupto de notícias, acontecimentos e decisões chocantes e inesperadas, juntamente com *"figuras públicas silenciosas que estão confusas e são incapazes de decidir o que está errado e o que está certo". '*

O relatório refere que as redes sociais foram utilizadas para a comunicação entre os membros da Irmandade Muçulmana e os seus líderes, especialmente após as revoltas de 30 de junho, citando o livro "150 dias da História do Egito", do antigo ministro da Informação, Osama Haikal, que menciona que as redes sociais desempenharam um papel crucial no "fomento" dos acontecimentos.

Os utilizadores das redes sociais dividiram-se em dois grupos: os silenciosos e os comentadores; e estes últimos dividiram-se entre os que publicam nas suas próprias contas e os que interagem nas contas e páginas dos outros, sendo a maior parte do conteúdo cínico e abusivo. As pessoas deixaram de participar em temas políticos e religiosos e passaram a fugir para o entretenimento e os jogos em linha.

Os debates políticos estavam em constante mudança e as opiniões das pessoas mudavam paralelamente. Era como assistir a um jogo diário, em que todos os dias jogavam duas equipas diferentes. Depois, surgiu a expressão "células adormecidas" e aqueles que diziam ter mudado de opinião 180 graus depois de terem descoberto a conspiração contra a polícia e o exército egípcios, e houve uma rejeição total a quem criticasse a polícia ou o exército.

Um relatório sobre os direitos humanos (2014) referia que o Ministério do Interior egípcio tencionava adotar leis para regulamentar as plataformas de redes sociais. O relatório baseia-se na publicação da brochura das condições de um concurso para a criação de um projeto de monitorização dos riscos de segurança, em que a declaração do Ministério do Interior descrevia a medida como incluindo todas as plataformas de redes sociais que entram na "era mais brilhante da democracia". A declaração dizia que o ministério tencionava realizar medidas de busca alargadas de modo a detetar tudo o que viole a lei ou espalhe ideias destrutivas que causem caos e sedição, desestabilizando famílias e crianças.

O relatório critica o facto de o ministério ter publicado diretamente o seu plano sem o apresentar previamente ao Parlamento, de modo a respeitar as leis e a Constituição, e de o ministério não se ter preocupado em manter um diálogo social sobre esta ideia, nem em justificar aos utilizadores cuja privacidade está ameaçada, uma vez que a segurança nacional e os crimes electrónicos de terrorismo não devem estar em contradição com os direitos dos cidadãos à privacidade (referindo-se ao artigo 57.º da Constituição egípcia).

O relatório também criticou a linguagem utilizada para justificar os procedimentos, centrando-se nos aspectos negativos das redes sociais, como se esses crimes, caso sejam cometidos, não fossem já criminalizados por lei fora da Internet e não houvesse necessidade de medidas específicas. Além disso, o relatório abordou o que é descrito como "termos vagos" utilizados para descrever os actos visados: pilares da sociedade egípcia, ideias destrutivas, violações da moral pública, cinismo feroz.

O relatório refere que o ministério não se limitou a combater o terrorismo, mas a dirigir-se à opinião pública e a orientá-la através do software que permite publicar conteúdos (texto, fotografias, vídeo,...) em várias plataformas em simultâneo, e a capacidade de apresentar as mensagens dos utilizadores no ecrã como uma linha de tempo; incluindo as mensagens de todos; o que, segundo o relatório, faz com que qualquer pessoa seja suspeita até prova em contrário.

Para sair deste impasse, as recomendações requerem basicamente uma mudança na mentalidade oficial; [th](1) reenquadrar a revolução de 25 de janeiro como uma conquista positiva que conduziu a realizações nacionais e alterar os conceitos errados, como a estereotipização das mulheres egípcias e o combate à corrupção e à violência, (2) incentivar a sociedade civil a aumentar a sensibilização para a utilização das redes sociais, afirmando o direito à comunicação no âmbito de um quadro jurídico que proteja a reputação e a privacidade dos indivíduos, e (3) o importante papel desempenhado pelas plataformas das redes sociais no acompanhamento do desempenho público do governo, do parlamento e dos organismos estatais, permitindo a auto-correção, especialmente no atual clima político, de segurança e social pouco claro. Isto para além do (4) código de ética.

Durante mais de um ano, Matthew Hindman, Nathaniel Lubin e Trevor Davis (2022) analisaram um novo conjunto de dados maciços que foram concebidos para estudar o comportamento do público nas 500 páginas americanas do Facebook que obtêm o maior envolvimento dos utilizadores. No total, foram observados 52 milhões de utilizadores activos nestas páginas e grupos públicos dos EUA, menos de um quarto da alegada base de utilizadores do Facebook no país. O 1% das contas mais importantes foi responsável por 35% de todas as interações observadas; os 3% mais importantes foram responsáveis por 52%. Muitos utilizadores, ao que parece, raramente, ou nunca, interagem com grupos ou páginas públicas.

Este estudo tem sido repetidamente referido no âmbito da argumentação que acusa as empresas de redes sociais de falta de transparência e de serem responsáveis pela diminuição da qualidade do discurso público, e que revela a importância de capacitar os utilizadores para combater o ódio e a desinformação. A sua investigação visa compreender melhor esses utilizadores, o tipo de conteúdo que partilham e a forma como o Facebook responde.

Concluiu que, antes da mudança legislativa, as empresas de redes sociais têm de criar uma experiência segura para os utilizadores nas suas plataformas; devem assumir a responsabilidade pelo desenvolvimento de técnicas automatizadas para identificar esse tipo de conteúdos publicados nas suas plataformas. Devem utilizar a tecnologia para garantir que os conteúdos intimidatórios sejam retirados o mais rapidamente possível. As principais indicações são: (1) Os utilizadores do Facebook seguem uma escala consistente de envolvimento. Os utilizadores com pouca atividade pública fazem, na sua esmagadora maioria, apenas uma coisa: gostam de um ou dois posts numa das páginas mais populares. À medida que a atividade aumenta, os utilizadores realizam mais tipos de envolvimento público - adicionando partilhas, reacções e depois comentários - e espalham-se para além das páginas e grupos mais populares. (2) Então, quem são estas pessoas? Estes utilizadores de topo são brancos, mais velhos e - especialmente entre os utilizadores abusivos - do sexo masculino. Os utilizadores com menos de 30 anos estão praticamente ausentes. (3) Como se comportam? Os comentários racistas, sexistas, anti-semitas e anti-imigrantes, os xingamentos e a linguagem desumanizante sobre figuras políticas foram generalizados. Para além da torrente de mensagens infames, dezenas de utilizadores de topo comportaram-se como spam. (4) Os dados não revelam a existência de contas de bots ou não-humanas em grande escala e os comentários são tradicionalmente a atividade mais difícil de falsificar em grande escala. No entanto, a análise revelou muitas contas que copiam e colam comentários idênticos em muitos posts de páginas diferentes. Outras contas publicaram links repetidos para os mesmos vídeos de desinformação ou sites de notícias falsas. (5) A mistura tóxica de desinformação e ódio culminou em fantasias sobre violência política. Muitos queriam atirar, atropelar, enforcar, queimar ou explodir manifestantes do Black Lives Matter, "ilegais" ou membros democratas do Congresso. (6) Estes comentários perturbadores não eram apenas conversa fiada; muitos dos que foram indiciados por participarem no ataque de 6 de janeiro ao Capitólio dos EUA. (7) A atividade do Facebook (quase 2,9 mil milhões de utilizadores mensais activos) revelou-se muito mais concentrada do que a maioria imagina. A análise mostra que a atividade pública se concentra num conjunto muito mais restrito de páginas e grupos, frequentados por uma fatia muito mais pequena de utilizadores; apenas três páginas geram dezenas de milhões de interações por mês; trata-se de um padrão em que todos ganham, como o domínio de alguns livros mais vendidos. (8) Os grupos públicos diferem das páginas em vários aspectos; as páginas representam normalmente organizações ou figuras públicas e só os administradores podem publicar conteúdos nelas, ao passo que os grupos são como os antigos fóruns da Internet, onde qualquer utilizador pode publicar. Assim, os grupos tendem a ter um volume muito maior de publicações, mais comentários e menos gostos e partilhas. (9) A desinformação e a propaganda são, no entanto, consideradas sintomas de problemas estruturais mais profundos nos ambientes sociais e mediáticos. Em vez de visar os conteúdos, os decisores políticos devem identificar e abordar as vulnerabilidades que as narrativas iliberais exploram. Os investigadores centram-se no reforço da resiliência democrática e na adaptação da política dos meios de comunicação social;

É aconselhável criar um pacote sobre a forma de melhorar a relação entre os cidadãos e o Estado ou os decisores, principalmente através da boa governação, da transparência e da integridade, bem como do diálogo social, abordando as necessidades realistas da sociedade. A investigação mostra que, para que as informações falsas sejam efetivamente contestadas no cérebro humano, têm de ser substituídas por uma narrativa alternativa.

Na sua investigação qualitativa com 40 jovens activistas egípcios (25 homens e 15 mulheres com idades compreendidas entre os 18 e os 35 anos do Cairo), Vivienne Matthies-Boon (2017) argumenta que o seu enfoque no ativismo dos jovens não se deve ao facto de a revolução de 25 de janeiro ter sido exclusivamente um movimento juvenil, mas sim ao facto de, na sociedade hierarquicamente estruturada do Egito, a destruição das suas esperanças e aspirações ter sido marginalizada dos debates políticos internos. **Esforços das empresas tecnológicas**

É necessário definir o que se entende por "controlo, monitorização, vigilância, censura", por um lado, e clarificar a diferença entre eles e "inteligência, rastreio e seleção de alvos", por outro. Além disso, como se afirma na literatura, é necessário determinar claramente os seus mecanismos para evitar que estes procedimentos variados se transformem em instrumentos de opressão a pretexto da segurança e da estabilidade.

Os termos "controlar, monitorizar, vigiar" e os seus sinónimos estão associados a agências governamentais e de segurança, no entanto, existem muitos níveis de vigilância; em primeiro lugar, a administração de cada plataforma, em segundo lugar, os próprios utilizadores que podem denunciar conteúdos ofensivos específicos que violem qualquer uma das políticas e diretrizes da plataforma (principalmente os Termos do Utilizador que são obrigatoriamente aprovados com antecedência) e, em seguida, as partes externas, tanto estatais como independentes, por diversas razões sociais, políticas, económicas e de segurança.

Estes termos diferem de uma plataforma/aplicação para outra, mas concordam que a plataforma tem o direito de rejeitar ou remover qualquer conteúdo ou conta de utilizador sem aviso prévio se este violar uma das suas políticas e orientações. As empresas de redes sociais têm de estar no centro de qualquer esforço para atenuar os problemas relacionados com os conteúdos, em parte porque só elas têm acesso em tempo real ao material que aparece nas suas plataformas e a capacidade de identificar rapidamente e depois remover os conteúdos nocivos.

O debate sobre a autorregulação das empresas, no entanto, centra-se na parcialidade política. Nos EUA, 70 grupos de vigilância dos direitos humanos anunciaram (2016) que o Facebook está a censurar conteúdos que documentam abusos da polícia, tendo a administração argumentado que se tratava de conteúdos "violentos". Provavelmente, o YouTube (2015) removeu o canal oficial do grupo palestiniano Hamas na sequência de um pedido do Ministério dos Negócios Estrangeiros israelita. O Twitter (2016) bloqueou a conta oficial do porta-voz das Brigadas Al-Qassam.

O Facebook também bloqueou 90 páginas associadas à Resistência Palestiniana em 2017. Em 2012, o Twitter anunciou que a plataforma poderia remover conteúdos se a legislação de um país assim o exigisse. O Facebook anunciou em 2019 que um terceiro seria responsável pelo controlo dos conteúdos, abrindo a porta à censura prévia e instantânea.

Os analistas consideram que se trata de um passo para aceder ao mercado chinês, bloqueado desde 2009, o que traz um enorme mercado de publicidade e lucros. Além disso, as instituições internacionais e locais têm departamentos dedicados, responsáveis pelo acompanhamento e análise das tendências e atitudes que afectam as suas actividades, bem como a sua imagem e reputação, através de feedbacks e comentários que dependem do software que os defensores dos direitos humanos utilizam para abordar os abusos e violações dos direitos de privacidade dos utilizadores. Estas são acções de acompanhamento e análise justificadas.

No entanto, a vigilância do governo é controversa, uma vez que existem questões relativas à sua legalidade e regras, especialmente no que diz respeito ao software que recolhe dados pessoais sem mandatos e que é abrangido pela vigilância ilegal:

(1) Criação de observatórios e unidades de controlo para acompanhar o conteúdo, responder a rumores e combater o extremismo.

(2) Para além dos esforços humanos, muitas instituições dependem da extração de dados das redes sociais e dos motores de análise de texto para obter indicadores instantâneos.

E, embora seja aceitável analisar o conteúdo público, os grupos de vigilância dos direitos humanos relataram que gastar milhões de dólares em tecnologias de monitorização das redes sociais para seguir, documentar e arquivar os dados de milhões de utilizadores é suspeito. Além disso, houve casos de violações em que estas tecnologias foram utilizadas para seguir a atividade em linha de activistas proeminentes em movimentos específicos.

(3) Acordos entre governos e empresas de redes sociais que permitem ao Estado aceder aos dados pessoais dos utilizadores destas plataformas através de legislação. Nos EUA, a lei é mais específica: Combat Terrorist Use of Social Media Act (dezembro de 2015).

(4) Os pedidos de divulgação de dados apresentados por órgãos executivos com base em decisões judiciais por motivos criminais e de segurança, e os relatórios de transparência emitidos pelas plataformas de redes sociais indicam o número e o país que apresentou esses pedidos, quer de acesso aos dados quer de remoção de conteúdos.

(5) Denunciar conteúdos; esta funcionalidade destina-se principalmente aos utilizadores, mas os relatórios revelaram que os governos a utilizam para bloquear/remover os conteúdos dos opositores, dependendo do software ou do que é conhecido como "comités electrónicos".

(6) Software de vigilância que viola os direitos pessoais e é um escândalo quando se prova que um governo ou uma administração política comprou esse software (exemplos: PRISM nos EUA e Tempora no Reino Unido e a empresa Hacking Team).

(7) Bloqueio parcial e total dos sítios Web. Além disso, existe o bloqueio temporário durante/após determinadas ocasiões/eventos.

Nos Estados Unidos, está provado que os extremistas fazem parte de uma elite hiper-influente que produz mais gostos, partilhas, reacções, comentários e publicações do que a maioria dos utilizadores do Facebook (as páginas de topo provêm de cerca de 700 000 utilizadores dos mais de 230 milhões de utilizadores americanos). Portanto, não se trata apenas de trolls marginais ou de uma distração do que realmente importa na plataforma. Esses superutilizadores são uma classe anteriormente não registada que influencia grandemente quais as mensagens que são vistas em primeiro lugar e quais as que nunca são vistas nas linhas de tempo dos outros, e que é descrita como "veto de utilizadores hiperactivos".

A investigação afirma que o algoritmo do Facebook é a razão por trás desse domínio. O conjunto de documentos internos de Frances Haugen, antiga engenheira de dados do Facebook, dizia respeito ao funcionamento interno do algoritmo principal do Facebook, denominado "Meaningful Social Interaction (MSI)", introduzido pelo Facebook em 2018, quando este se confrontava com o declínio do envolvimento na sua plataforma. O algoritmo classifica as publicações atribuindo pontos a diferentes interações públicas; um "gosto" valia um ponto; as reacções e as partilhas valiam cinco pontos; os comentários "não significativos" valiam 15 pontos; e os comentários ou mensagens "significativos" valiam 30. Esta métrica dá mais peso a comportamentos menos frequentes, como os comentários, e assim dá poder a um conjunto ainda mais pequeno de utilizadores.

A resposta oficial do Facebook afirma a incapacidade da empresa para comentar "uma investigação que não vimos", descrevendo as partes que foram partilhadas com eles como "imprecisas e parecem não compreender fundamentalmente como funciona o News Feed". A resposta explica que 'a classificação é otimizada para o que prevemos que cada pessoa deseja ver, não o que os usuários mais ativos fazem', acrescentando que, no outono de 2020, a empresa fez uma mudança permanente reduzindo o peso de 'raiva' que posteriormente reduziu o discurso de ódio e desinformação na plataforma.

No entanto, os investigadores comentaram que "enquanto o envolvimento dos utilizadores continuar a ser o ingrediente mais importante na forma como o Facebook recomenda os conteúdos, continuará a dar a maior influência à mesma fatia ultra-estreita e largamente odiosa de utilizadores", afirmando que "as coisas são muito piores fora dos EUA, uma vez que não existem esforços de moderação ativa semelhantes".

'A pérola perene do conteúdo'

Os especialistas em marketing nas redes sociais afirmam que as plataformas das redes sociais permitem um acesso fácil à informação e à informação enganosa, bem como uma divulgação em grande escala, pelo que o impacto das redes sociais irá aumentar e assistir-se-á a mais interações, tanto negativas como positivas, no futuro.

Uma das questões fundamentais é a avaliação dos sítios de redes sociais à luz das normas profissionais dos meios de comunicação social. Este é o argumento mais forte repetido para diminuir a credibilidade dos sítios de redes sociais como fonte de notícias e instrumento de democracia ou opinião pública. Isto para enfraquecer qualquer um dos seus resultados. Da digitalização dos media tradicionais às plataformas sociais orientadas para os media, o mundo ocidental partiu da democratização do digital para a digitalização da democracia. Agora, este é um desafio a ser considerado para formar novos sistemas sociais e políticos.

Que métricas poderiam medir a ponderação, a cordialidade, a harmonia ou o valor das ideias que emergem de uma conversa? Poderão as métricas do jornalismo ser aplicadas às plataformas de redes sociais? É frequentemente referido o problema das métricas de vaidade; métodos que fazem com que os criadores de produtos se sintam bem (ou que os façam parecer bem aos financiadores), mas que, em última análise, não conduzem a produtos espectaculares. Por exemplo, o sucesso de um artigo é medido através da contagem do número de vezes que uma página é carregada - argumenta-se que as visualizações de páginas são uma métrica de vaidade.

Existem métricas melhores; as de mais longo prazo, como o "Tempo de envolvimento" (a atenção de um leitor, medida por factores como o deslocamento e o realce); e "Leitores e leitores que regressam" (número de leitores que voltam ao conteúdo e o tempo de envolvimento ao longo das sessões). Estas métricas podem ainda induzir o observador em erro, uma vez que um produto de media digital pode ter um tempo de envolvimento elevado porque é viciante e não necessariamente porque as pessoas retiram dele um valor profundo e a longo prazo.

Lydia Laurenson (2017) afirmou que "não existe um New York Times das redes sociais" e apelou a um futuro em que as plataformas das redes sociais sejam construídas em torno da qualidade e não da escala. As abordagens mais comuns são a especialização em informação de alta qualidade ou a especialização em relações emocionais profundas. Laurenson explicou que uma plataforma de redes sociais de alta qualidade é uma plataforma "mais quente" ou "mais vulnerável" para o utilizador, uma plataforma "luxuosa" ou "intelectual", ou o equivalente social de uma publicação comercial.

O desafio, como Laurenson esclareceu, não é a procura do mercado, mas sim as métricas e o modelo de negócio; uma vez que a qualidade é difícil de medir e que, para procurar a qualidade, uma empresa terá certamente dificuldades em termos de escala; *"mas talvez a escala, neste caso, não seja a criação de uma plataforma enorme, do tamanho do Facebook; talvez seja a proliferação de plataformas mais pequenas e de nicho*

Os meios de comunicação tradicionais têm de reconsiderar a sua relação com a sociedade e a autoridade, de modo a prepararem-se para o futuro: é necessária uma nova compreensão do jornalismo. É necessária uma nova estrutura intelectual e cultural para o jornalismo enquanto profissão. Os jornalistas têm de examinar o fenómeno social complexo e interligado que está em constante interação com os actores sociais: a opinião pública, os decisores políticos, os líderes de opinião, a tecnologia e o dinheiro. Trata-se de uma nova abordagem que liberta o indivíduo do domínio dos meios de comunicação tradicionais.

De uma perspetiva técnica, um novo relatório do National Democratic Institute (NDI) - Influenciando a Internet: Democratizing the Politics that Shape Internet Governance Norms and Standards (2022) - explora as barreiras que impedem as organizações e os indivíduos do Sul Global de participarem de forma significativa no desenvolvimento de normas, políticas e padrões da Internet. O relatório apresenta recomendações para doadores, agências de desenvolvimento, governos, activistas, organizações da sociedade civil, instituições de governação da Internet e o sector privado para melhorar a coordenação e fazer progressos significativos no sentido de processos mais inclusivos.

Os tecnólogos debatem frequentemente os procedimentos de "redução do ruído". É esmagador procurar uma pérola perene de conteúdo misturada com centenas de tweets/posts; "Sigo 882 contas no Twitter que, em conjunto, produziram 92 tweets nos últimos 10 minutos. Todos partilham coisas que os apaixonam. No entanto, nenhuma delas *é muito interessante 10 minutos depois."* (Sarah Kesseler, 2015)

O futuro caminha no sentido de encorajar os utilizadores a verem o ato de partilhar como algo valioso; uma estratégia é limitar os utilizadores a colocarem uma ligação por dia. Outra forma de pensar na redução do ruído é forçar os utilizadores a candidatarem-se à rede ou a concentrarem-se em material especializado.

A Quibb, por exemplo, exige que os utilizadores se inscrevam e apresenta-se como "uma rede profissional para partilhar notícias e análises do sector" no âmbito da indústria tecnológica. Em alternativa, existe a rede de nicho para a comunidade de criadores; argumenta-se que se os utilizadores pagam uma taxa de subscrição para apoiar uma rede, então esta é claramente valiosa para eles. É de notar que isto é diferente da estrutura da esfera pública.

No seu artigo intitulado "How New Social Networks Plan to Shrink the Internet to One Meaningful Story per Day? Kessler (2015) refere-se a duas novas redes sociais (por enquanto, ambas são apenas para convidados) que permitem aos utilizadores publicar apenas uma vez por dia. (1) This; uma aplicação para iPhone (cujo nome se deve à abreviatura na Internet para *"ler isto")* cujo fundador, Andrew Golis, diz ter registado cerca de 10 000 utilizadores desde o seu lançamento em novembro de 2014. (2) Uma start-up, <u>Catchpool,</u> é um sítio independente e fragmentado. A sua fundadora, Erica Berger, diz que alguns milhares de pessoas se inscreveram na versão beta lançada em maio de 2014. Ambos os produtos são, por enquanto, apenas para convidados.

As duas aplicações, This e Catchpool, nas palavras de Kessler, funcionam de forma muito semelhante ao Twitter; os utilizadores podem seguir pessoas e organizações que lhes interessam e, depois disso, os seguidores desses utilizadores aparecem nos seus feeds de notícias. No This, um utilizador pode até "Rethis" algo, como um retweet. No entanto, a diferença é que as duas aplicações estão a adotar precisamente a abordagem oposta, enviando o utilizador para os sites dos editores em vez de passar o tempo todo dentro da aplicação.

Outro argumento técnico é que as caraterísticas das redes sociais foram introduzidas "sem considerar o tipo de impacto que poderiam ter nas pessoas marginalizadas", como descreve Bailey Poland, autora de "Haters: Harassment, Abuse, and Violence Online". As soluções sugeridas são: (1) pensar nas formas como os recursos podem ser abusados, (2) diversificar a força de trabalho para ajudá-la a ver novos recursos através de uma gama mais ampla de perspectivas e (3) convidar pessoas de diversas origens, tanto em termos de identidades quanto de profissões, para aprender como seu produto afeta diferentes comunidades. (Lauren Feiner, 2019)

Do ponto de vista político, os regimes aperceberam-se do "poder" das plataformas de redes sociais e, consequentemente, começaram a aplicar técnicas variadas de controlo, quer legislativas, quer de autocontrolo da sociedade. Para que as redes sociais sejam eficazes na mudança política e social, os analistas sugerem que o primeiro passo é um consenso. No entanto, é difícil formar uma ação política unificada que contribua para uma verdadeira mudança no terreno.

O futuro não depende, portanto, da ferramenta em si, nem das funcionalidades, nem dos avanços técnicos, mas está diretamente ligado ao contexto real em que esta ferramenta é utilizada e à forma como os utilizadores a utilizam, bem como à criação de um conteúdo mais profundo e evolutivo.

Em geral, os analistas de segurança e os decisores políticos apelam aos governos para que apresentem legislação que transfira a responsabilidade pelos conteúdos ilegais em linha para as empresas de redes sociais. Especificamente durante as eleições, recomenda-se que os governos trabalhem com as empresas de redes sociais e criem um organismo independente, uma equipa de denúncia de conteúdos ilegais, odiosos e intimidatórios nas redes sociais, denominada "sinalizador de confiança". Para além de melhorar a qualidade geral da esfera pública através da colaboração interpartidária para desenvolver um código de conduta conjunto que garanta a contestação de maus comportamentos e exija um tom adequado, tanto offline como online, por parte da liderança e dos membros.

No Egito, um debate semelhante exprime a necessidade de implementar determinados pré-requisitos antes de abrir a esfera pública. Deveria haver regras legais para a regular e organizar; não apenas administrativas ou processuais, mas principalmente os acordos profissionais e políticos que a regem, até mesmo as linhas vermelhas, sobre as quais as elites e as diversas forças políticas serão integradas. Apenas o terrorismo e as questões de segurança nacional são discutidos por peritos com os decisores políticos, todas as outras questões têm de ser discutidas publicamente. Os debates públicos não são um luxo ou uma "maquilhagem" na face do regime político; são antes o caminho para a estabilidade, na medida em que os cidadãos se sentem parceiros e têm um impacto, mesmo nas questões e problemas locais, para garantir uma transformação gradual e organizada no sentido da construção de um Estado de direito. Isto permitirá que, num futuro próximo, as pessoas participem na discussão das grandes questões e votem nos seus representantes. Só então poderemos dizer que o Egito deu passos efectivos no sentido de um processo de reforma política inclusivo e de uma transição segura para a construção de um Estado de direito.

O atual regime egípcio tem-se preocupado com o apoio dos meios de comunicação social. Desde 2014, tem havido críticas diretas e ameaças tácitas contra jornalistas, para além de tentativas de incitar os egípcios contra os meios de comunicação social. O presidente egípcio descreveu[i] *Gamal Abdel Nasser* como afortunado por ter recebido apoio de uma mídia voltada para a mobilização pública, e disse claramente: *"Não ouçam o que os outros dizem, ouçam-me a mim [...] Os media não percebem nada [...] Quem quiser saber, que venha ter comigo. Volto a dizer, eu - sozinho".*

Mesmo quando os independentes e os opositores lutavam para sobreviver em linha e no exílio, havia vozes esperançosas de que a Internet, juntamente com outros ingredientes essenciais - meios de comunicação social críticos, uma sociedade civil verdadeiramente vibrante e um satélite de oposição crescente e popular -, pudesse oferecer uma nova oportunidade para um progresso significativo, uma vez que são "iantibodies para o colapso da democracia", desde que a nova autoridade não repita os erros do passado. (Azzurra Meringolo, 2015; Sherif Mansour, 2015)

Figura 2: Interação das forças motrizes

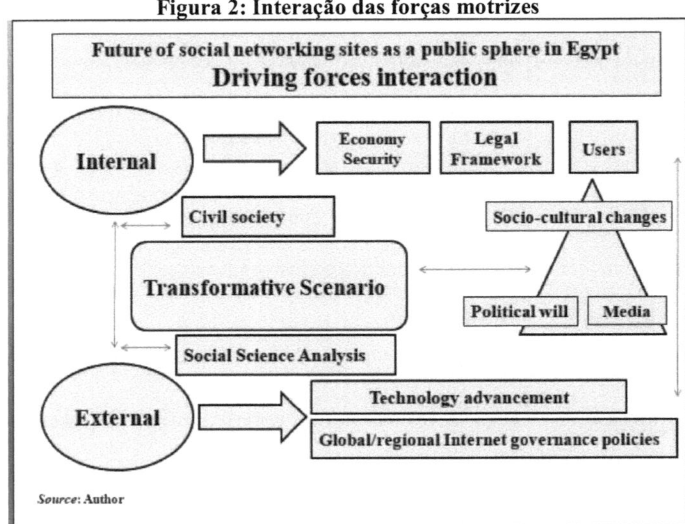

Cenário da Segunda Camada: Ocupar o Ciberespaço

O Centro Mossavar-Rahmani para Negócios e Governo da Universidade de Haravard publicou um relatório (2021) intitulado "Recommendations to Biden Administration: On Regulating Disinformation and Other Harmful Content on Social Media" (sobre a regulamentação da desinformação e de outros conteúdos nocivos nas redes sociais). O relatório recomenda que se concentre em seis áreas: (1) criação de normas de conduta da indústria e de uma nova infraestrutura regulamentar para a supervisão da indústria dos meios de comunicação social e, mais amplamente, da Internet comercial; (2) alteração da Secção 230 da Lei da

Decência das Comunicações para incentivar uma moderação mais vigorosa dos conteúdos; (3) medidas que a Administração Biden pode tomar utilizando a sua autoridade executiva independente existente; (4) promulgação de novos incentivos financeiros, tais como multas, para encorajar reformas desejáveis; (5) adoção de uma versão alargada da Lei dos Anúncios Honestos anteriormente introduzida; e (6) apoio a notícias locais credíveis como contrapeso à desinformação. (Caroline Atkinson, Dipayan Ghosh, Michael Posner, et al, 2021)

O futuro pode ser descrito como um contexto em que não há acesso à informação, falta de confiança nas instituições oficiais e nos meios de comunicação social tradicionais, leis que impedem decisões reais e com impacto e o politicamente correto a par do julgamento social. Além disso, os utilizadores activos das redes sociais aperceberam-se de que o preço é demasiado elevado e que é cada vez menos preferível exprimir a sua opinião através das redes sociais. Esta situação está a abrandar a democracia, uma vez que se trata de um processo de aprendizagem.

A mudança de direção exige o reforço da esfera pública em termos de qualidade dos debates e de cumprimento de um código de ética, para além de dar prioridade aos debates relacionados com os canais de ligação entre as pessoas e a autoridade, a privacidade e a liberdade de expressão, a regulamentação digital e os direitos humanos, a pressão económica em relação à violência social, a construção de pontes e a diversidade.

Neste cenário, a supressão contínua da esfera pública, com a instabilidade e a agitação políticas contínuas, a convulsão social e a deterioração das circunstâncias económicas, levará as vozes dissidentes, os indivíduos e os grupos, a dependerem da única ferramenta disponível e comprovadamente eficiente para a mobilização e a sensibilização: as plataformas de redes sociais. As redes sociais tornar-se-ão ainda mais centrais no discurso público. Uma maior percentagem da população considerará os sítios de redes sociais como a sua principal fonte de informação e de formação de comunidades.

O governo poderá introduzir novos regulamentos e leis para regular a utilização das redes sociais, o que poderá ter impacto na liberdade de expressão e no ativismo em linha. Os meios de comunicação social continuarão a ser parte integrante do ativismo no Egito e evoluirão provavelmente para satisfazer as necessidades em mudança da sociedade.

Os desenvolvimentos tecnológicos, como a inteligência artificial (IA), a realidade virtual e a realidade aumentada, transformariam a esfera pública virtual; para personalizar os feeds de notícias dos utilizadores e oferecer novas vias para o envolvimento imersivo com questões públicas, como "protestos virtuais" ou organização comunitária, para além de proporcionar espaços descentralizados que são mais difíceis de controlar; como as redes sociais baseadas em cadeias de blocos.

A duplicidade de critérios dos utilizadores e os comportamentos intolerantes e incivilizados diários levarão a aceitar o discurso de ódio, a acusação de traição e a justificação da punição colectiva que domina a opinião pública no Egito, a par do estado de guerra: *"ou apoias ou ficas calado".* '

Em geral, esta camada revela que os factores-chave são (1) Devem ser feitos esforços para garantir maior liberdade de expressão e acesso à informação. (2)

Contestar as leis e políticas que restringem o discurso em linha. (3) Adoção de medidas para aumentar a penetração da Internet e o acesso à tecnologia. (4) Programas de literacia digital; ética, verificação dos factos e proteção da privacidade pessoal. (5) Indivíduos e organizações que promovam a utilização responsável das redes sociais, incentivando o discurso civil nas conversas em linha. (6) As empresas de redes sociais devem tomar medidas para melhorar as suas plataformas; melhorar as políticas de privacidade e reduzir a propagação de notícias falsas e desinformação. (7) Reforçar os meios de comunicação tradicionais. (8) As respostas rápidas das páginas oficiais das diferentes instituições para combater os rumores. (9) O lançamento de campanhas sociais que dependem de influenciadores para sensibilizar o público. (10) Dotar as autoridades de segurança dos conhecimentos técnicos necessários, nomeadamente através de mecanismos de cooperação internacional. (11) Realizar mais investigação académica sobre os impactos das plataformas de redes sociais nos indivíduos e nas sociedades.

Para obter os resultados desejados de tais planos e estratégias (como os programas de literacia mediática nas escolas), trata-se de um processo a longo prazo; por isso, para uma solução a curto prazo, a fim de incentivar a participação do público, é necessário oferecer outras alternativas: oportunidades de participação política nas universidades e partidos políticos activos, capacitação da sociedade civil, autorização de protestos pacíficos e de eventos culturais e sociais na esfera pública, objetividade e independência dos meios de comunicação social, cumprimento da lei (sem interferência política).

Haverá um renascimento da esfera pública virtual; é provável que continue a servir como uma ferramenta poderosa para os cidadãos exprimirem as suas opiniões e participarem no debate público: serão discutidas cada vez mais questões, as opiniões e as informações serão amplamente partilhadas, bem como servirá de catalisador para as pessoas se unirem e exigirem mudanças políticas e sociais, continuará a ser um espaço vital para a responsabilização política e para capacitar a sociedade civil e os grupos a desafiarem o governo e as elites políticas. No entanto, verificar-se-á que a medida em que estas plataformas podem funcionar como uma esfera pública é limitada, uma vez que o acesso é limitado devido a barreiras linguísticas, restrições governamentais e censura, entre outros factores.

O governo do Egito continuará, a um ritmo crescente, a controlar, vigiar e censurar estas plataformas; poderá limitar o acesso a certos sítios de redes sociais ou mesmo encerrá-los completamente em períodos de agitação política, o que levará a uma diminuição da "legitimidade percebida" das redes sociais como plataforma de discurso público. Esta situação pode levar a uma mudança para alternativas ou comunidades em linha "fechadas ou de nicho", fazendo com que a utilização das redes sociais se torne mais fragmentada.

A esfera pública alternativa refere-se a espaços onde os indivíduos podem partilhar as suas perspectivas e participar em conversas críticas fora dos meios de comunicação social tradicionais.

Alguns exemplos de esfera pública alternativa incluem plataformas de redes sociais, estações de rádio comunitárias, redes de podcasts e meios de jornalismo independentes.

As pessoas utilizam estes espaços para desafiar as narrativas dominantes, elevar as vozes marginalizadas e participar em debates sobre questões sociais. As esferas públicas alternativas tornaram-se cada vez mais importantes na era dos media digitais, onde as notícias e a informação podem ser facilmente manipuladas ou distorcidas.

As alternativas que podem suplementar e complementar os meios de comunicação social como esfera pública incluem: eventos artísticos e culturais, partidos e associações políticas, organizações não governamentais (ONG), instituições académicas: Universidades e centros de investigação, espaços públicos, como parques e cafés, instituições religiosas e fóruns e blogues em linha são menos restritos e dão mais liberdade às pessoas para expressarem as suas opiniões e participarem em debates, grupos comunitários e, por último, organizações e plataformas internacionais.

Algumas plataformas alternativas que ganharam popularidade como esferas públicas no Egito incluem aplicações de mensagens como o WhatsApp e o Telegram, fóruns online como o Reddit e o Quora, bem como redes sociais de nicho como o Minds e o MeWe. Além disso, alguns indivíduos e organizações começaram a organizar transmissões em direto e webinars para debater acontecimentos e questões actuais.

5.3 VISÃO MUNDIAL

A análise na terceira camada, Visão do Mundo/Discurso, envolve o paradigma cognitivo inconsciente que constitui os *pensamentos* sobre a *realidade* reflectidos nos *pressupostos* discursivos dos *debates*, formando as *lentes* através das quais as diferentes partes interessadas moldam a *imagem geral* da questão. A análise explica as construções socioculturais subjacentes à Ladainha e às Causas Sistémicas. Revela a *linguagem* e *as concepções* através da resposta às questões de: Quais são os pressupostos ocultos? Quem são as *partes interessadas?* Quem tem a maioria do *controlo* sobre a questão? Quais são os pontos de vista e as ideologias dominantes dos "poderes" para esta questão? Quais são as "perspectivas" que lhe dão forma?

Os investigadores, neste nível, podem efetuar uma "**meta-análise de fontes secundárias**" para **verificar** os argumentos da análise do discurso de jornais e colunas editoriais. *Os micro-discursos* podem ser identificados sob os *discursos* maiores. A análise representou a *"luta pelo significado",* uma vez que não existe uma sociedade em que se possa identificar apenas um único discurso. Os discursos originais são geralmente limitados e duradouros. (Talebian e Talebian, 2018) **Os "media" nas redes sociais**

Quando os sítios de redes sociais são designados como "meios de comunicação social/novos meios de comunicação social", a análise centra-se principalmente nas plataformas de redes sociais como um cenário moderno desenvolvido para jornais e livros. "É assim que o contra-argumento enquadraria o problema da avaliação das plataformas de redes sociais de acordo com as normas profissionais dos meios de comunicação social. Este é um debate global que continua a comparar os sítios de redes sociais com a arte, a literatura e as paisagens mediáticas ao longo da história humana.

As expectativas são informações e ligações de alta qualidade e as perguntas são suficientemente profundas para desviar a conversa da essência das plataformas de redes sociais como espaços públicos e de livre acesso para utilizadores comuns em todo o mundo. As perguntas dirigem-se a novas formas de sítios e aplicações de redes sociais: Como poderia ser uma plataforma de redes sociais de alta qualidade? Que tal uma plataforma "mais quente" ou "mais vulnerável"? Que tal uma plataforma de "luxo" ou "intelectual"? Que tal uma "rede social para publicações comerciais" - ou uma plataforma que sirva nichos não profissionais mas bem definidos? Qual é o modelo de negócio para qualquer uma das opções acima?

Este problema é redobrado no mundo árabe, onde, como descreve Muhammad Ayish (2003), a comunicação se caracteriza por uma "linguagem e expressões floreadas, de fraseado amplo e hiperbólico", seguindo a regra da "forma sobre o conteúdo", para além de referir o que Mowala (1988) observou: "o jornalismo e a literatura são praticamente sinónimos na maioria dos países do Médio Oriente, e a imprensa é e sempre foi considerada um veículo respeitável para as produções literárias".

Os sítios de redes sociais no domínio da comunicação foram considerados como uma abertura "revolucionária", proporcionando uma poderosa capacidade de influenciar, cooperar e comunicar através dos continentes, sem fronteiras nem controlo, para além da caraterística única da transmissão em direto. Ajudou os meios de comunicação social a tornar os seus conteúdos acessíveis a um público vasto e variado, mas também acabou com o "monopólio" da indústria dos meios de comunicação social. E, mais importante ainda, os sítios de redes sociais "alteraram o cerne da teoria da comunicação" per se.

Se fosse necessário explicar a relação entre os meios de comunicação social e os sítios de redes sociais, esta poderia centrar-se principalmente nos aspectos tecnológicos que facilitam a comunicação. A produção e a distribuição de conteúdos dos meios de comunicação social dependem desta imensa prevalência dos meios de comunicação social para alcançar o crescimento económico de numerosos meios de comunicação social. Não é de estranhar, portanto, que a função mais aparente seja o marketing, a promoção de produtos e a prestação de serviços comerciais a estas empresas, instituições e organizações, as relações públicas, a venda e a melhoria da imagem da empresa/organização. Assim, dentro desta visão do mundo, as definições dos sítios de redes sociais estão limitadas a quatro componentes-chave: a técnica; a utilização e as caraterísticas; os utilizadores; as caraterísticas e as motivações. Os factores únicos dos sítios de redes sociais são descritos como: bases de dados personalizadas e detalhadas, facilidade de utilização, formação de comunidades de novas formas, auto-expressão, universalidade e interatividade, economia de tempo e esforço. Isto deve-se principalmente ao facto de vivermos na chamada *"era das redes e da publicidade"*.

No mundo árabe, os sítios de redes sociais são utilizados como instrumentos eficazes para gerar interesse público, difundir uma cultura de diversidade, promover ideias dissidentes e fomentar as capacidades dos cidadãos e a democracia. Os cidadãos e os movimentos sociais, em particular, procuram cada vez mais meios alternativos para exprimir o seu mal-estar, as suas ideias e as suas opiniões. Assim, as plataformas de redes sociais são utilizadas como uma esfera pública virtual para debater questões sociais, políticas e económicas que são ignoradas, durante décadas, nos principais meios de comunicação social, como a *corrupção, a tortura, a discriminação contra as mulheres, os direitos humanos, as eleições falsas, etc.* Os investigadores olham para além dos critérios de interconectividade e velocidade da Internet e para a "convergência" que melhor esclarece a forma como os utilizadores árabes contornam a sua marginalização nas esferas públicas tradicionais, incluindo os principais meios de comunicação social. Consequentemente, os sítios de redes sociais estão a deslocar *"o poder dos principais meios de comunicação social para as pessoas comuns, permitindo que grupos e indivíduos partilhem os seus pensamentos, ideias e opiniões com um vasto público".* (Rabah, 2013)

Deveria haver, e há, um debate sobre a qualidade do input e output da esfera pública virtual, mas não há, nem haverá, uma competição entre os conteúdos gerados pelos utilizadores e os conteúdos dos meios de comunicação social profissionais; é tão simples quanto isso. Um dos motivos mais fortes por detrás da publicação, da partilha e da criação de uma tendência sobre um assunto é chamar a atenção dos principais meios de comunicação social; é como uma teoria de agenda-setting ao contrário.

Para além disso, há a questão do domínio, do controlo e do poder. Os sítios de redes sociais, enquadrados como o Quinto Poder, são agora colocados numa posição acima do Quarto Poder. É para vigiar o cão de guarda. O facto de o jornalismo estar a ser limitado no desempenho do seu papel de servir e capacitar as pessoas na sua luta contra as autoridades aumentou a dependência da Internet na expansão dos canais disponíveis para a participação pública na tomada de decisões e para que as vozes, exigências e queixas vulneráveis e marginalizadas sejam ouvidas e respondidas.

A "tecnologia da informação" é o fator-chave no atual mercado mundial de opiniões pessoais, experiências, conteúdos audiovisuais e entretenimento informativo. Facilitou, com poucos e rápidos cliques, a troca de informações e opiniões, bem como o livre acesso a bibliotecas e arquivos inteiros, a jornais e revistas de todo o mundo. No entanto, *"este luxo de escolha no meio de uma variedade tão rica foi objeto de uma reação brutal não só por parte dos trolls e dos contrários, mas até dos governos"*. No entanto, a nível mundial, esta batalha pelo poder não é travada entre utilizadores e jornalistas, mas sim entre os proprietários das principais empresas tecnológicas, que desenvolvem e gerem as aplicações e plataformas das redes sociais.

Os tecnólogos estão a pressionar no sentido da descentralização. Manifestaram insatisfação com os "fracos níveis" de soberania dos dados dos utilizadores e de comunicação aberta, e procuram desenvolver alternativas descentralizadas e de fonte aberta. Esta situação está em paralelo com o debate em torno da Secção 230 da Lei da Decência nas Comunicações de 1996. A Secção 230 está a "proteger" a Internet de hoje; protege as plataformas da "responsabilidade" pelo conteúdo gerado pelo utilizador e da auto-moderação "voluntária" das suas plataformas. Sem ela, as empresas seriam obrigadas a remover ou manter os conteúdos. (Andrea O'Sullivan, 2022)

Os escritos técnicos árabes citam a mudança no discurso americano para a expressão *"lados negros das redes sociais"* depois de 2016; um está relacionado com o utilizador individual (as empresas tecnológicas adoptam técnicas semelhantes às do jogo de casino e da propaganda para fomentar a dependência psicológica entre os utilizadores), e o outro é geopolítico (as plataformas automatizadas, especialmente o Facebook, podem ser exploradas para interferir na política, no comércio e na política externa e minar a democracia na Europa Ocidental [o referendo do Brexit], na Ásia e nos Estados Unidos [eleições presidenciais]). O Facebook é acusado de proporcionar vantagens relativas significativas às mensagens negativas em relação às positivas. A análise afirma que a razão subjacente a este facto é a "ausência de supervisão regulamentar".

Estas afirmações são muito repetidas nos relatórios árabes como um exemplo dos esforços internacionais que visam a regulação governamental. No entanto, a outra metade do quadro é ignorada, uma vez que os debates ocidentais referem claramente que, em contextos autoritários, as plataformas sociais são utilizadas pelos governos para promover o apoio público a políticas repressivas (como em Myanmar, no Camboja e nas Filipinas). Os escritos americanos descrevem-no como *"uma conjuntura crítica"* e discutem formas de encontrar quadros regulamentares suficientes que protejam a democracia sem entrar em contradição com a primeira emenda e outros direitos e liberdades pessoais garantidos e preservados pela Constituição. Além disso, o discurso envolve os utilizadores e sugere a sua sensibilização (seguindo a experiência europeia) e a sua capacitação para alterar esta situação, numa estratégia semelhante à das campanhas *anti-tabagismo*.

Uma "visão nacionalista do mundo

Tem-se argumentado que os activistas foram capazes de se organizar e mobilizar em 2011, em parte porque os governos ainda não sabiam muito bem como utilizar as redes sociais e não viam o seu potencial. Poucos anos mais tarde, esses governos descreveram como se tornaram adeptos da utilização desses mesmos canais para espalhar desinformação; *"agora é possível criar uma narrativa dizendo que 'um ativista da democracia era um traidor'. '*

No final de 2014, o discurso social e elitista começou a enquadrar as plataformas de redes sociais como "ferramentas ocidentais" fornecidas pelo "outro", não como opções, escolhas disponíveis ou alternativas, mas como o desenvolvimento natural da produção humana, então, os árabes perdiam o seu tempo a lutar contra fantasmas, e discutiam sobre assuntos que o "outro" já ultrapassou há décadas. Além disso, os antepassados do "outro" foram os nossos colonizadores, e essas ferramentas são subtilmente uma forma de nos controlar e dominar; os convidados na casa do "outro", que são bem-vindos mas que não sabemos muito sobre o serviço em si; como utilizadores, prestadores de serviços domésticos/locais, e/ou mesmo como críticos e observadores.

Este facto representou um ponto de viragem para os sítios de redes sociais, outrora celebrados como ferramentas de capacitação. Estas opiniões, claramente expressas, visavam influenciar a utilização política das plataformas, o nível de confiança do público e o seu impacto real. Isto aconteceu em paralelo com o que foi descrito como "a morte da esfera pública". Foi o início de uma fase descrita como *"o escárnio da política", "a morte da política", "a república do medo e da tristeza" e "uma disfunção chocante nos padrões de julgamento dos assuntos na esfera pública".* Duas forças-chave estavam por detrás desta situação: a aliança entre o poder e o dinheiro; e os principais meios de comunicação social eram um ator importante no apoio ao regime para *"restaurar a autocracia".*

A opinião pública egípcia criou a firme impressão de que a vontade da autoridade/poder não queria que os valores da "transparência, responsabilidade e controlo" se enraizassem na realidade do Egito, em vez da moral e dos valores do conhecimento, da ciência, da razão e do amor à vida. Estes são [dias] de esconder factos e informações do cidadão e de praticar o snobismo sobre as suas liberdades pessoais, civis e políticas. O governo egípcio tem vindo a reintroduzir o autoritarismo recorrendo principalmente ao instrumento legislativo; em quatro anos [20142018], foram publicadas mais de 700 leis e alterações legais, a maioria das quais diz respeito à reintrodução do autoritarismo e à redefinição das relações entre o Estado e a sociedade, de modo a tornar o governo - e o governo é visto como uma encarnação do Estado-nação - poderoso face aos cidadãos e mais poderoso face às organizações da sociedade civil". (Amr Hamzawy, 2015; Amr Hamzawy, 2018)

Foram poucas as vozes que continuaram a exprimir as suas opiniões em linha, opondo-se à via política então seguida e apelando ao relançamento das reivindicações do 25th de janeiro, incluindo o direito "normal" dos cidadãos a terem uma esfera pública aberta, inclusiva e funcional, onde exerçam os seus direitos "constitucionalmente garantidos". Isto tem sido visto em relação a todas as suas três reivindicações: liberdade, dignidade e justiça social.

Os argumentos afirmam que a relação entre a esfera pública e a liberdade é óbvia, uma vez que não existe esfera pública sem liberdade de expressão. Relativamente à dignidade, a esfera pública baseia-se no reconhecimento de igual valor a todos os seres humanos em razão e consciência e, consequentemente, ninguém monopolizaria o pensamento e a expressão em seu nome, caso contrário, um ponto de vista/grupo acreditaria que o seu valor ultrapassa os valores dos outros.

Além disso, a esfera pública exige justiça social, porque grandes diferenças sociais entre os cidadãos permitiriam que os mais ricos utilizassem os seus recursos para afetar e dirigir os outros, o que anularia a "igualdade" na discussão e na argumentação. Uma tal esfera pública é também considerada benéfica para o governo, que seria esclarecido com os pontos de vista e opiniões dos cidadãos, o que garantiria que a sua angústia não se transformaria em protestos maciços que desestabilizariam o processo político.

Há uma perspetiva que considera que o exagero do papel dos meios de comunicação social é um fenómeno semelhante ao que aconteceu com os meios de comunicação social tradicionais; houve uma fase de grande e intensa concentração nos "efeitos dos meios de comunicação social", a que se seguiu, 20 anos mais tarde, a passagem dos meios para a mensagem. O exagero do papel dos meios de comunicação social durante a primavera Árabe foi seguido, apenas dois anos mais tarde, pela fase de interpretação do que aconteceu como "lacunas" na esfera pública política, trazendo os rigorosos procedimentos de segurança contra a sociedade civil, o espaço público, os meios de comunicação social e a liberdade de expressão.

Em 2011, os principais desafios consistiam em assegurar o Estado de direito, a criação de instituições democráticas, a concorrência pacífica na esfera política formal, a participação dos cidadãos, de modo a garantir a realização de eleições parlamentares e presidenciais justas e competitivas e a salvaguardar o carácter competitivo e transparente das eleições. Isto é descrito como uma forma de fazer com que o cidadão que protesta e faz greve deixe de ser um cidadão que protesta e faz greve e passe a ser um cidadão que participa. O segundo desafio prendia-se com as alterações constitucionais e com a questão de saber se eram ou não suficientes para garantir uma transição pacífica para a democracia no Egito; para institucionalizar a democracia; para permitir que a democracia, enquanto princípio organizador, procedimentos e valores, não só da política formal, mas também da política egípcia, influencie realmente todos os sectores vitais da sociedade, quer se trate da sociedade civil, da educação, das instituições do Estado, do aparelho de segurança, dos meios de comunicação social, etc.

A nível mundial, numa perspetiva de segurança, prevê-se que *"à medida que tecnologias revolucionárias como a inteligência artificial e a computação quântica se afastam da ficção científica e se aproximam da realidade, aumentarão a eficácia, a qualidade e a quantidade de desinformação e a utilização pouco ética da tecnologia.* (Eric Li, 2019)

No Egito, não há diferença: a tecnologia da comunicação, em geral, e os sítios de redes sociais, em particular, numa perspetiva de segurança, são discutidos no âmbito da "Quinta Coluna" ou da "Guerra de Quarta Geração" e das suas consequências negativas para a segurança nacional da região árabe, especificamente do Egito, e para os esforços de "reconstrução" do Estado. O desenvolvimento das tecnologias de comunicação e a aproximação do mundo são considerados neste discurso como uma "ameaça". A primavera Árabe é diretamente considerada como o exemplo mais perigoso; como uma conspiração internacional para derrubar os países árabes.

[th]O contra-argumento rejeita a narrativa oficial de que o atual regime está a "reconstruir" o Estado demolido após o 25 de janeiro; afirma o facto de os egípcios terem

começado a construir o Estado moderno há 150 anos e de este ser protegido pelo povo e por todas as suas instituições. Estas vozes também criticam os intelectuais árabes que adoptam o discurso ocidental e limitam a região árabe e do Médio Oriente a uma região extremista, substituindo os escritos sobre democracia por escritos sobre terrorismo e guerras civis. Além disso, os escritos criticam aquilo a que chamam a "nova ciência" de misturar a Quinta Coluna, a Guerra de Quarta Geração e o povo do mal *ahl al-sharr'* como referências para acusar qualquer luta pacífica de traição e conspiração para a queda do Estado.

A Internet e os sítios de redes sociais são mencionados como *"as armas nucleares da guerra de quarta geração"* (Shohoud, 2022). A religião, a moral, a economia, a ética, os princípios e valores e a coesão social são os objectivos "ocultos" destas plataformas. Para além das reivindicações dos principais meios de comunicação social, da sociedade civil e da "pressão internacional" representada nas exigências dos direitos humanos, tudo isto já não depende dos "homens" como nas guerras tradicionais, mas também recruta mulheres e crianças, utilizando a "não-violência" como abordagem. A premissa principal é que *"quaisquer tensões internas que afectem o consenso nacional distrairiam o país de enfrentar as ameaças externas"*.

O discurso pró-democracia, pelo contrário, acolhe com agrado as divergências e os desacordos, pois considera que "a confusão é uma forma de diálogo comunitário desejado" e um "acesso" à discussão em torno dos "esforços colectivos" para realizar o "sonho da segunda república". Além disso, as crises económicas, as polarizações políticas e o terrorismo são vistos como as razões que criaram uma situação tão complicada em que *"se perdeu a confiança entre os componentes da comunidade política e da sociedade"*.

Uma esfera pública virtual dinâmica e eficiente no mundo árabe não exige apenas informação e ideias genuínas, mas requer sobretudo um *público em linha*; educar proactivamente as pessoas para utilizarem a comunicação de forma significativa e moderar as suas trocas discursivas. Nas palavras de Brandenburg (2003), "o principal requisito para o funcionamento de uma esfera pública virtual é a *cidadania"*. (Rabah, 2013)

A democracia continua a ser um bem raro no Médio Oriente. Países que outrora pareciam ser um terreno promissor para a democracia apresentam agora confrontos entre cidadãos e governos, domínio militar e a prisão de activistas e jornalistas. E uma coisa que eu acho que sabemos há muito tempo, estudando a democratização na América Latina e na Ásia Oriental e noutras partes do mundo, é que a democracia é mais provável quando todas as partes têm um lugar à mesa. ' (Tarek Masoud, 2015; 2016)

O tom de "medo e desconfiança" tem sido amplamente debatido nos escritos dos opositores políticos como o principal obstáculo para alcançar a inclusão e a coexistência; *"a solução de segurança que impediu qualquer tipo de protesto público pacífico para alcançar a estabilidade; foi uma batalha de zerosum'* que tornou a situação mais complexa e complicada. É descrita como uma "propaganda" que se baseia em "teorias da conspiração" e num discurso público de "histeria" para "difamar, demonizar e rotular como traidores" aqueles que não são aceitáveis para o governo e que, portanto, ficam fora da sua proteção. Está documentado que, desde o verão de 2013, a segurança e a estabilidade foram escolhidas em detrimento da liberdade e do direito de protestar, o Estado pensou que as vozes islamistas tinham sido suprimidas, seguindo-se a criminalização dos direitos humanos e o bloqueio da esfera pública, e colocando os cidadãos contra as organizações da sociedade civil, alegando que estas estão ao serviço de agendas estrangeiras.

Esta é descrita como uma situação "perigosa" dominada por "ilusões" que insultam a objetividade, a verdade e a consciência; *"a autoridade egípcia superou-se a si própria e está a tomar "a mente" como seu inimigo direto"*. (Amr Hamzawy, 2016) Além disso, os especialistas afirmam que os cidadãos que exprimem os seus diferentes pontos de vista e opiniões são acusados de fragmentar a nação.

Por outro lado, este discurso considera que o Estado e os seus apoiantes estão a seguir aqueles que consideram que o verdadeiro perigo para a segurança do Estado é a injustiça que está a minar os princípios do Estado de direito e os valores da dignidade e da liberdade, e são acusados de exigirem modificações nas leis e de expressarem publicamente as suas opiniões. Este discurso afirma que "quem falar será preso" e como *"ahl al-sharr"* está tanto dentro como fora, as acusações continuarão umas contra as outras, aprofundando a polarização e o medo dentro do país e enviando uma mensagem ao "outro" de que não tem outros planos senão conspirar contra nós.

Assim, a diversidade está a tornar-se uma causa de fracasso, e os diferentes pontos de vista são uma causa de queda do país, e as escolhas individuais são o caminho para a ruína, enquanto a imposição de uma "voz única" é o caminho para a salvação. O Egito está a desenvolver [os seus] próprios conceitos de direitos humanos e a comunidade internacional não [aceitará] quaisquer abusos sob uma especificidade imaginária. A juventude, então, tem de seguir as ordens e tornar-se um só corpo; isto está a matar a energia da criatividade e a cancelar a existência da juventude. Quando é que vamos ser uma sociedade 'normal'?

Entretanto, os activistas pró-mudança e os cidadãos comuns que participaram com entusiasmo nos assuntos públicos durante 2011-2012 estavam também a retirar-se da esfera pública virtual. A fase de "declínio do papel político das plataformas de redes sociais" foi apenas uma reação à realidade política conturbada, à esfera pública fechada com as suas tragédias e ao sentimento de derrota que envolveu a geração da revolução. O "papel social" das redes sociais foi crescendo; o fórum político transformou-se num fórum social que reúne parceiros de vitória e de derrota, com os seus reveses e sonhos amputados, esperanças/aspirações incompletas, testemunhos religiosos e intelectuais, da extrema-direita à extrema-esquerda; "*como uma espécie de fuga, por assim dizer, recuámos, consciente ou inconscientemente, para rever todos os nossos pensamentos e convicções que governaram as nossas escolhas no passado e discuti-los com entusiasmo e com mais interação*" (Zahraa Bassam, 2018). Por conseguinte, os resultados reais e enraizados das plataformas das redes sociais, tornando-se "ecrãs" para os seus proprietários, não podem ser afirmados até que a cena termine, através da determinação do movimento dos pensamentos, da sua mudança, do seu reflexo na vida quotidiana.

Em 2018, iniciou-se a fase de publicação de leis que legalizam esta repressão. É descrita como uma mudança na forma como o regime egípcio controla a esfera pública; o Estado não só está a tentar reprimir estruturalmente - utilizando leis que minam a sociedade civil e o espaço público para que as pessoas expressem livremente as suas opiniões e pontos de vista - como também "assedia" os opositores, na medida em que agora é introduzida uma lei sobre a cidadania que permite ao governo negar a qualquer cidadão egípcio o direito à cidadania se, de acordo com o regime, for visto como uma ameaça à ordem pública. No discurso político opositor, esta é considerada uma fórmula que não faz parte da cena egípcia desde a década de 1970 e nenhum governo, desde o final da década de 1960, tomou medidas tão intensas que conduzissem o país a um estado policial.

É também descrito como "um manual de autocracia atualizado". Coloca-se agora a questão da "legitimidade", tanto a nível interno como internacional, apesar das críticas sobre o historial do país em matéria de direitos humanos. Este modelo atualizado de autoritarismo é examinado cronologicamente da seguinte forma: anteriormente, durante o governo do antigo presidente Mubarak, o papel das forças armadas e dos serviços de segurança era dominante, mas não era o único papel dominante. A partir de agora, o Egito tornou-se um país governado pelos militares e pelos serviços de segurança. Não se consegue encontrar um poder civil significativo, nem políticos suficientemente fortes para partilhar a política.

Uma segunda questão é que, durante o governo do antigo presidente Mubarak, o governo egípcio preocupou-se com a sua imagem a nível interno e externo, especialmente a partir da década de 1990. Preocupou-se em injetar uma imagem de um governo que está a introduzir reformas democráticas e a trabalhar arduamente para minimizar as violações dos direitos humanos. Não se limitou a ignorar as críticas internacionais relativamente ao seu historial em matéria de direitos humanos, alegando que se trata de uma conspiração paga.

O atual regime, pelo contrário, não se preocupa com o seu historial. Não se preocupa [com ele] a nível interno, porque quem se pronuncia sobre as violações dos direitos humanos é considerado um traidor. Não se preocupa com as vozes internacionais, e as organizações internacionais de direitos humanos têm sido difamadas no discurso público e oficial como *"financiadas pelo Qatar e pelos Ikhwani"*. É o manual dos governos autocráticos da Rússia e/ou da China, que não negam ser um regime autoritário.

É repetidamente mencionado que nenhuma oposição pode competir com o Estado na elaboração de uma narrativa nacionalista convincente; simplesmente porque os governos têm muito mais ferramentas do que qualquer oposição. É preferível que o discurso dos grupos políticos se concentre mais em esclarecer e explicar às pessoas que, nalguns casos, as reformas e políticas que visam a modernização geraram, como consequência não intencional, maior desigualdade em vez de maior inclusão. Noutros casos, a exclusão alimentou as tensões sociais, a instabilidade e, em última análise, a violência, colocando as pessoas em maior risco de marginalização. Por conseguinte, os conflitos actuais têm de ser resolvidos; caso contrário, 40% das pessoas nos países árabes viverão em condições de crise e conflito até 2030.

Além disso, a discussão tem de incluir o facto de o ativismo social e as mudanças radicais nas políticas não resultarem apenas de revoluções. As revoluções são um dos protótipos de mudança radical, mas não o único. Existem inúmeros factores que podem levar a uma mudança tão radical em qualquer país, tais como ameaças ao Estado nacional enquanto conceito ou uma mudança na natureza do regime político. A revolta da primavera Árabe deve, por conseguinte, ser excluída como exemplo, porque é considerada pelos cientistas políticos e pelos peritos como um acontecimento incompleto que exige tempo e uma observação e análise a longo prazo para ser compreendida com um método científico. Os exemplos históricos também incluem casos de países que decidiram sacrificar um dos dois valores em prol do outro e explicam as consequências negativas.

A luta contra o terrorismo no interior das suas fronteiras, juntamente com a deterioração económica, é documentada como razão subjacente às restrições aos protestos pacíficos e aos direitos de expressão. [th]Além disso, a situação do país é considerada semelhante à que existia antes da revolução de 25 de janeiro, e as reivindicações dos manifestantes de então ainda não foram totalmente satisfeitas, se é que foram de todo consideradas. Pão, liberdade, dignidade humana e justiça social são os fundamentos e os pilares de qualquer nação que viva em paz.

Por conseguinte, os analistas políticos explicam o receio da autoridade de abrir qualquer fração de liberdade ao povo, pois poderia enfrentar uma raiva e frustração públicas semelhantes, com as quais o país não consegue lidar neste momento, rodeado de instabilidade política e económica na região e de várias ameaças externas. A lei de protesto foi rejeitada pelos jovens, que a consideraram um sinal de que se seguiriam procedimentos não representativos. Os jovens opuseram-se ao regime militar porque este traria de volta as soluções de segurança e preferi-las-ia a quaisquer outras soluções políticas e restringiria a sociedade civil, a esfera pública e a participação política do público.

Em setembro de 2019, o famoso vídeo de Muhammed Ali "o empreiteiro" convocou e conseguiu mobilizar milhares de cidadãos egípcios que participaram em protestos de rua pacíficos. Poucos dias antes, o Presidente fez comentários públicos na televisão sobre as reivindicações de Ali, que foram dirigidas ao próprio Presidente. O Presidente afirmou que o aparelho de segurança o aconselhou a não comentar, mas decidiu responder. O Presidente não negou as afirmações e confirmou a construção de palácios presidenciais. Insistiu que tais afirmações têm por objetivo minar a confiança do povo no seu governo:

"O ceticismo começou antes da existência das redes sociais e tem atingido a sociedade egípcia nos últimos 50 anos. O que tem circulado nas redes sociais desde as últimas duas semanas tem como objetivo minar a confiança do povo nessa pessoa [apontando para si próprio]." (Egito Hoje, 2019)

Em 2021, dez anos após a revolução de 25th de janeiro, o discurso oficial sobre os Direitos Humanos é enquadrado como "inviável". Durante o Lançamento da Estratégia Nacional para os Direitos Humanos, foi realizado um painel de discussão sob o título: 'Direitos Humanos: O Presente e o Futuro'. Os participantes, a sociedade civil e um membro do parlamento, defensores dos direitos humanos e personalidades dos meios de comunicação social, foram descritos como falando de uma perspetiva social, intelectual e elitista estreita, e de uma teoria desligada da realidade na abordagem de prioridades inessenciais, tendo o Presidente egípcio comentado e apelado à *"diferenciação entre a abordagem teórica e a viabilidade da implementação"* na fase atual; à *"diferenciação entre o que está a ser e o que deve ser"*, caso contrário, *"o Egito continuará a girar na órbita do discurso sem ter a capacidade de alcançar resultados tangíveis no terreno"*. Acrescenta que isto se justifica à luz das *"fases históricas e* do *desenvolvimento gradual por que passam as sociedades"*, pelo que as nações não devem procurar *"copiar"* outras sociedades de forma a *"saltar fases históricas"* para alcançar o que essas sociedades alcançaram após longas décadas de desenvolvimento.

O relatório resumiu mais dois pontos: (1) definir claramente a questão discutida e não confundir os tópicos, bem como, (2) para cada parte interessada apresentar passos e procedimentos práticos para que os seus pontos de vista sejam implementados no terreno.

A democracia é um conjunto de valores e um sistema de governo que não é exclusivo de nações específicas; é um sistema incompleto, mas é melhor do que qualquer alternativa. A democracia não é um café instantâneo, mas é a esperança e o caminho para a estabilidade no nosso mundo árabe.· (Muhammad ElBaradei, 2020)

Ano após ano, as variáveis são colocadas em perspetiva e num contexto mais vasto, revelando uma visão mais profunda e diferente. O Diálogo Nacional representou uma mudança na relação entre o regime e os opositores políticos e o público. Embora ainda haja uma divisão sobre quem deve ser incluído no diálogo, abriram-se novas janelas para um tom de esperança. No entanto, as opiniões esperam que os egípcios experimentem as armadilhas de um entendimento puramente maioritário da democracia, que não é acompanhado pelo respeito dos direitos básicos, e que não seja fácil restaurar a legitimidade e criar estabilidade a longo prazo no Egito. Para além disso, o termo "elites" na região árabe não é um termo positivo; refere-se a interesses pessoais.

A primavera Árabe é considerada um acontecimento do passado e um exemplo de guerra psicológica que visa o conflito entre o povo e os governos e as instituições militares oficiais. Uma das razões por trás do aumento da propagação de boatos e dos seus efeitos é o atraso no esclarecimento da verdade por parte das instituições oficiais. A repetição de um determinado boato sem qualquer resposta para o desmentir aumentaria a sua credibilidade junto das pessoas. Os relatórios acrescentam que os conteúdos gerados pelos utilizadores e publicados como testemunho pessoal são mais credíveis; no entanto, o discurso de segurança apela a que se interrogue legalmente o editor e se monitorize o conteúdo publicado.

Matthies-Boon (2017) constatou que o violento rescaldo revolucionário no Egito foi profundamente traumático a nível individual e social: destruiu o mundo presuntivo dos activistas, ou seja, os seus pressupostos quotidianos sobre si próprios, os outros e o mundo.

[i]Embora se sentissem zangados e magoados com esses encontros, admitiram que, muitas vezes, também eles próprios não estavam dispostos a ouvir as histórias daqueles que tinham uma posição política diferente. Explicaram que, devido à situação política stressante e dececionante, lhes faltava empatia e paciência para ver para além das diferenças políticas. Por conseguinte, a solidariedade da revolução tinha-se desfeito e a polarização social inibia a criação de um espaço de partilha para além das clivagens políticas, mesmo que as pessoas tivessem sofrido experiências traumáticas semelhantes, como assassinatos, ferimentos e tortura"

O trauma do período pós-revolucionário, juntamente com os resultados negativos, fez com que se afastassem da esfera política e se retirassem para o seu mundo privado. Um resultado positivo poderia permitir que as pessoas reinterpretassem as suas experiências em termos mais positivos; nessa situação, o trauma teria sido visto como valendo a pena. No entanto, isto não foi possível no Egito, devido à polarização política e aos resultados decepcionantes da pós-revolução.

O trauma social exprime-se frequentemente através da polarização, da desumanização, da demonização e da normalização da violência quotidiana baseada na comunidade. Contaram como amigos, colegas e familiares lutavam agora abertamente uns contra os outros na rua, nos cafés e em casa, à medida que a violência verbal e física se normalizava. Todos os entrevistados tinham, pelo menos, um familiar próximo ou um amigo de longa data que pertencia ao "outro" lado e explicaram como as discussões políticas acaloradas dilaceravam (ou ameaçavam dilacerar) as relações familiares e as amizades íntimas.

A esfera pública é benéfica para o Estado; desempenha um papel de desenvolvimento no que respeita às questões locais, à educação e aos serviços de saúde, bem como à luta contra a pobreza. Além disso, a esfera pública é corresponsável por algumas tarefas sociais e económicas com o governo, que não é capaz de fornecer recursos e fundos suficientes para essas tarefas. Além disso, a esfera pública é importante para os governos, pois é através dela que as prioridades dos cidadãos podem ser atendidas. Quando o governo responde à opinião pública, isso reforça a sua legitimidade junto dos cidadãos e torna-os mais empenhados e leais ao regime político, o que garante a estabilidade. O papel de um governo na esfera pública deve limitar-se a estabelecer as regras que facilitam as suas funções no âmbito das constituições e das obrigações internacionais. Desde o verão de 2013, a esfera pública egípcia está a sofrer uma redução crescente e a diversidade de pontos de vista está a diminuir nos principais meios de comunicação social. Quando a esfera pública não está disponível, os cidadãos procuram outros canais para exprimir a sua opinião e alguns podem recorrer à violência contra o governo.

Em todas as Primaveras Árabes, mesmo nos casos que se transformaram em guerras civis, os países tentaram e continuam a tentar construir uma esfera pública democrática e participativa. Ocupando as praças públicas e abrindo-as ao debate, à mobilização, à celebração e a todas as actividades humanas; até mesmo a ocupação simbólica de muros através de graffiti. Todos os grupos ocuparam parte da esfera pública, incluindo a polícia e os militares. *O assessor de imprensa do presidente afirmou que "o estado de confronto online e o niilismo dominante estão a tornar-se um perigo para o futuro".* É possível evitar o *"niilismo"*, afirma, e *"encontrar um sentido suficiente na consciência e na experiência individual"* com a ajuda dos *"grandes mitos e histórias religiosas do passado".*

Os relatórios documentaram, ao longo dos últimos dez anos, violações maciças dos direitos digitais no Egito, desde restrições à liberdade de expressão nas plataformas das redes sociais até ao bloqueio de sítios Web de notícias e meios de comunicação social ao abrigo de leis e legislação antidemocráticas. A análise explicou esta situação no âmbito de um aspeto cultural de "esgotamento" (quando o trabalho é esmagador) devido à pressão institucional, o resultado é a despersonalização; os órgãos de segurança durante a instabilidade, à semelhança do sector da saúde durante o coronavírus, começam a ver a pessoa à sua frente como um objeto, lidam com ela sem qualquer contacto. Além disso, quando a distância de poder é elevada, não há verdades a passar entre o topo e a base da hierarquia. A distância de poder impede-nos de falar abertamente.

O Egito faz parte da nação árabe e reforça a sua integração e unidade. Faz parte do mundo muçulmano, pertence ao continente africano, orgulha-se da sua dimensão asiática e contribui para a construção da civilização humana. (Excerto do artigo, Constituição do Egito, 2014)

Há alguns pontos-chave que requerem uma investigação mais aprofundada e que são tomados em consideração como um "fio de ouro" no contexto egípcio:

- A identidade do Egito é vista como formada de acordo com os actores poderosos de cada fase da história. Não existe uma base imutável, um sistema, exceto a estrutura de um Estado moderno. O Egito, enquanto instituição governamental oficial, é considerado acima do seu povo. Isto tem a ver com a luta que o Egito travou enquanto nação para se tornar independente da ocupação estrangeira.

- A especificidade cultural e intelectual das sociedades árabes e da sua estrutura social é um motivo para proteger a sua identidade contra a fragmentação e a sua unidade contra a rutura, e para procurar imunidade contra o esquecimento ou o definhamento. Esta situação foi tão intensa que os meios de comunicação social começaram a publicar estudos sobre o ADN dos egípcios, provando que nem os muçulmanos egípcios nem os coptas são árabes; "os egípcios não são geneticamente árabes, mas podem sê-lo cultural e linguisticamente". (Ibrahim, 2010; El-Behary, 2017)

- Em contrapartida, outros perguntaram se os egípcios se consideravam africanos ou não; "a maioria respondeu "sou árabe muçulmano, claro" ou "árabe muçulmano", e apenas alguns dos entrevistados disseram que "eram descendentes dos faraós", mas nenhum dos entrevistados se considerava africano; *"não se tratava apenas de uma questão de localização geográfica - a questão revelou-se muito mais complexa do que isso"* (Shahira Amin, 2012; Sharafeldin, 2022).

Em dezembro (2012), foi lançada uma campanha na Internet intitulada *"Tirem-no do Minbar"*. A campanha visava encorajar as pessoas a impedir ativamente os imãs e os pregadores de expressarem as suas opiniões sobre o projeto constitucional durante os sermões de sexta-feira ou nas aulas de religião que decorrem dentro da mesquita. A campanha provocou uma campanha de resposta, denominada *"Amarrem-no à coluna",* que incentivava os fiéis a impedirem fisicamente qualquer pessoa que tentasse interferir com os imãs durante os sermões ou as aulas, ou qualquer pessoa que tentasse impedir os imãs e os pregadores de exprimirem as suas opiniões e de darem orientações e conselhos às pessoas. A campanha apelava a que fossem amarrados numa das colunas da mesquita. No contexto de uma crise política em pleno auge, marcada por uma forte polarização entre os dois pólos: "Forças islamistas" e "forças civis", os dois apelos eram o reflexo de uma luta pelo direito de empregar a religião na esfera pública." Foram tomadas várias medidas para pôr fim às actividades políticas da esfera religiosa e à sua autonomia em relação ao Estado. Em março de 2014, o Ministério das Doações emitiu a Decisão n.º 64 para colocar sob o seu controlo todas as mesquitas e oratórios do Egito. Ao mesmo tempo, foi criada uma linha direta para os cidadãos denunciarem quaisquer violações das "instruções" do Estado ou a utilização da pregação nas mesquitas para fins políticos. Em junho de 2014, o Ministério publicou o código de ética da pregação. Atualmente, é da responsabilidade do Ministro definir o tema e o assunto dos sermões de sexta-feira antes da oração. (Amr Ezzat, 2013; Meringolo. 2015)

Uma Internet... Perspectivas diferentes

Intimidação na vida pública é a forma como os relatórios dos decisores políticos [Reino Unido, 2017] enquadram os abusos das plataformas de redes sociais. As plataformas sociais em linha estão a "perder" uma grande diversidade de perspectivas devido ao facto de os utilizadores evitarem publicar o que os poderia expor a abusos em linha. Esta situação está a afetar a qualidade dos debates públicos e cada vez mais utilizadores expressam que "os benefícios das plataformas já não compensam os negativos".

Recomenda-se a regulamentação e que as empresas sejam "responsáveis" pelo seu conteúdo. Os factores subjacentes a esta situação, de acordo com os relatórios, são: a *"falta de confiança do público na política e no sistema político"*. A formação da cultura política pública é da responsabilidade de *"todos os actores da vida pública"*. Isto inclui a construção da confiança do público e a manutenção de elevados padrões éticos; por isso, eles próprios nunca encorajam o debate político desumanizador. Além disso, os relatórios apelam a todos os partidos para que "trabalhem em conjunto" e "ponham de lado as diferenças partidárias", e protejam a reputação da vida pública. Os sete princípios da vida pública: *Altruísmo, Integridade, Objetividade, Responsabilidade, Abertura, Honestidade e Liderança.* (Governo do Reino Unido) Além disso, deve desenvolver uma estratégia de "colaboração com parceiros internacionais" para promover *um consenso internacional* sobre o que constitui "crime de ódio" e "intimidação em linha".

A perspetiva de Matthew Hindman não se altera de (The Myth of Digital Democracy, 2008) até (The Internet Trap: How the Digital Economy Builds Monopolies and Undermines Democracy, 2018). Respondendo à pergunta sobre o papel da Internet na democratização da política americana e sobre se os sítios Web e os blogues políticos mobilizam ou não os cidadãos inactivos e tornam a esfera pública mais inclusiva, Hindman afirmou, contrariamente ao discurso dominante, que a "Internet não é tão aberta e democrática como as pessoas a fazem parecer, e é fortemente controlada por um pequeno punhado de grandes empresas; a natureza da Internet e a arquitetura da Web". A Internet não diminuiu a quota de audiência dos meios de comunicação social corporativos nem deu mais voz aos cidadãos comuns. Contrariamente à crença popular, a Internet pouco fez para alargar o discurso político; embora a Internet tenha aumentado algumas formas de participação política e transformado a forma como os grupos de interesse e os candidatos se organizam, mobilizam e angariam fundos, as elites continuam a moldar fortemente a forma como o material político na Web é apresentado e acedido. Os autores centram-se na economia do tráfego em linha na Web, na relação entre a sofisticação da arquitetura e da infraestrutura e a maior audiência e monetização dos conteúdos.

O Twitter, o Facebook e o Google são acusados pela subcomissão judicial do Senado de discriminação contra o discurso conservador, sugerindo que o Congresso poderia tomar medidas regulamentares contra as empresas para descentralizar o seu poder sobre os fóruns populares de auto-expressão.

Os "monopólios" e o "poder" são duas "ameaças" repetidamente mencionadas no discurso de líderes políticos, empresários e instituições oficiais. No seu artigo intitulado "Facebook Is a Doomsday Machine", Adrienne LaFrance (2020) afirma que as agências de informação dos EUA identificaram o Facebook como um dos principais campos de batalha para a guerra de informação e a interferência estrangeira (2020); descrevendo o Facebook como um Estado-nação sem fronteiras, com uma população de utilizadores quase tão grande como a China e a Índia juntas, e que é governado em grande parte por algoritmos secretos. Hillary Clinton disse que falar com Zuckerberg é como negociar com o chefe autoritário de um Estado estrangeiro; *"esta é uma empresa global que tem uma enorme influência de formas que só agora começamos a compreender"*.

O novo conselho de supervisão, formado em resposta às críticas e reacções contra a empresa, e responsável pela moderação de conteúdos, é considerado uma extensão do poder do Facebook. Joshua Geltzer, um antigo funcionário da Casa Branca responsável pela luta contra o terrorismo, descreveu o seguinte: *"as primeiras 10 decisões que tomarem terão mais efeito sobre o discurso no país e no mundo do que as próximas 10 decisões proferidas pelo Supremo Tribunal dos EUA. Isso é poder. Isso é poder de verdade"*.

A questão dos *monopólios* das plataformas da Internet foi discutida como uma das principais prioridades dos participantes no Fórum Económico Mundial. Num contexto diferente, os "monopólios da Internet" foram enquadrados como uma ameaça à "saúde pública", recomendando uma nova abordagem para lidar com os meios de comunicação social que combine educação e regulamentação, à semelhança do que acontece com o *tabaco* e *o álcool.* O empresário americano Roger McNamee é citado como tendo afirmado que *"é altura de perturbar os perturbadores"*, a fim de restabelecer o equilíbrio na vida e a esperança na política americana. McNamee afirmou as "boas intenções" dos fundadores das grandes empresas tecnológicas e dos modelos de negócio que adoptaram. No seu artigo intitulado "Social Media's Junkies and Dealers" (2018), McNamee escreveu: "eram jovens empresários, sedentos de sucesso. Passaram anos a construir grandes audiências reorganizando o mundo online em torno de um conjunto de aplicações que eram mais personalizadas, convenientes e fáceis de utilizar do que as suas antecessoras. E não fizeram qualquer tentativa de rentabilizar os seus esforços até muito depois de os utilizadores estarem viciados (brain hacking) [...] Depois, o Smartphone transformou todos os meios de comunicação social e colocou efetivamente o Facebook, o Google e um punhado de outros no controlo do fluxo de informação para os utilizadores. *Os filtros* que dão aos utilizadores "o que eles querem" tiveram o efeito de *polarizar* as populações e *corroer* a legitimidade das instituições democráticas fundamentais (sobretudo a imprensa livre). E a *automatização* que tornou as plataformas da Internet tão lucrativas deixou-as vulneráveis à manipulação por actores malignos de todo o lado - e não apenas por governos autoritários hostis à democracia."

Este discurso é apoiado pelo artigo de advertência de Marc Andreessen em 2011 intitulado "Why Software Is Eating the World" [economia] com a sua ambição e alcance globais adoptando versões da filosofia empresarial do Facebook - *"move fast and break things"* - sem ter em conta o impacto nas pessoas, nas instituições e na democracia; referindo-se a *"falsas realidades digitais",* conhecidas como bolhas de filtragem em que "as crenças existentes se tornam mais rígidas e extremas".

Os analistas árabes estão a acompanhar a cena americana, especialmente o testemunho "bem sucedido" de Mark Zuckerberg e as respostas aos críticos durante a audiência no Senado (2018). Os escritos afirmam que as decisões americanas vão afetar a região árabe; *"pelo menos poderia ser um modelo seguido por outros países para criminalizar a utilização de tais ferramentas".*

Por seu lado, Mark Zuckerberg fez questão de se concentrar no aspeto "social" que está no centro da missão e da visão da sua empresa. Publicou um post na sua conta oficial dizendo: *"O Facebook foi criado para aproximar as pessoas e construir relações. Uma das formas de o fazermos é ligando as pessoas a mensagens significativas dos seus amigos e familiares no Feed de notícias. Nos próximos meses, vamos fazer actualizações na classificação para que as pessoas*

tenham mais oportunidades de interagir com as pessoas de quem gostam. " (Mark
Zukerberg, 2018)

No 15.º aniversário do Facebook (2019), Zuckerberg descreveu o "poder"
dos meios de comunicação social, que tem sido fornecido principalmente às
"pessoas"; *"O Facebook está longe de ser a única rede que permite esta mudança
- faz parte de uma tendência mais ampla da Internet"*. Zuckerberg descreveu a
forma como a experiência de ligação em rede da Internet libertou as pessoas das
"instituições hierárquicas inacessíveis e remotas"; *"Se a primeira parte deste século
foi sobre a ligação destas redes, a próxima fase será sobre as pessoas que utilizam
estas redes para redefinir cada parte da nossa sociedade"*. Referiu-se também ao
equilíbrio entre liberdade e responsabilidade: *"Agora, podemos ligar-nos a
qualquer pessoa e usar a nossa voz. As pessoas têm agora muito mais poder, o que
cria oportunidades, mas também novos desafios e responsabilidades. Para isso,
será necessário encontrar o equilíbrio certo entre as liberdades e as
responsabilidades de um mundo conectado. "*

Zuckerberg também mencionou claramente todos os debates éticos
relacionados com o "novo mundo" em que as pessoas partilham "demasiada"
informação, o que exige a governação dos conteúdos, o equilíbrio entre liberdade
de expressão e segurança e a proteção da privacidade. Além disso, as questões
sociais e políticas relacionadas com "como melhorar a saúde e o bem-estar" num
mundo em constante ligação e garantir a integridade das eleições e do processo
democrático: *"Todas estas questões são críticas e temos a responsabilidade de
gerir estas redes de forma mais proactiva para evitar danos. Fizemos progressos*

reais nestas questões e construímos alguns dos sistemas mais avançados do mundo para as resolver, mas há muito mais a fazer".

Do ponto de vista tecnológico e do pensamento estratégico empresarial, *"estamos apenas a começar".* Zuckerberg concluiu a declaração defendendo a Internet e as plataformas de redes sociais que deram poder às pessoas;

"à medida que as redes de pessoas substituem as hierarquias tradicionais e remodelam muitas instituições da nossa sociedade - desde o governo às empresas, aos meios de comunicação social, às comunidades e muito mais - há uma tendência de algumas pessoas para enfatizar excessivamente o negativo e, em alguns casos, para chegar ao ponto de dizer que a mudança para dar poder às pessoas da forma como a Internet e estas redes o fazem é sobretudo prejudicial para a sociedade e a democracia. Pelo contrário, embora qualquer mudança social rápida crie incerteza, acredito que o que estamos a ver é: as pessoas a terem mais poder e uma tendência a longo prazo a remodelar a sociedade para ser mais aberta e responsável ao longo do tempo".

No contexto árabe, Muhammad Ibrahim Saad (2017) argumenta que existe uma "ilusão" de considerar a Internet como um criador de revoluções e como um meio para derrubar ditaduras e regimes autoritários, o que leva à marginalização da sociedade civil e à aceitação de uma participação virtual que não [faz a diferença] em relação a uma realidade imutável de crises. Ibrahim explica este facto com base na interferência entre conhecimento e cultura. Ele argumenta que o discurso científico e o discurso político e mediático [estão] ao serviço dos interesses da globalização com a sua nova análise e, consequentemente, abordou o curso do desenvolvimento da investigação mediática e o conflito ideológico da seguinte forma: *O Ilm* é uma atividade social mental com dimensões civilizacionais, pelo que não tem país de origem nem identidade. *O Ilm* é um inimigo natural [por defeito] dos regimes autoritários e daqueles que têm interesses que rejeitam a mudança do status quo. A liberdade de investigação científica é uma das revoluções intelectuais mais perigosas da história da humanidade. O ceticismo científico sistémico é o caminho para o progresso e o renascimento, uma vez que o cérebro se recusa a render-se ao status quo. A metodologia científica é um instrumento inevitável para a cura de qualquer disfunção humana ou natural. O conhecimento científico é o resultado da acumulação de conhecimentos e da comunicação entre civilizações; enquanto os académicos árabes estiveram na vanguarda desde o século 8th e até ao século 12th , os académicos ocidentais dominam o domínio da ciência moderna desde o século 16th até ao presente. O desenvolvimento da investigação sobre os meios de comunicação tem estado relacionado com uma série de factores políticos, económicos, sociais e técnicos que contribuíram para a ideologização da maioria das teorias, modelos e técnicas ocidentais.

Bruce Bimber e Homero Gil de Zúñiga (2020) discutem um conceito relevante, argumentando que se trata de um problema antigo. Décadas de análise de sistemas sociotécnicos para compreender o papel desempenhado pela tecnologia em desenvolvimentos sociais ou políticos complexos há muito que rejeitaram relatos causais que implicam várias formas de determinismo tecnológico; os artefactos tecnológicos, incluindo os sistemas de software, não são actores políticos, embora sejam criados e utilizados por actores políticos, incluindo empresas, elites governamentais, interesses políticos organizados e os próprios cidadãos. No entanto, separar as tecnologias dos fenómenos sociais, ou o social e o material, não é simples. Como afirmam Bimber e Gil di Zúñiga: (a) A aparente ligação entre os meios de comunicação social e os fracassos epistémicos nas democracias mostra as limitações da ideia de que as tecnologias não devem ter um lugar de destaque na explicação dos resultados. (b) Os estudiosos dos meios de comunicação social e da comunicação política concordam que os meios de comunicação social e as tecnologias conexas têm implicações diferentes ou exercem forças diferentes na política do que as tecnologias dos meios de comunicação social.

Discurso das empresas tecnológicas

*"A melhor forma de combater a desinformação é responder com informação
exacta, não com censura Y*
(Elon Musk, 2023)

As principais utilizações dos sítios de redes sociais como esferas públicas são as seguintes: acompanhamento do desempenho do governo pelos indivíduos, acesso a informação política, compreensão das diferentes dimensões da realidade política, capacitação dos cidadãos para tomarem decisões sobre candidatos políticos, figuras públicas e/ou questões e participação efectiva em debates políticos. Por outro lado, qualquer controlo por parte do Estado ou de um grupo de interesses comerciais afecta a razoabilidade e a objetividade de uma esfera pública independente.

*"Desbloqueei todas as pessoas que tinha bloqueado, exceto os burlões.
Recomendo que outros façam o mesmo. O feedback negativo é uma coisa boa."*
(Elon musk, 24 de fevereiro)

As ameaças à esfera pública são consideradas ameaças diretas à democracia como um todo. Estes desafios são vistos como problemas globais que exigem uma resposta internacional coordenada. Os peritos e analistas em tecnologia partilham o compromisso com uma Internet aberta, que promova a liberdade de expressão e contribua para a sociedade, melhorando a comunicação e a partilha de conhecimentos e informações além-fronteiras. Estão empenhados em desenvolver estratégias para tornar o discurso em linha mais forte e as plataformas mais justas. O fator-chave é a ação colectiva; *"juntos, e não individualmente, a mudança é melhor". '*

"Power to the People" (Elon Musk, 5 de novembro de 2022)

A sociedade civil considerou o ciberespaço muito eficaz nas deliberações públicas sobre questões importantes, tanto a nível local como nacional e global. Torna-se um espaço para activistas e jovens líderes políticos e sociais divulgarem os seus princípios e ideias que facilitam a mudança social e política. Proporciona oportunidades iguais de participação aos jovens, ao *partido* apolítico, às minorias e aos grupos vulneráveis e marginalizados das sociedades. A opinião pública eletrónica tem influência nos assuntos públicos. A digitalização da democracia deu origem a novos conceitos e modelos na política moderna: democracia eletrónica/democracia digital/tecnodemocracia. Os marcos do ciberespaço estão documentados da seguinte forma: Barack Obama 2008, Irão 2009, primavera Árabe 2011 e Indigandos em Espanha, 15 de maio de 2011.

"Nunca foi tão importante passar o Twitter a ser propriedade pública. Deve ser gerido como um bem público, não como um brinquedo de um bilionário. " (Jason Hickel, 19 de novembro de 2022)

Com o Twitter a divulgar um relatório de resultados, os analistas estão preocupados com o futuro do crescimento do número de utilizadores do Twitter. "As inscrições de novas contas estão a atingir um máximo histórico, com o gráfico a remontar a 2014; 2 milhões por dia. Isto pode significar que há mais pessoas interessadas em participar na conversa do Twitter e, com o Facebook a ficar obsoleto e o Instagram a sofrer uma crise de identidade, o Twitter parece estar a tornar-se uma consideração mais interessante. Talvez os defensores da liberdade de expressão estejam a aderir à nova praça pública de Elon, mais aberta. Talvez estejam em mercados em desenvolvimento, como tem sido a tendência de crescimento predominante do Twitter nos últimos três anos". (Hutchinson, 2022)

"Tudo o que acontece no Twitter agora é muito mais fácil de entender se você já teve um irmão mais novo que inventou um jogo e adicionou uma nova regra toda vez que começou a perder." (Andrew Nadeau @TheAndrewNadeau, 7 de novembro de 2022)

Vários utilizadores afirmaram que, nos últimos anos, parte do puro prazer do Twitter foi substituído pelo ódio. Um dos tweets de Elon Musk (2023) descrevia o Twitter dizendo: "A capacidade da publicidade no Twitter para chegar às pessoas mais influentes do mundo não é muitas vezes totalmente apreciada. Embora algumas outras redes sociais sejam tecnicamente maiores, o Twitter é onde os escritores e os líderes passam o seu tempo". Mas a questão continua a ser "porque é que os utilizadores do Twitter voltam sempre? Lauren Feiner (CNBC, 2019) fez esta pergunta e as respostas dos seus entrevistados incluem: "A lista de formas positivas como o Twitter influenciou a minha vida é muito mais longa do que a lista de formas negativas. '[É] um espaço para partilhar coisas muito íntimas sobre a minha vida; um diagnóstico mortal, por exemplo.' As qualidades de mensagem curta e fugaz do Twitter ajudaram-na a expor-se a novas perspectivas. Tem a capacidade de afastar as pessoas e de as prejudicar, [mas também existe um] tipo de discurso natural que nos permite sentirmo-nos próximos uns dos outros, que nos permite sentir uma maior empatia uns com os outros. Utilizar a plataforma para angariar fundos para causas que nos interessam; através do Twitter, [consegui] angariar 5.000 a 10.000 dólares para várias causas num único mês. Acabei por aceitar o facto de que o Twitter não se preocupa realmente com a segurança dos seus utilizadores.

O que é que o Facebook reserva para o futuro? Parece provável que a empresa continue a crescer a um ritmo acelerado, especialmente nos países em desenvolvimento, onde o acesso à Internet está a tornar-se cada vez mais comum. Além disso, é provável que o Facebook continue a expandir as suas funcionalidades e ofertas, como o serviço de mensagens do tipo Snapchat, recentemente lançado, chamado Slingshot. Com tantos utilizadores já ligados ao Facebook, é difícil imaginar que o site perca a sua popularidade em breve. (Newsd, 2023)

A questão da "responsabilidade" está ligada à "monetização". Argumenta-se que o "Graffiti de um restaurante" é a forma como o conteúdo das redes sociais é visto; não é da responsabilidade da empresa ou da plataforma; é puramente um conteúdo gerado pelo utilizador. Por outro lado, as exigências de regulamentação rigorosa têm outra origem: é o fotógrafo que vende as fotografias do "graffiti da casa de banho do restaurante". Se as empresas de redes sociais estão a lucrar com os dados dos seus utilizadores, adaptando o público aos anunciantes, então, estas plataformas têm controlo sobre o conteúdo publicado e partilhado e, consequentemente, são diretamente responsáveis por ele.

Para um Futuro MelhorZDiferente

A segurança e a estabilidade foram escolhidas em detrimento da liberdade e do direito de protesto. Foi eficaz? A Análise Causal por Camadas afirma que não existe uma narrativa certa ou errada; no entanto, questiona o seu resultado e se está ou não de acordo com o destino desejado.

A literatura afirma que tanto a segurança como a liberdade são valores inter-relacionados e que não há nenhuma sociedade que possa sacrificar um pelo outro; especialmente no caso dos países que testemunharam uma revolução ou protestos em massa, as autoridades não devem ignorar ou suprimir estes apelos à liberdade. Além disso, está provado que a sociedade que pratica a discriminação e a exclusão enfrenta ameaças à sua segurança e estabilidade actuais e futuras.

A sociedade que tem seus direitos e liberdades atendidos é a sociedade que tem os fatores para sua estabilidade e segurança. Além disso, a literatura afirma que a proteção da sociedade contra riscos e ameaças exige a criação de leis que estabeleçam os pilares da construção do Estado; no entanto, nesta visão, os procedimentos de segurança não significam: prevenção, detenção, tortura e desaparecimento forçado; mas significa (1) aumentar e desenvolver a consciência e o conhecimento, (2) reforçar o sentido de responsabilidade entre os membros da sociedade, (3) encorajar e estabelecer as bases e os quadros para a participação da sociedade nos assuntos públicos. A segurança, na sua essência, significa um sentimento de homogeneidade e partilha de direitos e deveres.

Não há segurança efectiva se cada indivíduo de uma sociedade não estiver livre das suas preocupações e medos e não embarcar no caminho da construção e do desenvolvimento, sem preocupações que congelem as suas capacidades ou que o impeçam de se adaptar positivamente à sua comunidade, ou sem medos que o travem. A segurança e a liberdade não se excluem mutuamente; são valores interdependentes e inseparáveis de qualquer sociedade, não se trata de uma relação antagónica; não há contradição de direcções nem de objectivos.

Durante os períodos de transição, há uma divisão entre os que colocam a liberdade acima de tudo e os que exigem segurança em detrimento de quaisquer outros direitos. Ambos procuram o interesse superior, mas diferem nos procedimentos, alegando que um ou outro, ou ambos, estão errados. Isto acontece devido à imaturidade política e à falta de consciência da vontade pública. Trata-se de uma relação de participação complementar; as políticas de segurança visam proteger os direitos e os deveres dos membros da sociedade contra ataques/agressões/abusos ou violações, e a liberdade visa reforçar os valores da segurança e da estabilidade, avançando para uma sociedade próspera. Os casos históricos provam que isto é correto.

Muitos escritores anunciam que mudaram de opinião e passaram para aquilo a que se chama uma fase de "pós-polarização", evitando a dicotomia ou o "connosco ou contra nós" que dominava a "mentalidade pública". As questões nacionais são consideradas complexas e não são facilmente diagnosticadas através da lente de uma experiência pessoal entre 100 milhões de concidadãos. É uma perspetiva humilde e apoia a escuta e a compreensão em vez da expressão e da persuasão como funções de comunicação.

Além disso, aceitar a outra opinião é o primeiro passo para rejeitar qualquer pretensão de monopólio da verdade absoluta. Esta é a base do autoritarismo e do extremismo; aceitar as diferenças de caminhos e destinos através do diálogo pacífico e civilizado.

A comunicação de massas no mundo árabe foi sempre um poderoso meio de controlo, tanto em tempos de crise como de paz; "tal como os actuais representantes dos meios de comunicação social, os chefes tribais e os líderes estatais contavam com poetas e oradores para defender os seus interesses tribais e nacionais contra os inimigos" (Ayish, 2013).

[thth]O discurso dos meios de comunicação social era visto como a razão por detrás de muitas crises que aumentavam o caos social. Desde 2015, é considerado a chave para as soluções, tendo sido instado a deixar de atacar a revolução de 25 de janeiro, enquadrando o 25 de janeiro e o 30 de junho como dois acontecimentos contraditórios, a eliminar o tom inflamatório contra os cidadãos egípcios, independentemente das suas filiações, e a pôr termo às acusações sem provas, bem como a promover um discurso maduro de sensibilização para a liberdade como um valor tão importante como a segurança.

O futuro das nações depende da adoção de avanços tecnológicos. Uma perspetiva social considera que um Estado inteligente deve prestar atenção ao impacto dos sítios de redes sociais no comportamento humano, uma vez que estas plataformas estão a tornar-se uma das ferramentas mais importantes na construção do futuro; facilitam o aumento da sensibilização para a saúde em geral, difundindo a estabilidade em termos de segurança, espiritualidade, valores, comunidade e capacitação económica, reforçando a identidade nacional virtual. Isto baseia-se na reformulação da forma como os sítios de redes sociais são considerados e na utilização dos seus aspectos positivos. Caso contrário, o Egito será como o "homem das cavernas" (Fathy Shams Al-Din, 2020), pois ficará muito para trás na transformação digital e não conseguirá proteger-se das tentativas de pirataria informática e da desintegração do Estado.

A esfera pública, nos escritos de outros pensadores políticos e sociais (Hannah Arendt, por exemplo), foi substituída; em vez do espaço racional que visa o interesse público através de discussões entre indivíduos que partilham conceitos e argumentos homogéneos, a esfera pública exprime diferenciações, uma vez que os cidadãos têm perspectivas heterogéneas.

No caso do Egito, foram trocadas mensagens optimistas sobre o futuro durante o 12th aniversário da revolução de 25th de janeiro de 2023. A mensagem central é a de que a autoridade deve divulgar o facto de a revolução ter sido um ponto de viragem na relação entre os governantes e o povo. Além disso, a maturidade social e a consciência colectiva, especialmente entre os jovens, relativamente ao verdadeiro significado da liberdade e aos mecanismos para a expressar, bem como aos seus fundamentos e manifestações, eram limitados.

[th]O regime político não se apercebe da mudança de mentalidade ocorrida no Egito desde o 25 de janeiro. Em vez de agir como adversário, o regime político deve agir como juiz entre as partes em disputa e proporcionar um espaço para o debate e as discussões; especialmente tendo em conta o facto de que na política não se trata de obedecer a ordens, como no contexto da segurança, mas baseia-se em princípios de negociação, harmonia e obtenção dos maiores ganhos possíveis. Este é o caminho para resolver a difícil equação". (Amr Hamzawy, 2015)

De um modo geral, a primavera Árabe é considerada como um catalisador de uma mudança em curso; as revoltas árabes podem ser entendidas como mais uma fase de um processo histórico mais longo de modernização e ajustamento cultural no mundo árabe, iniciado no século XIX.

Antes das revoltas, o persistente fraco desempenho económico, incluindo as reformas de "mercado" da década de 1980, minou as protecções sociais, outrora robustas - um elemento-chave do "antigo contrato social" - especialmente nos países não exportadores de petróleo. Este fraco desempenho conduziu a uma rutura do antigo contrato social e a uma crescente insatisfação dos cidadãos árabes, que acabou por desencadear as revoltas.

Durante as transições, muitos dos problemas políticos, económicos e sociais que desencadearam as revoltas deterioraram-se e as economias políticas de muitos países não se alteraram de forma significativa.

As pessoas da região querem mais do que transições políticas. As reformas políticas limitadas - muitas vezes fracassadas - levadas a cabo pela elite política durante as transições não produziram nem podem produzir a profunda transformação social necessária para concretizar as ambições políticas, económicas e sociais das revoltas. O diálogo social institucionalizado é muito promissor para facilitar o debate público e a comunicação entre o Estado e os cidadãos, essenciais para conceber e criar consensos sobre os termos de um contrato social novo e inclusivo.

Para o Egito, especificamente, havia certas questões que são consideradas os pilares de um futuro melhor, em geral, e de uma esfera pública mais democrática, em particular. As mensagens centradas num tipo de mudança "de baixo para cima", em que "o povo" está no centro de qualquer mudança, estão a dominar o discurso político como resposta ao que foi descrito como um discurso oficial de

"ridicularização da política".

O fascismo interior, nas nossas cabeças e comportamentos diários, é a razão pela qual aceitamos o discurso de ódio, a acusação de traição e a justificação do castigo coletivo que domina a opinião pública. O estado de guerra; ou se apoia ou se fica em silêncio. Os dois pesos e duas medidas são sobretudo válidos para as classes média e alta. (Amr Hamzawy, 2014)

Mesmo que a história nunca se repita da mesma forma, o passado recente do Egito mostra claramente os riscos de tal cenário. Por exemplo, a história de sucesso do controlo estatal sobre a esfera religiosa pode ter efeitos adversos. Tal como aconteceu no tempo do antigo presidente Gamal Abdel Nasser, as pessoas poderiam perder a confiança na instituição religiosa oficial. Isto, por sua vez, poderia levar ao aparecimento de uma esfera religiosa paralela - e perigosa" (Azzurra Meringolo, 2015)

"A forma como estamos a falar hoje em dia é reveladora do rumo que estamos a tomar." (Ma'moun Fandy, 13 de novembro de 2022)

No entanto, as pessoas precisam de visão, organização, objectivos, consenso, e esta é a função da sociedade civil, dos meios de comunicação social independentes que aceitam as diferenças de opinião, dos partidos políticos e dos sindicatos". (Muhammad ElBaradei, 2023)

Os principais obstáculos abordados são: o domínio económico das

empresas, o controlo e a monitorização da gestão, a dificuldade de compreender a

reflexividade e a fragmentação com a variedade de opiniões e informações.

Cenário da terceira camada: 'A centralização da verdade'

[th]A esfera pública virtual foi analisada em relação ao "aspeto cultural do modernismo" e à "emergência da democracia" num Cadre Médiatique; uma esfera mediadora que desempenha o papel que a imprensa desempenhou no século XVIII, desafiando todas as formas de influência política e financeira. Representava um edifício desbloqueado para dar sentido e comunicar, bem como uma forte força de mobilização. E, mais importante, forneceu um mecanismo eficaz de vigilância nas suas dimensões filosófica e sociológica, juntamente com o aspeto dos Media. " (Bumadian, 2019)

A nível internacional, o futuro desejado está a caminhar para "uma nova ágora". O documento de síntese do Programa de Comunicação para a Governação e a Responsabilização (CommGAP), divulgado em 2010, afirma que *"uma esfera pública saudável e aberta é um remédio contra a opinião desinformada e irreflectida".* Consequentemente, exige "educação, acesso à informação e deliberação" sobre questões de interesse comum.

Há duas narrativas concorrentes, pelo menos à primeira vista, que reproduzem a velha dicotomia entre estrutura e agente. A primeira narrativa centra-se em *"forças sistémicas, tecnológicas e impessoais que trabalham nos bastidores para dominar e explorar os utilizadores da Internet com fins lucrativos!* A segunda narrativa está ligada a *"maus actores que exploram uma tecnologia neutra para fins nefastos".* Ambas as narrativas podem ser parcialmente verdadeiras, mas a primeira narrativa está a receber mais atenção e pensa-se que conduz a um derrotismo tecno - distópico injustificado.

> *"As plataformas digitais, na sua maioria, procuram equilibrar as exigências da democracia com os objectivos do lucro; não pretendem minar a democracia - de facto, muitas são bastante idealistas quanto aos contributos positivos para a vida pública - mesmo que algumas das escolhas de conceção que fizeram em nome do lucro tenham, de facto, minado a democracia. Os novos autoritários, pelo contrário, têm como objetivo minar e enfraquecer a democracia. Antigamente, os Estados autoritários concentravam-se na sociedade civil e na supressão dos movimentos sociais. É claro que isso continua a acontecer. Mas o autoritarismo tornou-se virtual; 'destruir a esfera pública' é a nova estratégia autoritária que, em alguns lugares, substituiu a supressão direta da sociedade civil".* (Simone Chambers e Jeffrey Kopstein, 2022)

[th]No Egito, uma esfera pública aberta e acessível é referida como uma das exigências da revolução de 25 de janeiro e está relacionada com as suas três exigências: liberdade, dignidade e justiça social. Considera-se que uma esfera

pública livre, em que os cidadãos exercem os seus direitos constitucionalmente garantidos, é também benéfica para o governo, que seria esclarecido com os seus pontos de vista e opiniões, e é a garantia de que a angústia dos cidadãos não se transformará em protestos maciços que desestabilizem o processo político.

[th]Considera-se que o regime político não se apercebeu da mudança de mentalidade ocorrida no Egito desde o 25 de janeiro; em vez de agir como adversário, o regime político é chamado a agir como juiz entre as partes em disputa e a proporcionar um espaço de debate e discussão, aplicando princípios de negociação, harmonia e obtenção dos maiores ganhos possíveis.

O discurso mediático esteve na origem de muitas crises; no entanto, pode ser também a chave para as soluções, como referido. É necessário: (1) deixar de atacar a revolução de 25th de janeiro. Deixar de enquadrar o 25th de janeiro e o 30 de junho como dois acontecimentos contraditórios. (2) Deve abandonar o tom inflamatório contra os cidadãos egípcios, independentemente das suas filiações, e deixar de acusar sem provas, sob pena de aumentar o caos social.

(3) Promover um discurso maduro de consciencialização sobre a liberdade como um valor tão importante como a segurança.

[i]Após 11 anos de disputas e polarização, existe uma necessidade urgente e um compromisso ético para que todos deixem de se concentrar no passado, que não podemos mudar, e passem a olhar para o futuro, que está nas nossas mãos. Atingir os objectivos da revolução, a liberdade e a dignidade humana, é uma dívida que todos os egípcios têm para com a pátria e as gerações vindouras". (Muhammad Elbaradei, 2022)

O alinhamento social pretendido não é o alinhamento de um sector contra o outro numa batalha de soma zero em que todos perdem, e não significa que as crenças pessoais devam ser abandonadas, nem a imposição de um estilo de vida unificado; significa, sim, que todos os egípcios estão de acordo quanto aos princípios e valores básicos que lhes permitem viver em conjunto.

Se o clima político estabilizar e os meios de comunicação tradicionais se tornarem mais acessíveis, os sítios de redes sociais podem assumir um papel menos crítico na formação do discurso público. Neste cenário, as redes sociais podem continuar a ser utilizadas como uma ferramenta para organizar e coordenar o ativismo, mas podem não ser tão influentes na formação da opinião pública.

A importância da opinião pública, que não é a "tirania da maioria", reside no facto de a legitimidade e o êxito dos governos se basearem na obtenção de "uma unidade nacional" que permita a aplicação eficaz das políticas; o apoio ativo e informado do público aos programas e reformas oficiais. A deliberação pública assegura a representação equitativa de diversas vozes e grupos, permitindo que os cidadãos forneçam os seus "contributos".

"Ontem foi o aniversário do nascimento do cego [referindo-se ao 'Decano da Literatura Árabe', Taha Hussein, 1889-1973] que viu o que os sucessivos governantes do Egito desde julho de 1952 não conseguiram ver; a importância crítica da qualidade da Educação e da Liberdade de Investigação Científica sem restrições; como as âncoras do seu projeto de revitalização do Egito e de alcançar uma posição avançada no mundo, pois foram os ingredientes do avanço contra o domínio otomano e a colonização britânica." (Bahai Aldin Hassan, 16 de novembro de 2022)

O Presidente egípcio declarou 2019 como o "Ano da Educação". A página oficial do Ministério dos Negócios Estrangeiros do Egito publicou um artigo em 2018 afirmando a importância da educação para a democracia em todo o mundo;

O Presidente dos Estados Unidos, Franklin Delano Roosevelt, tinha razão ao sublinhar que "uma democracia bem sucedida depende em grande medida das

5.4 MITO/METAFORA

A camada mais profunda, Mito/Metáfora, está a trazer à superfície as dimensões emotivas *inconscientes* dos conceitos-chave da questão. Diz o *"porquê"* das três fases anteriores da análise. Requer uma análise psicológica e de subtexto que extraia os arquétipos profundamente enraizados, tecidos no tecido de quase todos os conteúdos intelectuais, lúdicos, religiosos, técnicos e/ou emocionais que definem e têm impacto na *realidade* individual e colectiva. Para tal, é necessário aprofundar as seguintes questões: O que é que encerra os *sentimentos* em que esta visão do mundo se baseia? Que *mitos* ou histórias populares vêm à mente? Que *metáforas* vêm à mente? Quais são as *histórias* subjacentes que a alimentam?

"Se queres libertar uma nação, dá-lhe a Internet." (Revolução 2.0, 2012)

A narrativa pró-Internet é que "há algo de profundamente humano na Internet; a sua infraestrutura, a capacidade das pessoas de se juntarem sem autorização e inovarem, de comunicarem e a capacidade dos actores de agirem independentemente". Basta que tenha provado que uma velha metáfora árabe é possível: *"As fronteiras são apenas pó, e a nossa luta é uma só".* '

Todas estas caraterísticas são próprias de uma tecnologia muito humana. Ao mesmo tempo, para além desta maquinaria pesada, os seres humanos alimentam constantemente a Internet com dados que afectam as suas vidas e as dos outros. Embora os investigadores falem de questões relacionadas com o discurso na

Internet, raramente se põem a considerar o impacto que a supressão do discurso tem nos seres humanos. (Konstantinos Komaitis, 2022)

'Toda a gente continua a despedir-se no Twitter, mas ainda estamos todos aqui.'
(Farah-Silvana Kanaan, 16 de novembro de 2022)

As redes sociais enquanto esfera pública na região árabe em geral, e no Egito em particular, são narradas como a história de uma geração de jovens activistas com conhecimentos tecnológicos que utilizaram o Facebook, o Twitter e outras plataformas para derrubar o ditador egípcio de 30 anos, é uma narrativa poderosa e que, em diferentes graus, foi acolhida pelos meios de comunicação social e outros.

Mas esta visão também tem os seus críticos. A revolução egípcia teve várias causas, incluindo a corrupção, a brutalidade policial, o desemprego, os baixos salários e as más perspectivas: realidades enfrentadas por todos os egípcios, independentemente de terem ou não uma conta no Facebook. Além disso, como salientou o bloguista egípcio Tarek Shalaby, "tudo se resume a tomar as ruas". As mais de 800 pessoas mortas durante a revolução não morreram online".

"O que é que vais escrever no teu relatório? Vou escrever que todos os valores se perderam
, mas que
a segurança está no sítio." (Naguib Mahfouz, O Crime, 1973)
À medida que a opinião pública egípcia se polarizou entre vozes pró e contra o governo, o discurso político em linha também se tornou altamente controverso. O assédio verbal é comum e muitos activistas têm sido perseguidos offline por campanhas agressivas nas redes sociais pró-governo. Além disso, a atividade em linha atrai tanto a atenção positiva como a negativa. É possível construir uma audiência em linha, mas ao fazê-lo corre-se o risco de atrair o olhar

indesejado dos serviços de segurança.

"Ouçam a dor das pessoas e não a sua raiva". (Faten Salah, 13 de novembro de 2022)

"O livro de Samuli Schielkes, 'Egypt in the Future Tense', é o resultado de tal empreendimento." (Emanuel Schaeublin, 2016) Schielkes questiona o que aconteceria se "[os investigadores] tomassem as esperanças e as ansiedades existenciais das pessoas como ponto de partida da análise antropológica? Argumenta-se que a vida no Egito contemporâneo é determinada principalmente pelo capitalismo global; caracterizada por uma "sensibilidade mais profunda de estar no mundo".

O mundo em rápida mudança e expansão privou as pessoas de "muitas das bases de certeza que existiam num mundo mais pequeno e mais lento", ao mesmo tempo que abriu horizontes de promessas que se reflectem em profundas ansiedades em relação ao futuro. É esta nova "temporalidade do futuro" que faz com que as pessoas vivam num "estado de tensão entre a frustração e a impotência, por um lado, e a expetativa de algo melhor que está para vir, por outro".

[i]Se alguma vez utilizou as palavras "primavera Árabe e redes sociais" em algum dos seus trabalhos, isto também faz parte dessa história. Não podemos abandonar os prisioneiros políticos que puseram o seu corpo e a sua liberdade em risco e expandiram a nossa imaginação do que poderia ser a era digital. Pegamos, construímos e seguimos em frente. Esquecemos as pessoas para quem isto não é uma teoria ou uma abstração. (Nanjala Nyabola, 8 de novembro de 2022)

A luta por definições e a procura de um terreno comum quando se trata de equilibrar a regulamentação e a liberdade de expressão é sobretudo narrada como uma representação da "lei". As discussões nesta camada vão para além da compreensão e análise das leis, para interpretar as intenções subjacentes a essas leis e a sua paráfrase contextual, juntamente com as consequências e as alternativas; "as leis nunca estão acabadas", "não é a lei que dita o justo; pelo contrário, é o justo que dita o que é legal", "se é feito pelo homem, então pode ser feito pelas mulheres".

"O povo egípcio não está preparado para a democracia". (Vice-presidente Omar Suleiman, 2011)

Uma das narrativas diz que "a elite política, cultural e religiosa egípcia" não quer que o povo participe na governação do seu país ou que tenha uma palavra a dizer nos assuntos públicos políticos. A situação é descrita como "esforços para fechar a esfera pública política egípcia". A história é contada da seguinte forma: "o objetivo do atual regime é fazer regressar o Egito ao status quo anterior à primavera Árabe, restabelecendo o controlo do Estado sobre a esfera pública".

"As normas de liberdade de expressão aplicadas nos países desenvolvidos não podem ser aplicadas aos países em desenvolvimento." (Primeiro-Ministro egípcio, janeiro de 2023)

Isto estende-se à esfera pública cibernética; "diz-se que o escrutínio do Estado "se tornará cada vez mais acentuado à medida que novos regulamentos restringem o anonimato em linha e proíbem a utilização de encriptação, facilitando a vigilância". Os fornecedores de serviços Internet são obrigados a manter bases de dados sobre as actividades dos seus clientes e a permitir que o governo aceda a essas informações". Projeto de lei sobre o cibercrime, enquadrado na legislação antiterrorista, que permite às autoridades policiais bloquear sítios Web e aplicar pesadas penas de prisão aos utilizadores da Internet por *"crimes vagamente definidos"*, tais como "prejudicar a paz social" e "ameaçar a unidade nacional".

"Atualmente, os inimigos do Estado são o seu povo.· (Wael Eskandar, 12 de

novembro de 2022)

Alfarafir[1] é repetidamente referido quando se fala de "autocracia", "mundo hierárquico", "classes sociais" e relação "povo-autoridade", entre outros conceitos. Esta peça dos anos 60 baseia-se numa longa história humana em que sempre houve "um amo" e "um servo".

De um modo geral, a peça discute os diferentes tipos de sistemas políticos que têm em comum esta relação, bem como as guerras sem objetivo e irresponsáveis dentro das nações e entre elas. A peça revela que a natureza humana tende para a liberdade, a igualdade e a fraternidade; em suma, *"os direitos humanos são universais"*.

O modelo mestre-escravo tem estado profundamente enraizado ao longo da existência humana; um mestre é quem controla e dá ordens, enquanto o servo segue as ordens/obedece. No entanto, o *"farfour"* ou o criado é representado como uma personagem inteligente que procura continuamente soluções para alterar a situação e sair deste dilema. Nas representações modernas, o papel do criado foi substituído por uma mulher, centrando-se especificamente nas questões das mulheres no mundo árabe.

(Azza Ahmad Haikal, 2015; Ali Abu Humailah, 2021; Ibrahim Al-Arees, 2022)

A Casa tem um Senhor que a protege. Não temos política para participar".

A estagnação do processo político numa comunidade reflecte-se na narrativa; a "ausência de política", "a morte da política" e "a morte da esfera

---

[1]Substantivo/adjetivo plural sarcástico para um pequeno pássaro/pardal. Uma peça de teatro do escritor egípcio de não-ficção, dramaturgo e romancista *Yosuf dris* [1927-1991]

pública" reflectem um problema de "raciocínio" e "diálogo" nas práticas sociais. As pessoas já não são capazes de divergir sem se estigmatizarem mutuamente como agentes, espiões, traidores e/ou terroristas.

"Estava a conversar com uma pessoa na Tunísia sobre a razão pela qual tantas pessoas já não seguem a política e nem sequer querem acreditar que o governo tenciona seriamente aumentar os preços/cortar os subsídios. Sugeriram uma razão simples: distanciamento e negação como mecanismo de sobrevivência".
(Mohamed Dhia Hammami , 9 de novembro de 2022)

Em 2017, o presidente egípcio dirigiu-se às Nações Unidas e afirmou que a única forma de resolver os diferendos entre países é *"não intervir nos assuntos internos de cada país e respeitar a sua soberania"*. Acrescentando:

A proteção dos direitos humanos não se concretizará através da difamação dos meios de comunicação social ou da politização dos mecanismos de direitos humanos, ignorando a necessidade de abordar todos os direitos humanos de forma equitativa, incluindo os direitos económicos, sociais e culturais em pé de igualdade. O Egito dispõe de uma base constitucional sólida para a proteção dos direitos humanos. (O Presidente do Egito, 2017)

Há uma narrativa de "medo da democracia"; a sociedade egípcia é vista como não aceitando que as plataformas de redes sociais estejam a diminuir as fronteiras entre as classes. Existe uma subtil divisão de classes no seio da sociedade egípcia desde a fase monárquica, e existe na sociedade um receio da democracia como uma abordagem que "permite que todos tenham uma palavra a dizer" no futuro do país.

Também se apresenta como o receio de "guerras psicológicas" nas redes sociais no Egito; *"as guerras psicológicas, ao contrário das guerras militares, não seguem regras e não têm limites nas ferramentas que aplicam. [Visam o sistema nervoso das pessoas e o seu espírito".* É sobretudo debatido num quadro ético. Esta narrativa centra-se em campanhas de difamação, acusações de ateísmo e heresia de diferentes lados contra o "outro", por vezes diretamente após a morte de alguém (uma figura pública). A sociedade egípcia é descrita como uma das "comunidades miseráveis".

[ii]A adrenalina domina a razão e a lógica; e faz-nos [comunicar] como se cada discussão fosse uma luta pela sobrevivência. Este é o exemplo mais simples da importância da educação para o futuro dos povos." (@xgypt, 8 de novembro de 2022)

O *"poder das redes sociais"* refere-se principalmente ao papel das plataformas das redes sociais na criação e difusão de iniciativas sociais eficazes e na sensibilização do público. O papel social das redes sociais está a crescer. Desde campanhas de caridade até à mudança de estereótipos específicos sobre categorias vulneráveis e marginalizadas da sociedade egípcia. Este debate público é parte integrante do seu papel como esfera pública, uma vez que não se limita a questões puramente políticas; *"tudo é política, mas a política não é tudo*

Afirma-se que os boatos se espalham sobretudo durante a era do populismo, as guerras e as epidemias. Durante os períodos de paz, os boatos espalham-se primeiro e depois são confirmados, uma vez que *"os boatos eram utilizados como sinónimos de notícias falsas, mentiras, desinformação, desinformação e exagero"*. Diz-se que o objetivo final dos boatos é o "caos na sociedade", pois fazem com que esta "perca a vontade e a determinação".

"A questão ética de Kant é: o que devo fazer? Na era atual dos meios de comunicação social, torna-se: o que devo dizer?" (Awny Belal, 31 de agosto de 2022)

É evidente um enquadramento religioso; esta narrativa refere-se ao Islão *Qura'n* e à *Sunnah* profética para afirmar a importância da "boa palavra" e da "moral" numa sociedade, e para diferenciar entre liberdade de expressão e causar corrupção ou sedição numa comunidade, *o que o Islão* proíbe. *{Nuun. Pela pena e pelo que escrevem}* [Alcorão 68:1] *{Os fiéis! Evitai as suspeitas, porque algumas suspeitas são pecados. E não espieis, nem vos calunieis uns aos outros...}* [Alcorão 49:12]

Apela também aos pensadores e escritores intelectuais para que actuem de forma responsável e liderem a mudança através da divulgação de opiniões e não de interesses pessoais; de princípios e não para ultrapassar os outros ou para obter resultados políticos; para que procurem a verdade e não a autoridade e o poder; para que sejam amantes da sabedoria e não da sedição.

"Quando um árabe for capaz de dizer a sua opinião oculta em público, então teremos evoluído. Até esse momento chegar, estamos [a viver] num mundo que não tem nada a ver com o mundo." (Ma'moun Fandy, 18 de novembro de 2022)

A diversidade, a existência de diferentes pontos de vista e perspectivas dentro e entre comunidades e nações, é considerada uma coisa positiva e natural; enriquece o pensamento e é um meio de progresso. Além disso, numa perspetiva religiosa, está de acordo com a forma como *Alá* organizou este mundo. {E, *se o teu Sustentador assim o quisesse, teria podido fazer de toda a humanidade uma só comunidade; porém, não o quis, e, por isso, continuam a ter opiniões divergentes}.* [Alcorão 11:118]

A narrativa intelectual e cultural geral no mundo árabe é que não existe uma verdadeira liberdade pessoal na região árabe. Existe um património sagrado de tradições e normas que são mais válidas do que qualquer escolha pessoal "diferente".

A mensagem igualitária do Islão é "notada no facto de todos os muçulmanos serem iguais perante Deus, e o mais favorito a Deus é o mais piedoso. O poder

social é conferido às instituições através de um processo de delegação popular. A

nível familiar, os homens recebem *quwama* ou a responsabilidade pelas mulheres.

Nas tradições seculares árabes, a autoridade é conferida a indivíduos como o pai, o

chefe ou líder tribal, o idoso, o filho varão e o rico" (Ayish, 2003).

"O [cidadão] árabe é beduíno no seu subconsciente. Exalta o poder, o orgulho e a arrogância nas suas acções, enquanto no seu discurso prega às pessoas que temam Deus e o igualitarismo." (Cientista social iraquiano, Ali Al Alwardy, 1913-1995)

Desafiar estas tradições que, na maior parte das vezes, contradizem a lógica

ou mesmo o senso comum, é a batalha mais difícil de travar. É por isso que se

acredita que o problema na região árabe não é tanto económico, mas sim uma

conversa inacabada sobre questões culturais e sociais.

[ii]A crise do mundo árabe não é do tipo que pode ser simplesmente medida em indicadores económicos quantitativos; é uma crise social profundamente enraizada que está constantemente a ser alimentada e reabastecida com desintegração social, conflitos religiosos e étnicos inventados". (Ali Al-Kadery, pensador e economista libanês)

A metáfora da *"avestruz que enterra a cabeça na areia"* descreve a geração

mais velha do mundo árabe, que é considerada responsável pela maior parte da falta

de harmonia e de compreensão entre ela e a geração mais nova.

Os jovens, por um lado, precisam de compreender que a geração mais velha

procura 'tomar conta' deles e não 'tutelar'. A geração mais velha, por outro lado,

precisa de mudar a sua imagem estereotipada dos jovens; *'eles rebelam-se contra*

os velhos e têm uma impressão negativa em relação aos outros, principalmente à

geração mais velha, e mais cedo ou mais tarde voltariam quebrados e submeter-

se-iam à [nossa] visão'.

Em geral, as sociedades dependem dos dois. A contra-narrativa consiste em compreender a juventude; *"quais são as suas queixas? Como é que eles pensam? Quais são os seus maiores problemas? Como é que eles consideram as gerações mais velhas? Como é que se podem construir novas pontes para o diálogo e não para a tutela?* Dizer-lhes que "*se forem bem sucedidos e devidamente envolvidos em projectos ambiciosos e na construção da civilização, são o ativo mais importante para as suas nações, os pilares de qualquer sociedade funcional e a verdadeira força que apoia a estabilidade e a continuação das comunidades*". Esta é uma "grande missão" que disse para ser ignorada e considerada "como sendo muito menos importante do que outras questões".

Como explicado anteriormente por Ayish (2003), um dos atributos da comunicação numa perspetiva árabe-islâmica é a orientação individualista-conformista que produziu dois padrões distintos de processos de comunicação; um associado às tradições árabes seculares, que define a comunicação como "um processo de libertação do indivíduo da conformidade com um sistema coletivo baseado na linhagem" e de apoio à afirmação de um código de dignidade, enquanto o outro considera a comunicação de uma perspetiva islâmica como "um processo espiritual e social de harmonização do eu interior crente com a *Umma;* a comunidade colectiva" como um ato recompensado de *ibadah;* adoração. Além disso, é paternalista, reflectindo um controlo centralizado sobre o que deve ser comunicado e como.

"A liberdade de expressão significa que exprimir opiniões não deve ser considerado um crime. A liberdade de expressão não significa que a sua opinião esteja correta, mas significa que não é crime expressar uma opinião errada. A

liberdade de expressão não significa que a tua opinião terá consequências sociais e políticas, mas significa que não serás detido, interrogado, julgado e preso por causa dela. ' (@Sultan_1, 23 de novembro de 2022)

"Cada tweet que escrevemos como reação a acontecimentos específicos tem uma data de validade; expira no final do [acontecimento]. Não se pode retirar as palavras das circunstâncias em que foram escritas nem experimentá-las de acordo com as circunstâncias e a lógica actuais. E, se o quiseres fazer, então deves trazer todos os tweets que foram escritos no mesmo período e compará-los com eles e com os eventos que ocorreram anteriormente." (Amal Alharithi, 9 de novembro de 2022)

No centro das críticas dirigidas aos *tahririanos* (relativamente à Praça Tahrir*)*, está o facto de serem "sem líderes" e de estarem a praticar o "slacktivism", criticando a sua forte dependência das plataformas dos meios de comunicação social, e que teria sido melhor se tivessem aderido a partidos políticos para praticar política de forma profissional.

Muitas pessoas proeminentes, apolíticas, responderam a esse apelo, e muitos novos partidos políticos e coligações foram criados para representar a voz do movimento e fazer parte da equação política no terreno; na verdadeira esfera pública.

Após a mudança dramática da primavera Árabe em todos os países árabes, a maioria dispersa da esfera pública encontrou na Internet a forma mais fácil de se manter em contacto com os companheiros de revolução. Além disso, porém, muito do ativismo político foi transferido para a arte, o jornalismo e outras práticas no terreno, afastando-se das praças reais e virtuais.

Por exemplo, o sírio Waad al-Kateab, realizador do filme "For *Sama"*, vencedor de muitos prémios internacionais, enviou uma mensagem poderosa:

"ousámos sonhar e não nos arrependeremos de pedir dignidade". (The New Arab, 2023) Uma curta-metragem iemenita, vencedora do prémio da Amnistia Internacional no Festival de Cinema de Berlim, escolheu o título *Al-Morhaqoun* The Exhausted e documentou a guerra no Iémen.

A mesma reação é observada no jornalismo; a maioria dos que começaram como jornalistas imaturos ou cidadãos-jornalistas desenvolveram capacidades e envolveram-se gradualmente no contexto profissional; e com o rigor cada vez maior na esfera pública, com o preço da publicação em linha e da cobertura offline cada vez mais elevado, criaram ou aderiram a meios de comunicação social profissionais.

Al-Araby Aljadid (O Novo Árabe) sob a égide de *Fadaat Media* (Espaços) é um exemplo. O próprio título diz muito sobre o ponto de identidade anteriormente referido. Agora, apresentam-se como jornalistas profissionais para terem acesso à informação e aos acontecimentos numa presença credível e responsável e, para além disso, apresentam-se como um novo árabe; o árabe depois da primavera Árabe; aqueles que são diferentes dos que foram passivos e irrelevantes durante décadas. Estão agora a falar a linguagem dos "números" e do "impacto real".

Somos um órgão de informação progressista e apartidário que se centra em questões de democracia, justiça social e direitos humanos, especialmente, mas não exclusivamente, nos Estados árabes. A nossa linha editorial é independente e objetiva, embora estejamos claramente empenhados em destacar e cobrir questões que afectam os jovens e os segmentos marginalizados da sociedade. Acreditamos no direito de todos os cidadãos a uma vida livre, digna e justa". (The New Arab, 12 de dezembro de 2022)

"Somos um modelo pioneiro de comunicação social que proporciona um espaço de expressão objetiva e livre no panorama da comunicação social árabe,

acompanhando a onda de mudança que varre a região e oferecendo ao público árabe plataformas que reflectem as suas esperanças e aspirações. [Acreditamos em vários valores e utilizamo-los como controlos éticos, profissionais e práticos no nosso trabalho e nos nossos projectos mediáticos, incluindo: a parcialidade em relação aos indivíduos árabes que lutam pelos seus direitos, o primeiro dos quais é a justiça e a liberdade; a parcialidade em relação à causa palestiniana, apoiando todos os esforços do povo palestiniano, das nações árabes e estrangeiras para alcançar a justiça na Palestina". (Fadaat Media Network, 2012)

Além disso, as redes de televisão e os jornais há muito estabelecidos acrescentariam novos canais que reflectiriam o espírito da primavera Árabe, como o *Midan* (Square), que nasceu da Al-Jazeera e é um dos sítios Web bloqueados no Egito até hoje.

Estas transformações no panorama dos meios de comunicação social têm de ser reconhecidas, uma vez que ainda existe, sob as cinzas, uma narrativa nostálgica que espera o regresso de um panorama mediático dos anos 60, com "apenas dois canais de televisão locais". De alguma forma, está relacionada com a narrativa geral do "medo"; medo passageiro da mudança, da democracia, do outro, das diferenças, ... conspirações Ihrougli. Outros estudiosos dos media afirmam que não é possível construir um meio de comunicação desenvolvido numa "sociedade atrasada".

"A única conspiração é persuadir-te de que és naturalmente um perdedor e que o teu destino não está nas tuas próprias mãos. Não há conspiração mais destrutiva do que essa."

As histórias de conspiração não são um fenómeno raro. É uma caraterística do pensamento humano que é discutida de várias formas e feitios, por vezes sarcasticamente, outras vezes mais seriamente. O livro Conspiracy in Modern Egyptian Literature, de Benjmin Koerber (2018), examina a teoria da conspiração *(nazariyyat al-mu'âmarah)* como um modo ficcional numa seleção de romances, poesia e teatro egípcios, desde a década de 1950 até à década atual.

Koerber argumenta que a teoria da conspiração não só tem uma presença de longa data na literatura árabe, mas que também assume uma multiplicidade de formas, como expressão de empenhamento político *(iltizãm),* ou como "uma fonte singularmente rica de trajectórias imaginativas, correntes contraculturais e jogos não ritualizados".

O conspiracionismo - uma visão radicalmente suspeita da história como uma série de maquinações ocultas de indivíduos e grupos sombrios e trans-históricos - encerra um paradoxo no seu cerne: as sociedades secretas que controlam o mundo são simultaneamente ocultas e, em última análise, conhecíveis; todo-poderosas, mas habilmente expostas por um heroico descobridor da verdade.

Como Koerber observa, "todos os textos examinados são de autores masculinos e apresentam protagonistas masculinos - um reflexo do facto de o discurso conspiracionista estar tão fortemente ligado a noções de género da agência masculina e ao medo da sua perda. Na única voz feminina, a obra de Radwa Ashour, Koerber observa que "o conspiracionismo, ou *waswasa*, alerta-nos para perigos à espreita, mas também constitui um perigo em si mesmo". (Mende, 2019; Rossetti, 2019)

Há duas narrativas que parecem contraditórias à primeira vista; uma afirma que "a economia é a chave", enquanto a outra afirma que "não se trata de uma questão económica, mas sim política". No entanto, um olhar mais profundo revela que são semelhantes no seu cerne; ambas afirmam que a autoridade tem de procurar preservar a sua legitimidade concedida pelo "povo", de modo a imunizar o sistema contra qualquer potencial revolta das massas. O regime não menciona explicitamente este facto; refere-se antes a ele como "segurança nacional" e "estabilidade social".

Por outras palavras, as redes sociais, a Internet em geral e o futuro da democracia são questões comuns. O problema é político; um discurso político que estabeleça confiança e ação colectiva, e não propaganda ou uma narrativa nacionalista estreita.

No seu artigo intitulado "Os pobres primeiro", Muhammad Abuelgheit (2016) refuta aquilo a que chamou "*o mito de que todos os egípcios compraram telemóveis caros para aceder ao Facebook*". Abuelgheit afirma que a percentagem dos que possuem dispositivos móveis é de facto elevada; é igual a 88,1%, mas não é luxuosa; é um substituto da linha terrestre e, em contrapartida, a percentagem dos que possuem um smartphone moderno para se ligarem à Internet não excede apenas 22,1%, enquanto a percentagem de IPads e Tablets não excede 3,7%.

Ele explica minuciosamente dizendo: "*Um grande segmento das classes média e alta do Egito, e isto inclui tanto os que são a favor como os que são contra o atual regime, não compreende o que significa quando se diz "O Egito é um país muito grande;· os seus habitantes ultrapassam os 91 milhões, para além de 9-10 milhões de expatriados. Estes números não permitem a existência de dezenas de mundos e sociedades e de povos totalmente separados. Permitem, sim, a existência de números enormes, centenas de milhares e milhões de cada categoria: ricos e pobres, instruídos e analfabetos, educados e mal-educados, islamistas e secularistas e revolucionários e os pró-Estado que não querem saber de nada*". '

Embora o artigo chame a atenção para o facto de a classe média, a classe instruída, ser a que lidera a política a nível mundial e de ser a classe que fornece as elites governantes e também os opositores, Abuelgheit esclarece que o mundo não afirma que estes representam toda a população e que o mundo não esconde a cabeça dos números factuais para culpar e acusar o seu povo esmagado, seja ele pró-Estado, preguiçoso, passivo ou revolucionário, de ser uma "nação de escravos".

Além disso, o artigo aborda o conceito de que a classe que faz política no Egito é uma minoria em número, o que deve ter reflexos no estilo de trabalho, no discurso político, na governação e na oposição;

'o primeiro papel para a paz social e patriótica de todos os habitantes é que estes milhões vejam os [outros] milhões, saibam da sua existência em primeiro lugar, depois compreendam as diferenças e os seus motivos económicos, sociais e políticos. Temos de nos conhecer a nós próprios, e o primeiro passo é deixar de confiar em quaisquer expressões [de generalização]."

Cenário da Quarta Camada: Uma Nação versus uma Geração

Na história, há numerosas narrativas e não é sensato acusar o "outro" quando as narrativas diferem; porque cada um está a narrar a partir da sua posição espacial, funcional, faccional e concetual na mesma cena no momento especificado. E, cada lado tem [o seu] esforço e avaliação, e os seus erros humanos e os seus próprios interesses. [Por isso, em vez de atirar, uma pessoa razoável deveria ouvir e estar atenta. Mas a negação é dominante e o preconceito existe, e a repetição do que estava enraizado na consciência está a controlar [...] E, a isto chama-se em psicologia política "deficiência cognitiva" resultante de uma perceção profundamente enraizada nas mentes. Quem não admite erros é um recalcitrante, quem não tem boas maneiras é um arrogante, e quem não reflecte cairia inevitavelmente no mesmo erro, volta após volta". (Heba Raouf Ezzat, 2021)

As narrativas são histórias que consistem numa componente mista de mitos e metáforas. Algumas destas histórias são conscientes e outras inconscientes. Definem a forma como os indivíduos e as sociedades pensam sobre diversas questões, incluindo *"como pensam sobre o pensamento"*.

Quando se trata de "visionar" o futuro, as narrativas ajudam a determinar "o que nos impede de chegar onde queremos; que história, mito, metáfora...? O CLA exige que nenhuma visão do mundo seja considerada "a verdade", pois pode ser apenas uma metáfora/narrativa. Embora não exista certo ou errado, para ter a certeza de que corresponde ao rumo de um indivíduo ou de uma sociedade, é necessário responder a certas perguntas: *"Serve-o? Impede o sucesso? Precisa de ser negociado? O futuro preferido corresponde à sua história?*

Dependendo das respostas, qualquer solução sugerida nesta camada resulta em "intervenções mais profundas", uma vez que requer *"contar uma nova história", "religar o cérebro"* e *"construir novas memórias no corpo pessoal e coletivo"*. O cenário futuro é desenvolvido através da discussão de definições.

A inclusão é o que garante o alcance da visão mais "realista". A história também prova que é a "esperança" e não o "medo" que faz avançar os indivíduos e as sociedades. Para além disso, como se diz, qualquer liderança tem a capacidade de "fazer sobressair o melhor ou o pior do seu povo".

"O Jan25 ensinou-me uma lição diferente, ao contrário do que outros aprenderam com ele. Aprendi que devemos abrir mais as janelas para o cidadão em direção à liberdade e respeitar a sua dignidade, e a operacionalização de uma justiça célere, e a separação real das autoridades, para que o povo não expluda e destrua tanto os bons como os maus. Outros aprenderam que o espaço de liberdade proporcionado foi a razão da revolução e que, por isso, devemos fechar todas as janelas". (Hossam Badrawi, 16 de abril de 2019)

As plataformas dos meios de comunicação social libertaram as pessoas da noção de que "os especialistas é que sabem", que limitava quem tinha acesso às plataformas dos meios de comunicação social tradicionais. Os conteúdos de elevada qualidade são o meio mais rápido e eficaz de combater os conteúdos vulgares, superficiais e insignificantes. No entanto, a narrativa atual não apoia este caminho.

O "renascimento" da esfera pública foi o conceito que se refere à importância crucial da comunicação que se alinha com a "natureza do homem como ser social". Descrevia o motivo subjacente à criação de sítios de redes sociais. O ciberespaço foi considerado como uma comunidade virtual técnica que reúne indivíduos de diferentes regiões e países num único local onde o "valor" e a "cultura" são o objetivo e não apenas o avanço tecnológico. Esperava-se, portanto, que a tecnologia não ultrapassasse a sua limitação enquanto ferramenta, enquanto o "valor" e a "cultura" monitorizavam a limitação da utilização para aumentar os benefícios e os rendimentos de qualquer ferramenta.

"Prisioneiros da censura, do isolamento, da desilusão, do trauma, da depressão, da ansiedade [...] Prisioneiros do passado, prisioneiros de uma visão demasiado idealista, prisioneiros de um pragmatismo incapacitante, prisioneiros da cólera e do desejo de vingança, prisioneiros da desesperança e do indiferentismo, [...] Quantos prisioneiros há no Egito?" (Amr Salah, 2020)

No que diz respeito à participação política, verificou-se no Egito, ao longo dos anos de 2014 a 2018, nas eleições e nas alterações constitucionais, que menos de 50% participaram, enquanto outros preferiram boicotar. Além disso, foram lançados apelos a protestos públicos em setembro de 2019 e 11 de novembro de 2022. Enquanto alguns classificaram a abstenção de participação como uma *"decisão patriótica"*, outros continuam a apelar ao Estado para que *"não ponha à prova a paciência do povo".*

Afirma-se que *"as pessoas ainda não desistiram do seu poder"*. Além disso, "ser os meios de comunicação social" tem sido uma narrativa amplamente comprovada através da esfera pública em linha, e "o poder dos meios de comunicação social" é real; embora o seu impacto seja diferente e não possa ser esperado com precisão; uma vez que o poder dos meios de comunicação social depende do poder dos "seus utilizadores; o poder das próprias pessoas".

"O tempo é importante. Encontrar uma solução para a crise do Egito não deve esperar para sempre." (Abdulrahman Ayyash, 2023)

O futuro dos sítios de redes sociais enquanto esfera pública é, antes de mais, o futuro das pessoas; o seu nível de consciência, a sua vontade de participação política e a sua economia tornam-se um fardo ou um motivo de mudança social e política, entre outras variáveis. Um futuro diferente requer uma nova narrativa; que nenhuma nação alguma vez esteve pronta para a democracia; é algo que as gerações praticam decisão a decisão, e mesmo nas democracias mais antigas e bem estabelecidas, continuam a debater-se com extremistas e escolhas públicas estranhas, para além de questões semelhantes relacionadas com a polarização, o discurso de ódio, ...ect. Isto é democracia.

Numa ilha distante no sudeste do Oceano Pacífico, chamada Tonja, há rituais agradáveis [seguidos] em conflitos e animosidades entre protagonistas; cada grupo conta a sua versão [da história] durante um dia inteiro sem interrupção, depois todos [ouvem atentamente] até a sessão terminar, e no dia seguinte, o outro grupo fala e conta a sua versão durante horas sem interrupção, e assim sucessivamente até cada lado considerar o ponto de vista do outro e compreender a sua história/narração. Com o passar dos dias, as almas arrefecem, as controvérsias diminuem e a aproximação e a reconciliação tornam-se mais fáceis. Considerem e mantenham-se firmes. "(Heba Raouf Ezzat, 2021)

Para tornar os meios de comunicação social mais eficientes enquanto esfera pública, o Estado deve capacitar os cidadãos, a sociedade civil, os meios de comunicação social e os partidos políticos dentro das fronteiras da soberania do país. Quando se trata de regular a Internet e as plataformas dos meios de comunicação social, argumenta-se que é uma questão de tempo até que o velho aceite o novo e se adapte; para abrir a porta a outros que promovam uma narrativa diferente e para que os donos da história recuperem o seu direito de a contar com as suas próprias palavras.

O contexto global egípcio e árabe é descrito da seguinte forma: O "terramoto" da revolução de 25 de janeiro foi um ponto de viragem na relação governantes-povo que exigiu a reescrita de um novo contrato social inclusivo. [th]As revoltas árabes (2011-2012), em geral, são entendidas como outra fase de um processo histórico mais longo de modernização e ajustamento cultural no mundo árabe, iniciado no século XIX.

Historicamente, como narrado, as reformas e as políticas podem ter como objetivo a modernização, mas têm uma consequência não intencional que gera maior desigualdade em vez de maior inclusão. A exclusão, consequentemente, alimenta as tensões sociais, a instabilidade e a violência. Coloca as pessoas em maior risco de marginalização.

Durante as transições, descritas como "um período perigoso", muitos dos problemas políticos, económicos e sociais que desencadearam as revoltas deterioram-se. As economias políticas de muitos países não mudaram de forma significativa. Há uma necessidade urgente de *"reinterpretar o passado"* para evitar a violência que consumiria o país.

Os conflitos em curso na região têm de ser resolvidos e as projecções demográficas têm de ser desviadas das tendências actuais; caso contrário, as populações do mundo árabe continuarão a viver em condições de crise e de conflito.

As pessoas da região querem mais do que transições políticas. O diálogo social institucionalizado é muito promissor para facilitar o debate público e a comunicação entre o Estado e os cidadãos, essenciais para conceber e criar consensos sobre os termos de um contrato social novo e inclusivo.

Em 2011, o Egito esperava a "institucionalização da democracia" como um princípio organizador com os seus procedimentos e valores fundamentais; *"transformar o cidadão que protesta num cidadão participante"* e influenciar a sociedade civil, a educação, as instituições do Estado, o aparelho de segurança, os meios de comunicação social e todos os outros sectores da sociedade.

No entanto, não basta "desejar" uma esfera pública, como se argumenta; também não basta uma vontade política, nem sequer reconhecer e celebrar a diversidade; é necessário examinar as definições, os termos e os conceitos. Tudo parecia fácil e descomplicado durante os dias 18; e todos se congratulavam com os outros; (1) unidos em torno de um objetivo comum, (2) com medo da evacuação, (3) o centro era o povo, e (4) a luta não era para obter o poder, mas contra ele.

As lições aprendidas: o graffiti não é eficaz a não ser que se seja dono das paredes; a sociedade civil, por si só, é incapaz de construir uma esfera pública democrática e participativa, independentemente do dinheiro que tenha sido injetado; a liberdade de expressão e dos meios de comunicação social pode ser facilmente arrancada e engolida pela autoridade se não se basear em fundamentos comunais e de classe, bem como na estrutura jurídica e política; mesmo a esfera pública virtual, com todo o seu impacto, pode ser encurralada, restringida e marginalizada.

A esfera pública é formada historicamente através de instituições e classes, um quadro pacífico para a luta política social, e a capacidade de introduzir o que é público, e a capacidade de se envolver pacificamente e de forma produtiva em debates sobre isso. Uma esfera pública é física e virtual e é mais ampla do que a esfera política, e está a expandir o modelo de democracia participativa contra o modelo representativo.

Para Habermas, uma esfera pública baseia-se na intelectualização e na racionalização e, por conseguinte, os indivíduos devem estar livres de dimensões irracionais religiosas, sectárias e emocionais para chegar a um consenso. (Amr Hamzawy, 2011; Hedi Larbi, 2016; James Zughby, 2016; Atlantic Council, 2019; Democracy Digest, 2019; Ali Al-Rajjal, 2020; Emanuel Schaeublin, 2023)

Os sítics de redes sociais continuarão a acolher as vozes que falam fora do "tom oficial". Até agora, nenhum governo do mundo conseguiu "controlar" a esfera pública digital. Diz-se que o silêncio é o futuro ato de resistência.

Alguns analistas muçulmanos defendem que *Shura* está mais próximo do ouvido árabe do que o latim Demo Kracia, e tem uma referência religiosa. No entanto, o mundo islâmico e o mundo árabe precisam de um modelo a seguir para adotar este pilar da crença e uma das caraterísticas elogiadas dos crentes: *{e que respondem ao [apelo do] seu Sustentador e são constantes na oração; e cuja regra [em todos os assuntos de interesse comum] é a consulta entre si}* [Alcorão 42:38]

A democracia é vista como sendo melhor alcançada através de meios políticos indiretos, da base para o topo. Está relacionada com uma nova cultura política entre a autoridade e os seus opositores, permitindo a construção de uma nova consciência política na sociedade. Jan25 é visto como um exemplo de movimentos sociais electrónicos que geraram o que é conhecido como tele-democracia.

Argumenta-se que a democracia no contexto egípcio será um processo tão longo, complexo e multidimensional que está representado no chamado[i] Ciclo Khaldouniano' atribuído a *Ibn Khadoun*, no qual a nova elite compete com a antiga elite nas suas posições económicas, sociais, políticas e culturais.

Para uma mudança efectiva, existem os seguintes pré-requisitos básicos

(Bassem Rashed, 2015; Future for Advanced Research & Studies, 2015; Shaimaa Al-Sharkawy, 2015): uma vontade política; que o regime saiba e acredite que a liberdade é um valor tão importante como a segurança. Uma mudança gradual, basicamente intelectual, que eleve o valor da liberdade para ser igual ao da segurança. A autoridade tem de compreender que a segurança é conseguida através da concessão de mais liberdades aos cidadãos, em vez de restrições; especialmente tendo em conta o facto de tais restrições levarem necessariamente ao trabalho em grupos secretos que explodem num determinado momento, quando o governo e os organismos de segurança menos o esperam.

Restabelecer a confiança perdida entre o regime político e os cidadãos; as leis são vistas como sendo emitidas sob a alegação de regulamentação, organização e segurança, embora o conteúdo seja diferente; a lei de protesto no Egito destina-se a impedir os protestos, mas noutros países que têm leis semelhantes, destinam-se a notificar a polícia para que esta tome medidas para proteger os protestos pacíficos e dissuadir quaisquer comportamentos extremistas. O mesmo se aplica aos cibercrimes; nos EUA, a lei restringe a utilização terrorista das redes sociais, mas no Egito é alargada de modo a incluir qualquer opinião contrária. Esta situação criou uma crise de confiança entre a autoridade e o povo no Egito.

Politicamente, a exclusão só aprofunda a divisão social. O Estado tem de incluir todas as partes, especialmente os jovens, e encorajá-los a participar ativamente no processo político através dos partidos políticos.

Para além de abrir a esfera pública às actividades culturais e políticas, que, se organizadas em público, seriam muito melhores do que em segredo, através de debates públicos, as ideias lutariam contra as ideias contrárias, o que enfraqueceria os pensamentos extremistas e terroristas. Ultimamente, o discurso político oficial já equilibrou a liberdade com a segurança, mas é necessário pô-lo em prática e em práticas reais.

"Saudai aqueles que nos unem". (Glória à canção árabe, Campeonato do Mundo de Futebol do Qatar, 2022)

Discussão e conclusão

"Vivemos atualmente num mundo de tensão; diferentes futuros, diferentes possibilidades, e são essas tensões que tornam o dia a dia difícil para as organizações e para as pessoas. O futuro diz: Vamos clarificar a nossa visão, vamos analisar as tensões e encontrar formas de as resolver. A prospetiva estratégica consiste em reduzir o desfasamento entre o futuro desejado e a realidade atual". (Sohail Inayatullah. Série de entrevistas com Steve Gould, 2022)

[th]No que diz respeito à aplicação da análise causal em camadas aos sítios de redes sociais enquanto esfera pública no contexto egípcio, a análise revelou principalmente a cobertura mediática e o papel geral desempenhado pelas plataformas de redes sociais na comunicação política, em particular durante a primavera Árabe e a revolução de 25 de janeiro no Egito.

Para a camada de Causas Sistémicas, a análise centrou-se na revisão da literatura, para além da análise de documentos; leis emitidas para a regulação da Internet e relatórios de organizações jurídicas e académicas que refutavam criticamente estas leis e aplicações de regulamentos em exemplos e modelos que abordavam a extensão da influência e as modificações necessárias para garantir um impacto benéfico que não contradiz a liberdade de expressão e a participação política democrática. Para além disso, há trabalhos e estudos académicos que explicam os diversos factores e variáveis no contexto técnico, económico e social no Egito, na região árabe e a nível internacional.

A análise da visão do mundo demonstrou que o conceito principal é "democracia" como "um padrão de pensamento e um ecossistema de valores e moral discutível, negociável e competitivo" que facilita a gestão de conflitos na esfera pública através de esforços colectivos que procuram chegar a um "meio-termo", em vez de forçar a mudança ou impô-la por um dos lados. É melhor quando se consegue a inclusão.

Foram desenvolvidos quatro cenários para cada camada que representam o resultado global da camada; a Litania é representada no cenário *"inimigo"*, as Causas Sistémicas são representadas em *"ocupar o ciberespaço"*, a Visão do Mundo é representada em *"centralização da verdade"* e a camada Mito/Metáfora é representada em "a *história de uma nação versus a história de uma geração"*.

Figura 3: Cenários das ALC: Futuros alternativos

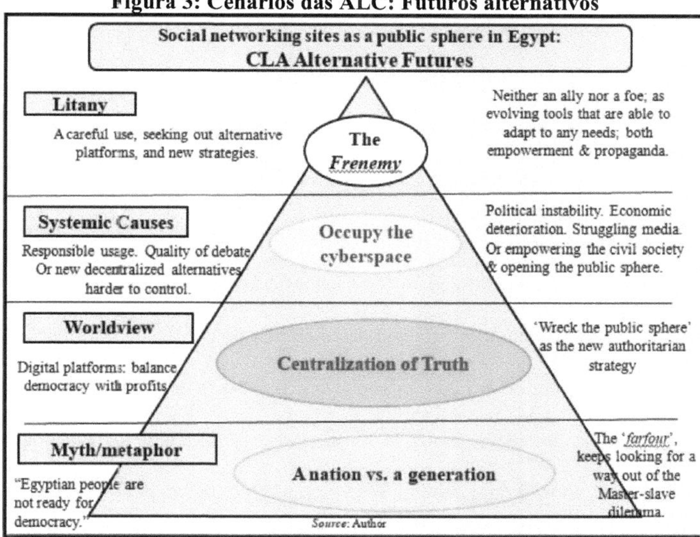

As principais forças motrizes em interação são as circunstâncias internas, principalmente a economia e a segurança, e as circunstâncias externas, o avanço tecnológico e as políticas globais e regionais de governação da Internet. Para um cenário transformador, a força motriz pode ser as mudanças socioculturais, dado que exige esforços inclusivos para representar as diferentes narrativas sobre o passado, o presente e o futuro. (ver Figura 2)

O estudo atual pertence aos estudos críticos do futuro; um estudo sistemático dos futuros preferidos, prováveis e preferíveis, incluindo as visões do mundo e os mitos subjacentes a cada futuro. A aplicação da abordagem das ALC implica a compreensão de um leque diversificado de perspectivas e experiências das numerosas partes interessadas. As ALC asseguram que a análise se baseia nas realidades vividas pelas pessoas afectadas pela comunicação política na região e que quaisquer recomendações resultantes do estudo são contextualmente apropriadas e sensíveis às necessidades e dinâmicas locais.

Habermas acreditava que todas as disputas podem ser resolvidas através de um debate aberto/público. A ação comunicativa democrática não pode obter uma verdadeira legitimidade baseada na autoridade da razão, exceto num quadro de discurso crítico liberto de restrições e obrigações autoritárias. Os meios de comunicação de massas não podem representar uma esfera pública, uma vez que dependem de um modelo unidirecional de comunicação e fluxo de informação.

A esfera pública é o espaço social das pessoas e ocorre quando estas se envolvem numa interação razoável e humana. A Internet foi considerada, naturalmente, como um fator de renovação do espírito da esfera pública e de reforço do processo democrático.

É óbvio que os sítios de redes sociais, enquanto esfera pública, estão a enfrentar vários desafios, tanto a nível global como em contextos locais, que assinalam riscos e oportunidades. Tal como descrito por Son (2013), os desafios tentam desenhar a grande transformação do futuro, não só fornecendo novas interpretações do passado, mas também oferecendo novas visões do que o futuro pode reservar para o fenómeno.

"As tecnologias não só estão a mudar o nosso mundo de uma forma materialista e pragmática, como também são um fator primordial na definição dos nossos modelos conceptuais, influenciando a forma como compreendemos e percebemos as nossas experiências. (Carbonella, 2016)

Tratar os sítios de redes sociais em linha como "um mero avanço tecnológico" gera uma atitude "negativa" em relação aos sítios de redes sociais em linha no "Egito", pois poucas coisas tiveram um impacto tão grande na polarização dos cidadãos. Por esta razão, o discurso dominante enfraqueceu a utilização destas aplicações. Deste ponto de vista, a metáfora orientadora *"a tecnologia está em baixo"*, que está relacionada com *"a tecnologia é má"*, dominou a visão da tecnologia durante os últimos dez anos.

A comunicação direta e interpessoal ainda é e continuará a ser a forma mais eficaz de comunicação, de transmissão de mensagens e de persuasão; de mudança de pensamentos, atitudes e comportamentos. A esfera pública em linha não substitui a esfera pública fora de linha, nem o deve fazer. É complementar; ambas se afectam mutuamente de uma forma que é gratificante para o progresso e a estabilidade globais de uma comunidade.

A comunicação verbal é um dos pontos fortes da língua árabe. Como se afirma na literatura, "os árabes gostam de falar, independentemente do que está a ser dito". Para os líderes políticos e de opinião, os pensadores intelectuais, os jornalistas, os poetas, entre outros, a liberdade de expressão é vital; não necessariamente para se rebelarem, mas para terem a oportunidade de serem ouvidos e de fazerem chegar as suas mensagens a um grande público. Isto alinha-se com o aumento das aplicações de áudio-chat.

Os sítios de redes sociais estão continuamente a desenvolver as suas caraterísticas e ferramentas de modo a serem mais reais, próximos e relevantes em termos de estilo de comunicação e discurso. Se é necessária uma esfera pública em linha saudável e ideal, então o caminho mais fácil é abrir os espaços públicos fora de linha. O pensamento crítico requer prática.

Os profissionais dos meios de comunicação social e os académicos que se concentram na questão da ética estão, de certa forma, a questionar a qualidade da esfera pública, com o objetivo de melhorar este espaço vital para a participação pública. No entanto, cada vez que a questão ética/moral é levantada, o objetivo é diminuir a confiança nas plataformas de redes sociais e enquadrar os seus utilizadores como pessoas bárbaras, irresponsáveis e incivilizadas.

Embora investigações anteriores tenham referido que a comunicação em linha permite um discurso mais intenso e extremo do que as conversas presenciais, isso não indica de forma alguma que o que está nas redes sociais se deve às redes sociais; por outras palavras, se esses utilizadores são indivíduos reais que exprimem as suas emoções, opiniões e comentários, e não comités electrónicos que causam ruído intencionalmente, então são simplesmente egípcios e representam a realidade.

Tal como se afirma na literatura, "grande parte dos debates sociais e políticos em linha não parecem, nem parecerão, diferentes dos que têm lugar numa troca de impressões casual ou formal face a face". Em vez disso, as plataformas dos meios de comunicação social colmataram o fosso entre os diferentes sectores da sociedade e permitiram que diferentes perspectivas pusessem de lado o partidarismo e avaliassem racionalmente as suas opiniões e atitudes. (Rabah, 2013)

A questão ética é, portanto, uma questão geral sobre a sociedade egípcia num momento crítico, e não especificamente sobre os utilizadores das redes sociais. Para além disso, a comparação em análise foi entre páginas oficiais que representam candidatos políticos e páginas públicas criadas por pessoas comuns, mesmo que afirmem a sua filiação em determinada ideologia ou grupo, continuam a ser páginas não oficiais.

Além disso, o discurso político é justo na medida em que estabelece uma ligação entre a qualidade da esfera pública em linha e o desempenho dos que se encontram na esfera pública política; a cultura da política. Mesmo as democracias mais avançadas testemunham polarização e visões extremistas, o que não significa, de forma alguma, que tudo isto esteja num só pacote; é necessária uma análise contextualizada detalhada e profunda que se concentre no reforço da esfera pública e não apenas nos procedimentos de segurança e legislação; porque, como afirmou Inayatullah: *"a cultura come a estratégia ao pequeno-almoço"*.

O presente estudo argumenta que as redes sociais se tornaram parte integrante da vida quotidiana das pessoas em todo o mundo, o que é especialmente verdade no Egito, onde as plataformas das redes sociais têm desempenhado um papel vital na formação da opinião pública. O presente estudo explora o impacto das redes sociais na esfera pública do Egito e o que o futuro reserva para esta relação.

Além disso, as plataformas dos meios de comunicação social têm sido importantes na criação de plataformas para debates políticos e sociais, que têm enormes implicações para o panorama político e cultural do Egito. Assim, a análise explora as potenciais utilizações, limitações e possibilidades, de modo a lançar a tão necessária luz sobre a forma como as redes sociais estão a transformar o discurso público no Egito.

O presente estudo apoia a literatura ao revelar o papel significativo que as redes sociais desempenham na opinião e no discurso públicos, transformando a paisagem cultural e política. Um aspeto importante a considerar é que os meios de comunicação social estão em constante evolução e o seu impacto na esfera pública está em constante mudança. Por conseguinte, o presente estudo está a servir de guia para futuras investigações sobre este tema.

Além disso, a análise aprofundada do CLA é essencial porque ajuda a informar os intervenientes na governação, os decisores políticos e as diferentes partes interessadas sobre a melhor forma de compreender o poder transformador dos meios de comunicação social e de se adaptarem à paisagem em mutação dos meios de comunicação social, bem como de os utilizarem eficazmente para o bem público e a mudança social, minimizando simultaneamente os seus efeitos negativos.

RECOMENDAÇÕES PARA INVESTIGAÇÃO FUTURA

1) Conduzir uma meta-análise dos títulos, temas e categorias das conferências locais, regionais e internacionais sobre jornalismo e media na última década. Isto revelaria o discurso académico relativo à comunicação, à democracia, aos indivíduos e à sociedade, à liberdade de expressão, em geral, e ao jornalismo, aos sites de redes sociais e aos conteúdos gerados pelos utilizadores e profissionais, em particular. Para além disso, recomenda-se a realização de estudos comparativos entre estas conferências e as suas comunicações, apresentações e debates. Isto permite abordar a diferença que o futuro está a trazer; uma vez que as normas e as divisões iriam para além da categorização tradicional das partes interessadas; com base na especialização, posição, ideologias políticas, caraterísticas sociopolíticas e geográficas, em direção aos valores, significados e visões partilhados.

2) Centrar-se mais em métodos críticos e enquadramentos teóricos no estudo da Internet e dos sítios de redes/meios de comunicação social. O estudo das plataformas dos meios de comunicação social exige uma análise horizontal/vertical aprofundada, capaz de fazer face à constante produção de investigação estreita e descontextualizada. Esta enorme quantidade de resultados tem de ser analisada criticamente, de modo a alcançar uma compreensão mais profunda das razões subjacentes a esta contradição na literatura relacionada com vários pontos cruciais, tais como: definição, estrutura, impacto, efeito, governação, políticas, produção, tecnologia e

cultura, e poder; centro e periferia.

3) A investigação sobre a Internet e os sítios de redes sociais tem de seguir, adotar e aplicar abordagens, conceitos e modelos multidisciplinares, de modo a obter resultados frutuosos e significativos, não necessariamente respostas a curto prazo, mas sobretudo uma mudança de mentalidade no contexto nacional e internacional e a abertura de novas vias relacionadas com os fundamentos. Desta forma, conseguir-se-á uma atmosfera homogénea que acolhe criativamente as diversidades sem sacrificar os seus fundamentos.

4) O apelo à "literacia mediática" é vital para o futuro da esfera pública. No entanto, esta não deve ser representada apenas através de currículos académicos, mas principalmente através da integração do pensamento crítico nos espaços públicos e na cultura pop do Egito. Para avaliar o feedback e a influência de tais programas, recomenda-se a realização de entrevistas aprofundadas e discussões em grupos de discussão com as gerações mais jovens.

Acreditamos na democracia como um caminho, um futuro e um modo de vida; na multiplicidade política; e na transferência pacífica do poder. Afirmamos o direito do povo a construir o seu futuro. Só ele é a fonte da autoridade. A liberdade, a dignidade humana e a justiça social são um direito de todos os cidadãos. A soberania numa pátria soberana pertence-nos a nós e às gerações futuras.
[Excerto do Preâmbulo, Constituição do Egito, 2014)

REFERÊNCIAS

Abdelrahman, M. 2013. In Praise of Organization: O Egito entre o Ativismo e a Revolução.
Desenvolvimento e mudança. 44. 10.1111/dech.12028. Recuperado em 19 fev. 2019, de
https://www.researchgate.net/publication/264318768_In_Praise_of_Organizati on_Egypt_bet ween Activism and Revolution

Abd- Alaziz, E. (2017). Papel dos sites de redes sociais na formação da atitude da juventude egípcia em relação ao apoio a projetos económicos; O novo projeto do Canal de Suez como exemplo. *Scientific Journalfor Journalism Research*, d(11), pp 297-344. Obtido em https://sjsj.journals.ekb.eg/article 90702 9f369a023613c870842a833337a6ce05.pdf

Abd-Albaseer, H. (2019). Egito 2019: Como é que os sites de redes sociais foram capazes ce ter impacto na realidade? [em árabe] BBC News Arabic. Recuperado de https://www.bbc.com/arabic/middleeast-50917502

Abd-Alhady, S. (2021). As redes sociais e o seu papel na promoção dos valores de cidadania dos jovens do Sinai (estudo de campo). [Jornal de Investigação em Comunicação de Massa, Universidade Al-Azhar. Edição, 57, pp, 768-806. Retrieved from
https://jsb.journals.ekb.eg/article_ 167987_278991b86c459df7231a593f454c 83f5.pdf

Abd-Alghaffar, W. (2022). Mecanismos de formação de capital social na sociedade egípcia através de redes sociais (a plataforma Clubhouse como exemplo): Analytical Field Study. [Em árabe]. Revista Científica de Investigação em Jornalismo. Edição 23, pp 297-376. Retrieved from
https://sjsj.journals.ekb.eg/article_277091 _b6f3bff94a744fb65222a603486065d3.pdf

Absar, M, S. (2013). "O futuro da gestão dos recursos hídricos no mundo muçulmano". In book: CLA 2.0: Transformative Research in Theory and Practice. Imprensa da Universidade de Tamkang. Recuperado de https://www.metafuture.org/wp-content/uploads/2016/02/CLA-2-to- post-02-04-2015.pdf "

Abu El Saud, S. (2020). Discurso de ódio através das redes sociais e o seu papel na recolha e preenchimento político da opinião pública à luz da teoria do conflito. Dissertação de doutoramento não publicada, Departamento de Jornalismo, Faculdade de Jornalismo e Comunicação de Massa, Universidade do Cairo.

Ahlqvist, T. Rhisiart,M. 2015. Caminhos emergentes para a investigação crítica do futuro: Contextos em mudança e impactos da teoria social. *Futures. 71.* 91-104. Recuperado em 17 Mar. 2019, de
https://doi.org/10.1016/j.futures.2015.07.012

Ahmed, Y. 2021. Twitter testa avisos pré-tweet que avisam os utilizadores antes de entrarem numa conversa acalorada. Índia Hoje. Retrieved from
https://www.indiatoday.in/technology/news/story/twitter-testing-pre-tweet-prompts-that-will- warn-users-before-they-get-into-a-heated-conversation-

1861908-2021-10-07

Akkas, B. D. (2022, 18 de novembro). Autoritarismo digital no Médio Oriente: Deceção, desinformação e mídia social Autoritarismo digital no Oriente Médio: Deception, Disinformation and Social Media (Engano, desinformação e redes sociais). Fórum Al Sharq: Strategic Research. Retirado de https://research.sharqforum.org/2022/11/18/digital-authoritarianism/

Akl, Z. (2019, 2 de outubro). "Um novo fenómeno na esfera pública?" Ahram Online [inglês].
   Obtido em https://english.ahram.org.eg/NewsContent/4/0/351955/Opinion/A-new- phenomenon-in-the-public-sphere.asp

Al-Farouk, Y. (2017). O papel político dos sítios de redes sociais e a mudança na esfera pública: Egypt as a case study. [Em árabe]. Tese de mestrado não publicada. Faculdade de Jornalismo e Comunicação de Massa, Universidade do Cairo.

Aly, S. M. I. M., 2020. *O Egito rural e a esfera pública: o efeito das redes sociais e do novo ambiente mediático na interação política, 2011-2015.* Tese de Doutorado (Doutorado).
   Universidade de Bournemouth. Recuperado de
https://eprints.bournemouth.ac.uk/34414/

Al-Kidwani, S. 2015. Ética da discussão política através de sítios de redes sociais: Um estudo empírico no âmbito da Teoria da Esfera Pública. A 21st Conferência Científica Internacional: Media and State Building (The Professional and Legislative Controls and Ethics of Practice). [Em árabe]. Escola de Jornalismo e Comunicação de Massa, Universidade do Cairo.
   Obtido em http://search.mandumah.com/Record/912768

AlMarsad AlMasry. 2022. "Como é que a Irmandade e os seus comités electrónicos usam as plataformas das redes sociais para espalhar mentiras, provocar conflitos e incitar a opinião pública?" Centro Egípcio de Estudos Estratégicos. [Em árabe]. Recuperado de https://marsad.ecss.com.eg/66813/

Al-Musawi, M. 2017. O diálogo islâmico-secular no mundo árabe: Uma crise de comunicação e um reavivar da violência. Futuro árabe. Centro de Estudos da Unidade Árabe. Volume (40), Número 465. Retirado de
https://search.mandumah.com/Record/835522/Details

Al-Shafei, M. (2021, 25 de junho). "A Internet é acessível para pessoas com deficiência linguística? Social Media Exchange (SMEX). Recuperado de https://smex.org/is-the-internet-accessible- for-people-with-language-impairment/

Amin, S. (2012, 6 de setembro). "Os egípcios são africanos ou árabes?" Diário de Notícias do Egito.
   Obtido em https://dailynewsegypt.com/2012/09/06/are-egyptians-africans-or-arabs/

Ayish, M. (2003) Beyond Western-Oriented Communication Theories A Normative Arab- Islamic Perspective, Javnost - *The Public, 10*(2), 79-92. Obtido em
https://www.researchgate.net/publication/285559600_Beyond_Western-Teorias da Comunicação Orientada Uma Perspetiva Normativa Árabe-Islâmica

Ayish, M. (2018). Uma esfera pública cívica virtual orientada para a juventude para o mundo árabe. *Revista do Instituto Europeu de Comunicação e Cultura. 25*(1-2), pp 66-74. The Liquefaction of Publicness: Communication, Democracy and the Public Sphere in the Internet Age (Comunicação, Democracia e Esfera Pública na Era da Internet). Retrieved from https://www.researchgate.net/publication/322779948 A Youth-Driven_Virtual_Civic_Public_Sphere_for_the_Arab_World

Badr, Z. (2019, 31 de julho). "Redes sociais: Uma contra-esfera pública ou uma fonte de notícias falsas". Seminário Milton Wolf: Distopia da mídia digital e a nova (des) ordem da mídia global nas relações internacionais. Recuperado de *https://miltonwolfseminar.wordpress.com/2019/07/31/social-networks-a-counter-public- sphere-or-a-source-of-fake-news-zahraa-badr/*

Bagchi, K., Barker, E., Ogunleye, I. (2022). Perturbando a Narrativa: Diving Deeper into Section 230 Political Discourse. Centro para o Crescimento e a Oportunidade, Universidade Estadual de Utah. Obtido em https://www.thecgo.org/research/disrupting-the-narrative-diving- deeper-into-section-230-political-discourse/

Bakshy, E. M. Hofman, Jake e Mason, Winter & Watts, Duncan. 2011. Everyone's an Influencer: Quantificando a influência no Twitter. Actas *da 4.ª Conferência Internacional da ACM sobre pesquisa na Web e extração de dados,* WSDM 2011. 65-74. 10.1145/1935826.1935845. Obtido em 19 de fevereiro de 2019, de https://www.researchgate.net/publication/221520053_Everyone's_an_Influenc er_Quantificar a influência no Twitter

Bankler, Y. (2006). Political Freedom Part 2: Emergence of the Networked Public Sphere [Liberdade Política Parte 2: Emergência da Esfera Pública em Rede]. *A Riqueza das Redes: How Social Production Transforms Markets and Freedom [A Riqueza das Redes: Como a Produção Social Transforma os Mercados e a Liberdade].* New Haven e Londres: Yale University Press. Recuperado em 11 de abril. 2021, de http://www.benkler.org/Benkler Wealth Of Networks Chapter 7.pdf

Barton, M. (2005). The Future of Rational-Critical Debate in Online Public Spheres (O Futuro do Debate Racional-Crítico em Esferas Públicas Online). *Journal of Computers and Composition. 22.* 177-190. Recuperado em abril. 2019, de https://www.sciencedirect.com/science/article/abs/pii/S8755461505000125

Bekheit, L. 2022. A Esfera Pública e a Ação Comunicativa de Habermas como quadros orientadores da investigação dos media - uma visão analítica crítica. Journal of Media Research (61). No. 4. pp 2365-2416. Recuperado de https://jsb.journals.ekb.eg/article 239983.html

Breen, Lauren J., Peta L. Dzidic, e Brian J. Bishop, 2016. 'Causal Layered Analysis' em Leonard A. Jason e David S. Glenwick (eds), Handbook of Methodological Approaches to Community-Based Research: Qualitative, Quantitative, and Mixed Methods (Nova Iorque, 2015; edição online, Oxford Academic. pp. 103-110. Retrieved from https://doi.org/10.1093/med:psych/9780190243654.003.0011

Bimber, B e Gil de Zúñiga, H. 2020. A esfera pública não editada. Novos Media e Sociedade.
Volume (22). Número (4). pp. 700-715. Obtido em https://www.researchgate.net/publication/340401098 The Unedited Public Sphere/citations
Bobsin, D. Petrini, M. Pozzebon, M. 2018. O Valor das Acessibilidades Tecnológicas para Melhorar a Gestão de Organizações Sem Fins Lucrativos. Revista de Administração da RAUSP. Volume (54). Edição (1). Recuperado de https://www.emerald.com/insight/content/doi/10.1108/RAUSP-07- 2018-0045/full/html
Bodrunova, S. Litvinenko, A e S. Blekanov, I. 2016. Influencers on the Russian Twitter: Institutions vs. People in the Discussion on Migrants [Instituições vs. Pessoas na Discussão sobre Migrantes]. 212-222. 10.1145/3014087.3014106. Recuperado em 19 de fevereiro de 2019, de https://www.researchgate.net/publication/311621584 Influenciadores no Twitter russo i nstitutions_vs_people_in_the_discussion_on_migrants
Bodrunova, S e Litvinenko, A. 2016. Fragmentação da sociedade e hibridização dos media na atualidade? Rússia: How Facebook Voices Collective Demands. 14. 113-124. Recuperado em 19 fevereiro, 2019, de https://www.researchgate.net/publication/309112436_Fragmentation_of_societ y_and_media_ hibridização na Rússia de hoje: Como o Facebook dá voz às demandas coletivas
Box, I. 2014. Quantas entrevistas são necessárias numa pesquisa qualitativa? Existe alguma regra ou prática popular? *Research Gate.* Retrieved 16 Mar. 2019, from https://www.researchgate.net/post/How_many_interviews_are_needed_in_a_q ualitative_resea rch Existe alguma regra ou prática popular?
Bjorklund, A. (2017). O que é Online vs. Digital? Retrieved from https://zooma.agency/en/learn/digitalisation/online-vs-digital/
Bruns, A. 2011. Gatekeeping, gatewatching, feedback em tempo real. *Pesquisa Brasileira de Jornalismo.*
7. 117-136. 10.25200/BJR.v7n2.2011.355. Recuperado em 19 de fevereiro de 2019, de https://www.researchgate.net/publication/285810487_Gatekeeping gatewatching _real- time feedback
Bumadian, K. (2019). Sites de redes sociais: Virtual Public Space and a Value Reflection. [em árabe] *Revista internacional de comunicação social. 6*(1), pp. 35-48. Recuperado de https://www.asjp.cerist.dz/en/article/98913
Bukhabzah, M. (2016). Sites de redes sociais: Fall of the public sphere and the Rise of the Virtual Sphere. [em árabe] *Journal of Image and Communication. 5*(17). pp, 543-556. Recuperado de https://www.asjp.cerist.dz/en/downArticle/169/5/17/41757
Butt, U. (2022, 12 de outubro). Autoritarismo digital no Médio Oriente: Deceção, desinformação e redes sociais. O Novo Árabe. Recuperado de https://www.newarab. com/features/digital-authoritarianism-middle-east
Carbonella, J. Sánchez-Esguevillasb, A. Carrob, B. 2016. O Papel das Metáforas no Desenvolvimento de Tecnologias : O Caso da Inteligência Artificial.

Futures. Recuperado de
https://www.sciencedirect.com/science/article/abs/pii/S0016328715300902

Casiro-Ripollés, A. (2018). Investigação sobre informação política e redes sociais: Pontos-chave e desafios para o futuro. *El Profesional de La Información, 27*(5), 964-974. Recuperado de https://revista.profesionaldelainformacion.com/index.php/EPI/article/view/epi.2018.sep.01

Cela, E. 2015. Os media sociais como uma nova forma de esfera pública. *Revista Europeia de Educação e Investigação em Ciências Sociais.* Recuperado em 16 de fevereiro de 2020, de https://www.researchgate.net/publication/318536837 Social Media as a New Form of Pu blic_Sphere

Cha, M. Haddadi, H. Benevenuto, F. e Gummadi, K. 2010. Measuring User Influence in Twitter: The Million Follower Fallacy. *Conferência AAAI sobre Weblogs e Media Sociais.* 14. Recuperado em 19 de fevereiro de 2019, de https://www.researchgate.net/publication/221298004_Measuring_User_Influence_in_Twitter
A Falácia do Milhão de Seguidores

Chambers, S e Kopstein, J. (2022). Wrecking the Public Sphere: The New Authoritarians' Digital Attack on Pluralism and Truth [O Ataque Digital dos Novos Autoritários ao Pluralismo e à Verdade]. *Constelações,* 00, 1- 16. Recuperado de https://onlinelibrary.wiley.com/doi/10.1111/1467-8675.12620

Clarke, K e Kocak, K. 2018. Launching Revolution: Social Media and the Egyptian Uprising's First Movers. Jornal Britânico de Ciência Política. 1-21. 10.1017/S0007123418000194. Recuperado em 19 de fevereiro de 2019, de https://www.researchgate.net/publication/329402057_Launching_Revolution_Social_Med.a_ and the Egyptian Uprising's First Movers

Clark, L.S. 2015. Participantes nas margens: #Blacklivesmatter and the Role that Shared Artifacts of Engagement Played Among Minoritized Political Newcomers on Snapchat, Facebook, and Twitter [#Blacklivesmatter e o papel que os artefactos partilhados de envolvimento desempenharam entre os recém-chegados políticos minoritários no Snapchat, Facebook e Twitter]. 10. 235-253. Recuperado em 19 de fevereiro de 2019, de https://www.researchgate.net/publication/290518695 Participantes nas margens Blacklive
smatter_and_the_role_that_shared_artifacts_of_engagement_played_among_ minoritized_poli tical newcomers on snapchat facebook and twitter

Cohen, R e Ruths, D. 2013. Classificando a orientação política no Twitter: It's not easy!
Actas da *7.ª Conferência Internacional sobre Weblogs e Redes Sociais,* ICWSM 2013. 91-99. Obtido em 19 de fevereiro de 2019, de https://www.researchgate.net/publication/289746681 Classificar a orientação política no T witter_It's_not_easy

Colliander, J. Marder, B. Lid F, L. Madestam, J. Modig, E. e Sagfossen, S. 2017. O ato de equilíbrio das mídias sociais: Testando o uso de uma estratégia de auto-apresertação equilibrada para políticos que usam o Twitter. *Computadores em Comportamento Humano.* 74. 10.1016/j.chb.2017.04.042.

Recuperado em 19 fev. 2019, de
https://www.researchgate.net/publication/316291936_The_Social_Media_Bala
ncing_Act_Tes ting_the_Use_of_a_Balanced_Self-
Presentation_Strategy_for_Politicians_Using_Twitter

Cordall, S. S. (2022, 4 de agosto). "A democracia desaparece na história de
sucesso da primavera Árabe". Política externa. Recuperado de
https://foreignpolicy.com/2022/08/04/tunisia-kais-saied-democracy- arab-
spring-success-story/

Curry, A e Schultz, L, W. (2009). A estrada menos percorrida: Different Methods,
Different Futures (Métodos diferentes, Futuros diferentes).
Revista de Estudos do Futuro. 13(4), 35 - 60. Recuperado de
https://www.researchgate.net/publication/253397553

Davidson, S. (2020, dezembro). Interseccionalidade: Uma ferramenta para usar a
análise causal em camadas na educação. *Journal of Futures Studies, 25(2)*, 49-
60. Recuperado de https://jfsdigital.org/articles-and-essays/vol-25-no-2-
december-2020/intersectionality-a-tool- for-using-causal-layered-analysis-in-
education/

Denisova, A. 2016. Democracy, Protest and Public Sphere in Russia after the
2011-2012 AntiGovernment Protests: Digital Media at Stake. *Media, Culture
& Society.* 39. 10.1177/0163443716682075. Recuperado em 19 de fevereiro de
2019, de
https://www.researchgate.net/publication/311565325_Democracy_protest_and
_public_sphere
na Rússia após os protestos antigovernamentais de 2011-2012 media digitais
em jogo

Earl, J., e Kimport, K. 2011. *Digitally Enabled Social Change: Activism in the
Internet Age (Acting with Technology).* Cambridge, Massachusetts, Londres,
Inglaterra: MIT Press.

Egito Hoje. 2019. Sisi nega alegações de mídia social na Conferência da
Juventude. Recuperado de https://www.egypttoday.com/Article/1/74772/Sisi-
denies-social-media-claims-in-Youth- Conference

El-Behary, H. (2017, 17 de janeiro). "A análise de DNA prova que os egípcios
não são árabes". Egypt Independent. Recuperado de
https://egyptindependent.com/dna-analysis-proves-egyptians- are-not-arabs/

Enli, G e Simonsen, C. 2017. 'Social media Logic' Meets Professional Norms:
Twitter Hashtags Usage by Journalists and Politicians. *Informação,
Comunicação e Sociedade.* 21. 116. 10.1080/1369118X.2017.1301515.
Recuperado em 19 fev. 2019, de
https://www.researchgate.net/publication/315348442 'Social media logic' meets
profession al_norms_Twitter_hashtags_usage_by_journalists_and_politicians

Faris, D. 2008. Revolution without Revolutionaries? Network Theory, Facebook,
and the Egyptian Blogsphere. Arab Media & Society (6). pp. 1-11. Obtido em
https://www.arabmediasociety.com/revolutions-without-revolutionaries-
network-theory- facebook-and-the-egyptian-blogosphere/

Feghali, E. (1997). "Padrões de comunicação da cultura árabe". *International
Journal of Intercultural Relations, 21(3)*, 345-378. Obtido em

https://www.sciencedirect.com/science/article/abs/pii/S0147176797000059#pr
eview-section- cited-by

Fuchs, C. (2014). Os media sociais e a esfera pública. *Triplo C,* 1(12), 57-101.
Recuperado em março.
2019, a partir de https://www.triplec.at/index.php/tripleC/article/view/552

Garber, M. 92012, 16 de fevereiro). Um ano após a revolução egípcia, 10% da
documentação das redes sociais já desapareceu. The Atlantic. Retrieved from
https://www.theatlantic.com/technology/archive/2012/02/a-year-after-the-
egyptian- revolution-10-of-its-social-media-documentation-is-already-
gone/253163/

Goenaga, *A.* (2022). "Quem se preocupa com a esfera pública?" *Jornal Europeu
de Investigação Política, 60,* 230-254. Retirado de
https://ejpr.onlinelibrary.wiley.com/doi/full/10.1111/1475-6765.12451

Golafshani, N. 2003. Understanding Reliability and Validity in Qualitative
Research (Compreender a fiabilidade e a validade na investigação qualitativa).
The Qualitative Report, 8(4).pp. 597-606. Recuperado em 13 de março de
2019, de http://nsuworks.nova.edu/tqr/vol8/iss4/6

Goode, L e Godhe, M. (2018). Estudos críticos do futuro - uma introdução
temática. *Culture Unbound. 10(2),* 151-162. Recuperado de
https://www.academia.edu/es/37698481/Critical_Future_Studies_A_Thematic
_Introduction

Goode, L e Godhe, M. 2017 Para além do realismo capitalista - Porque
precisamos de estudos críticos do futuro. Cultural Unbound: Journal of
Cultural Research. 9, 1-12. 10.3384/cu.2000.1525.1790615. Recuperado em 17
Mar. 2019, de http://www.cultureunbound.ep.liu.se/v9/a08/cu17v9a0615.pdf

Guidry, J,A & Sawyer, M,Q. (2003). Contentious pluralism: The Public Sphere
and Democracy.
Perspectivas da Política, 2, 273-289. Retrieved from
https://www.researchgate.net/publication/231792176 Pluralismo Contencioso
O Espaço Público aqui_e_Democracia

Hafez, K. (2008). The Role of Media in the Arab World's Transformation Process
(O Papel dos Media no Processo de Transformação do Mundo Árabe).
Retrieved from https://www.semanticscholar.org/paper/The-Role-of-Media-in-
the-Arab-World- %E2%80%99-s-Process-
Hafez/4803b44cc2d4575920314e6ef60267a01e41e813

Haigh, M. 2016. Fostering Deeper Critical Inquiry with Causal Layered Analysis
[Promover uma investigação crítica mais profunda com análise causal em
camadas]. Jornal de Geografia no Ensino Superior, Departamento de Ciências
Sociais, Universidade de Oxford Brookes, Reino Unido. Vol (40), No. (2). pp.
162-181.

Hamanaka, S. 2018. O papel dos media sociais na revolução egípcia de 2011.
Recuperado em 19 de fevereiro de 2019, de
https://www.researchgate.net/publication/322235461 O papel das mídias
sociais na revolução egípcia de 20 11

Hamzawy, A. (2015). Dias de disfunção nos padrões. [Em árabe]. Site de notícias
Shorouk. Retrieved from

https://www.shorouknews.com/columns/view.aspx?cdate=05052015&id=4ed9
faf4-b0d2- 4a9e-a78c-50590f68073a

Haoran Huang, Qi Zhang, Jindou Wu e Xuanjing Huang. 2017. Predicting Which
Topics You Will Join in the Future on Social Media (Previsão de quais tópicos
você participará no futuro nas mídias sociais). *In Proceedings of the 40th
International ACM SIGIR Conference on Research and Development in
Information Retrieval (SIGIR' 17)*. ACM, Nova Iorque, NY, EUA, 733-742.
Obtido em 24 de janeiro de 2019, de
https://dl.acm.org/citation.cfm?id=3080791

Hein, James & Chaudhri, Vidhi. 2018. Deslegitimar o Inimigo: Framing, Tactical
Innovation, and Blunders in the Battle for the Arctic [Enquadramento,
Inovação Tática e Erros na Batalha pelo Ártico]. Estudos de movimentos
sociais. 18. 1-22.
10.1080/14742837.2018.1555750. Recuperado em 19 de fevereiro de 2019, de
https://www.researchgate.net/publication/329579880 Delegitimizing the
enemy framing ta
ctical_innovation_and_blunders_in_the_battle_for_the_Arctic

Hirsch, Katherine. 2016. Uma análise crítica da esfera pública: Como o
Movimento LGBTQ Utiliza e Ocupa o Espaço em Marrocos. *Coleção* do
Projeto de Estudo Independente (ISP). 2380. Recuperado em 13 de março.
2019, de
https://digitalcollections.sit.edu/cgi/viewcontent.cgi?article=3401&context=isp
_collection

Hogge, B. 2016. Como é que a BBC pode criar uma melhor esfera pública digital.
Retirado de https://www.opendemocracy.net/en/ourbeeb/how-bbc-can-create-
better-digital-public-sphere/

Hong, Sounman & Nadler, Daniel. 2015. Social Media and Political Voices of
Organized Interest Groups (Redes Sociais e Vozes Políticas de Grupos de
Interesse Organizados). 210-216. 10.1145/2757401.2757416. Recuperado em
19 de fevereiro de 2019, de
https://www.researchgate.net/publication/300579875 Social media and
political voices of organized_interest_ groups

Howard, Philip N., Sheetal D. Agarwal e Muzammil M. Hussain. 2011. When Do
States Disconnect Their Digital Networks? Regime Responses to The Political
Uses of Social Media. *The Communication Review*. 14. 10.2139/ssrn.1907191.
Recuperado em 19 fev. 2019, de
https://www.researchgate.net/publication/228154685 When Do States
Disconnect Their D
igital_Networks_Regime_Responses_to_The_Political_Uses_of_Social_Media

Huhe, Narisong & Tang, Min. 2018. Criando cidadãos democráticos: Efeitos
políticos da Internet na China. *Political Research Quarterly*.
10.1177/1065912918764338. Recuperado em 19 de fevereiro de 2019, de
https://www.researchgate.net/publication/323334692_Creating
_Democratic_Citizens_Politica l Effects of the Internet in China

Hutchinson, A. (2022). O Twitter adiciona 9 milhões de usuários, publica
resultados de receita mais baixos em meio ao fiasco da aquisição de Musk.

Social Media Today. Recuperado de
https://www.socialmediatoday.com/news/twitter-adds-9-million-users-posts-lower-revenue- result-amid-musk-takeover/627957/

Ian Lowe. (2015). Causal Layered Analysis, Climate Change and Limits to Growth, em livro: CLA 2.0: Transformative Research in Theory and Practice. Imprensa da Universidade de Tamkang. Recuperado de https://www.metafuture.org/wp-content/uploads/2016/02/CLA-2-to-post-02-04-2015.pdf

Ibrahim, B. (2010, 8 de julho). Um egípcio e um árabe. The Guirdian. Recuperado de https://www.theguardian.com/commentisfree/2010/jul/08/egyptian-arab-cultural-identity

Ibrahim Saad, M. (2017). "Problemática da Definição e Formulação do Problema de Investigação na Investigação dos Media: Between Modularity and Innovation". Arab Journal for Media and Communication Researc. 16, 4-15. Recuperado de https://jkom.journals.ekb.eg/article 109243 513df3125e0fdcc1f202a60b08419e17.pdf

Ibrahim, M. 2022. O ano do chumbo. Colheitas para contrariar os rumores e esclarecer os factos durante 2021 (Infografia)". Al-Dustur [em árabe]. Retirado de https://www.dostor.org/3698232

Imran, M. & Fatima, M. 2017. Connectivism: E-learning de valores democráticos nas esferas públicas dos media sociais. *2017 Conferência Internacional sobre Tecnologias da Informação e da Comunicação (ICICT)*, 82-89. Recuperado em 23 jan. 2019, de https://www.semanticscholar.org/paper/Connectivism%3A-E-learning-of-democratic-values- on-Imran-F atima/1ad2 e19b13f18de71c24b3739cfe1214de3d77b4

Inayatullah, S. 1999. Critical Futures Research. O Centro de Comunicação, Universidade de Tecnologia de Queensland. Recuperado em 17 Mar. 2019, de http://www.metafuture.org/Critical%20futures%20research.pdf

Inayatullah, S. 2002. Cópia impressa.

Inayatullah, S e Leggett, S. 2002. Transforming Communication: Technology, Sustainability, and Future Generations. Retirado de http://www.metafuture.org/Books/TransformingCommunication.htm

Inayatullah, S. 2004. The Causal Layered Analysis (CLA) Reader: Teoria e Estudos de Caso de uma Metodologia Integrativa e Transformativa. Recuperado em 17 Mar. 2019, de https://core.ac.uk/download/pdf/15612466.pdf

Inayatullah, S. (2009). Defeating the Taliban: Creating an Alternative Future Through Reframing and Humor. *Journal of Futures Studies, agosto de 2009, 14*(1): 125 - 132. Retrieved from https://www.academia.edu/666589/Defeating_the_Taliban_Creating _an_alternative_future_th rough reframing and humour

Inayatullah, S. 2014. Definição de Análise Causal em Camadas (CLA). Recuperado de https://www.metafuture.org/causal-layered-analysis-cla-defined-2014/

Inayatullah, S. (2013). Futures Studies: Theories and Methods, in There's a

Future: Visões para um Mundo Melhor. Retrieved from
https://www.bbvaopenmind.com/en/books/there-is-a-future- visions-for-a-
better-world/
Inayatullah, S e Milojevic, I. (2015). O poder e os futuros da Internet. In A
Internet do Futuro Visões Alternativas, 59-74. Suíça: Springer International
Publishing. Recuperado em 13 de outubro de 2020, de
http://www.metafuture.org/library/Chapter4FI.pdf
Inayatullah, S e Milojevic, I. (2015). CLA 2.0: Investigação Transformativa em
Teoria e
    Prática. Imprensa da Universidade de Tamkang. Obtido em
    https://www.metafuture.org/wp- content/uploads/2016/02/CLA-2-to-post-
    02-04-2015.pdf
Inayatullah, S. 2017. Análise Causal em Camadas: Prospective and Strategic
    Foresight Toolbox. Futuribles International, Paris, França.
Iversen, J. 2006. Capítulo 6 Futures thinking methodologies and options for
    education (Metodologias de reflexão sobre o futuro e opções para a educação).
    Futures Thinking Methodologies and Options for Education, *em Think
    Scenarios, Rethink Education,* OECD Publishing, Paris Obtido em 15 de
    março de 2019, de https://doi.org/10.1787/9789264023642-8-en.
Johannessen, M. R. 2012. Capital social e a esfera pública em rede: Implicações
    para sites políticos de mídia social. 2012 45ª Conferência Internacional do
    Havaí sobre Ciências do Sistema. Recuperado em 20 de fevereiro de 2019, de
    https://doi.org/10.1109/HICSS.2012.535
Johannessen, M. R., & Folstad, A. 2014. Sites de mídia social política como
    esfera pública: A Case Study of the Norwegian Labour Party [Um estudo de
    caso do Partido Trabalhista norueguês]. *Communications of the Association for
    Information Systems,* 34, pp-pp. Recuperado em 26 Jan. 2019, de
    https://aisel.aisnet.org/cais/vol34/iss1/56/
Jost, John & Barberá, Pablo & Bonneau, Richard & Langer, Melanie & Metzger,
    Megan & Nagler, Jonathan & Sterling, Joanna & Tucker, Joshua. 2018. Como
    as mídias sociais facilitam o protesto político: Information, Motivation, and
    Social Networks: Social Media and Political Protest. *Psicologia Política.* 39.
    85-118. 10.1111/pops.12478. Recuperado em 19 fev. 2019, de
    https://www.researchgate.net/publication/323146225 How Social Media
    Facilitates Politic al_Protest_Information_
    Motivation_and_Social_Networks_Social_Media_and_Political_Prot est
Juris, Jeffrey. 2012. Reflexões sobre #Occupy Everywhere: Social Media, Public
    Space, and Emerging Logics of Aggregation (Redes Sociais, Espaço Público e
    Lógicas Emergentes de Agregação). American Ethnologist. 39.
    10.1111/j.1548- 1425.2012.01362.x. Recuperado em 19 de fevereiro de 2019,
    de https://www.researchgate.net/publication/263133968 Reflexões sobre o
    Occupy Everywhere S ocial_Media_Public_Space_and_Emerging
    _Logics_of_Aggregation
Kelly, P. (2015). Avatar: ensino superior e sustentabilidade. In 'CLA 2.0:
Transformative
    Investigação em teoria e prática. Imprensa da Universidade de Tamkang.

Recuperado de
https://www.metafuture.org/wp-content/uploads/2016/02/CLA-2-to-post-02-04-2015.pdf

Kelly, John & Barash, Vladimir & Alexanyan, Karina & Etling, Bruce & Faris, Robert & Gasser, Urs & G. Palfrey Jr, John. (2012). Mapeando o Twitter russo. Recuperado em 19 de fevereiro de 2019, de https://www.researchgate.net/publication/256016643_Mapping_Russian_Twitter

Ketonen-Oksi, S. (2018). Criando uma Narrativa Compartilhada: o Uso da Análise Causal em Camadas para Explorar a Co-Criação de Valor em um Novo Ecossistema de Serviços. *Revista Europeia de Estudos do Futuro. 6(5).* Recuperado de https://eujournalfuturesresearch.springeropen.com/articles/10.1186/s40309-018-0135-y#citeas

Kopty, Abir. 2018. Dinâmica de poder em comunidades online: O caso palestiniano. 10.1007/978-3-658-20700-7_4. Recuperado em 19 de fevereiro de 2019, de https://www.researchgate.net/publication/323699936_Power_Dynamics_in_Online_Commun ities_The_Palestinian_Case

Kperopgi, F. 2022. Digital Dissidence and Social Media Censorship in Africa [Dissidência digital e censura dos meios de comunicação social em África]. Routledge. ISBN: 1032232269. Retrieved from https://www.researchgate.net/publication/362293646_DIGITAL_DISSIDENC E_AND_SOCI AL MEDIA CENSORSHIP IN AFRICA

Kulkarni, C. 3 Ago. 2017. 11 maneiras pelas quais as mídias sociais evoluirão no futuro. Recuperado em 26 de janeiro de 2019, de https://www.entrepreneur.com/article/293454

Langlois, G. (2014). Meaning in the Age of Social Media (Significado na Era dos Media Sociais). Palgrave MacMillan, U.S.A.
Recuperado de
https://link.springer.com/content/pdf/10.1057/9781137356611.pdf?pdf=button%20sticky

Leong, Carmen & Pan, Shan L & Bahri, Shamshul & Fauzi, Ali. 2018. Empoderamento dos media sociais nos movimentos sociais: ativação de poder e acumulação de poder no ativismo digital. Revista Europeia de Sistemas de Informação. 1-32. 10.1080/0960085X.2018.1512944. Recuperado em 19 de fevereiro de 2019, de https://www.researchgate.net/publication/327702935 Empoderamento das mídias sociais em movimentos sociais_power_activation_and_power_accrual_in_digital_activism

Leung, Lawrence. 2015. Validade, Fiabilidade e Generalização na Investigação Qualitativa.
Revista de Medicina Familiar e Cuidados de Saúde Primários. Jul-Set 4(3).PP. 324-327. 10.4103/22494863.161306. Recuperado em 13 de março de 2019, de https://www.ncbi.nlm.nih.gov/pmc/articles/PMC4535087/

Lever, R. (2013, 11 de março). Debate sobre as "revoluções do Twitter" e a primavera Árabe. DAWN.

Obtido em https://www.dawn.com/news/791757/debate-flares-on-twitter-revolutions- arab-spring

Lievrouw, L e Livingstone, S. 2002. The Handbook of New Media, SAGE.

Lindsey, R. 2013. What the Arab Spring Tells Us About the Future of Social Media in Revolutionary Movements [O que a primavera Árabe nos diz sobre o futuro das redes sociais nos movimentos revolucionários]. ETH Zurich- Centro de Estudos de Segurança. Recuperado de https://css.ethz.ch/en/services/digital-library/articles/article.html/174233

Lynch, Marc. 2011. Depois do Egito: The Limits and Promise of Online Challenges to the Authoritarian Arab State [Os Limites e a Promessa dos Desafios Online ao Estado Árabe Autoritário]. *Perspectives on Politics*. 9. 301 - 310. 10.1017/S1537592711000910. Recuperado em 25 janeiro, 2019, de https://www.researchgate.net/publication/231996766 After Egypt The Limits and Promise _of Online _Challenges to the Authoritarian _Arab_State

Maharani, W. 2015. Identificando Usuário Influente no Twitter : Análise de Similaridade de Conteúdo de Tweet em Rede Ponderada. 81. 558-563. Recuperado em 19 de fevereiro de 2019, de https://www.researchgate.net/publication/286856043 Identifying _influential_u ser_in_twitter _Analysis_of_tweet_content_similarity_in_weighted_network

Mansour, A. 25 Jan. 2019. Abdelrhman Mansour: O 25 de janeiro é um sonho que continua por realizar. *Vice Arabia*. Recuperado em 25 de janeiro de 2019, de https://www.vice.com/ar/article/3kgnbv/

Matthies-Boon, V. (2017). Shattered worlds: political trauma amongst young activists in postrevolutionary Egypt, *The Journal of North African Studies*. *22*(4), 620-644. Recuperado de https://www.tandfonline.com/doi/pdf/10.1080/13629387.2017.1295855?needA ccess=true

Matustik, M. Beck (2022). *Jürgen Habermas. Enciclopédia Britânica.* https://www.britannica.com/biography/Jurgen-Habermas

Mascaro, Christopher & Goggins, Sean. 2012. Twitter as Virtual Town Square: Envolvimento do cidadão durante um debate das primárias republicanas transmitido pela televisão nacional. Recuperado em 19 de fevereiro de 2019, de https://www.researchgate.net/publication/256026843 Twitter as Virtual Town Square Citi zen_Engagement_Durante_um_Debate_Republicano_Primário_Transmitido_ Nacionalmente

Mazali, T. 2011. Social Media as a New Public Sphere. The MIT Press Journals. Leonardo, Volume 44, Número 3.

Miller, D. Costa, E. Haynes, N. 2016 et al. How the World Changed Social Media: Porque é que publicamos? Retrieved from https://www.researchgate.net/publication/297291401 How the World Changed Social Me dia/citations

Miller R. 2018. Transformando o futuro (acesso aberto): Antecipação no Século XXI. Recuperado em 17 Mar. 2019, de https://www.taylorfrancis.com/books/e/9781351047999

Miller, R. (2015). Aprendizagem, o futuro e a complexidade. An Essay on the Emergence of Futures Literacy [Um ensaio sobre a emergência da literacia do futuro]. *Revista Europeia de Educação: Research, Development, and Policy. 50(4)*, 513523. Retirado de https://onlinelibrary.wiley.com/doi/10.1111/ejed.12157

Miller R. 2006. Capítulo 5 Futures studies, scenarios, and the "possibility-space" approach. Think Scenarios, Rethink Education. *OECD Publishing,* Paris Recuperado em 15 Mar. 2019, de https://www.oecd.org/site/schoolingfortomorrowknowledgebase/futuresthinking/scenarios/37 246742.pdf

Minkkinen, M e Tapio, P. (2015, 11 de junho). Guia prático para usar a análise causal em camadas em estudos quantitativos de futuros. Conferência de Estudos de Futuros que Enfrentam Problemas Perigosos.
Turun Yliopisto, Universidade de Turku. Centro de Investigação de Futuros da Finlândia. Obtido em https://futuresconference2015.files.wordpress.com/2015/06/matti-minkkinen petri-tapio.pdf

Mohaghar, A. Saghafi, F. (2018). Os futuros da Universidade de Teerã usando análise causal em camadas. *Jornal de Prospetiva.* DOI: 10.1108/FS-. Recuperado em 17 Mar. 2019, de https://www.emeraldinsight.com/doi/pdfplus/10.1108/FS-01-2018-0001

Meringolo, A. 2015. The Struggle over the Egyptian Public Sphere [A Luta pela Esfera Pública Egípcia]. Istituto Affari Internazionali (IAI). Recuperado de https://www.jstor.org/stable/resrep09818#metadata info tab contents

Mousa, M, Y. (2020). O papel dos meios de comunicação alternativos na formação da esfera pública para a liberdade de expressão no Iémen. Dissertação de doutoramento não publicada. Faculdade de Jornalismo e Comunicação de Massa, Universidade do Cairo.

Moustafa, W. 2016. The Role of Modern Electronic Communication in Egyptian Youth Political Participation [O Papel da Comunicação Eletrónica Moderna na Participação Política da Juventude Egípcia]. Dissertação de doutoramento não publicada. [Departamento de Comunicação de Massa, Faculdade de Letras, Universidade de Helwan.

Noble H, Smith J. 2015. Questões de validade e fiabilidade na investigação qualitativa. *Enfermagem Baseada em Evidências,* 18. PP.34-35. Recuperado em 13 Mar. 2019, de https://ebn.bmj.com/content/18/2/34

Nordenson, J. (2017, 24 de julho). Ativismo em linha no Egito e no Kuwait: Conclusões. Em *Ativismo online no Oriente Médio: Political Power and Authoritarian Governments from Egypt to Kuwait,* 285-298. Londres, Nova Iorque: I.B. Tauris. Obtido em https://www.arabmediasociety.com/book-excerpt-online-activism-in-the-middle-east- political-power-and-authoritarian-governments-from-egypt-to-kuwait/

Notte, P. 2006. Capítulo 4 Desenvolvimento de cenários: uma tipologia de abordagens. Think Scenarios, Rethink Education. *OECD Publishing,* Paris Recuperado em 15 Mar. 2019, de https://www.oecd.org/site/schoolingfortomorrowknowledgebase/futuresthinkin

g/scenarios/37 246431.pdf
OCDE. A Organização para a Cooperação e Desenvolvimento Económico. 2019.
Schooling for Tomorrow: Banco de conhecimentos. *Melhores políticas para
vidas melhores*. Recuperado em 16 de março de 2019, de
https://www.oecd.org/site/schoolingfortomorrowknowledgebase/futuresthinkin
g/scenarios/wh atarescenarios.htm
Orrell, A. C. (2019). Micro-escravidão do Twitter. Recuperado 3 Mar. 2019, de
https://quillette.com/2019/03/01/twitters-micro-slavery/
O'Sullivan, A. (2022). A Web descentralizada e o futuro da Secção 230. Centro de
Crescimento e Oportunidades, Universidade Estadual de Utah. Recuperado de
https://www.thecgo.org/research/the-decentralized-web-and-the-future-of-
section-230/

Ouda, H. (2019). Análise Causal em Camadas (CLA): Uma Nova Mehodologia
para Estudos Futuros em Educação: Fundamentação Intelectual e
Procedimentos Aplicados: Um estudo de análise crítica. [Jornal da Faculdade
de Educação, Universidade Al-Azhar. 184(3). Obtido em
https://journals.ekb.eg/article 78347.html
Rabah, S. (2013). Social Networking Platforms as a Virtual Public Sphere in the
Arab World [Plataformas de redes sociais como uma esfera pública virtual no
mundo árabe].
Global Media Journal, Edição Árabe. 2(1), 47-62. Retrieved from
https://www.researchgate.net/publication/303466160_The_Three_Phases_of_F
acebook_Socia l Networks and the Public Sphere in the Arab World-
the_Case_of_the_Tunisian_Revolution
Rama Kiran Garimella, Venkata & Weber, Ingmar. 2017. Uma análise de longo
prazo da polarização no Twitter. Recuperado em 19 de fevereiro de 2019, de
https://www.researchgate.net/publication/314361332 A Long-
Term_Analysis_of_Polarization_on_Twitter
Ramos, J. (2015). Transcendência de um método: a história da análise causal em
camadas. Retrieved from
https://www.metafuture.org/cla%20papers/Ramos,%20Transcendence%20of%
20a%20metho d%20-
%20the%20story%20of%20causal%20layered%20analysis.pdf
Ramos, J. (2003). Da crítica à recuperação cultural: Critical futures studies and
Causal Layered Analysis. Australian Foresight Institute, Swinburne University
of Technology. MONOGRAPH SERIES No. 2. Recuperado de
https://www.academia.edu/74054907/From_Critique_to_Cultural_Recovery_C
ritical_futures estudos e Análise Causal em Camadas
Raouf Ezzat, H. (2021) 6 de fevereiro). Publicação no Facebook [em árabe].
Recuperado de
https://www.facebook.com/groups/darstalat/posts/5374806969210938/
Rashed. B. 2014. Questão Dialética: O Impacto dos Sites de Redes Sociais recua
no Egito? Jornal sobre o estatuto do Egito. O Centro Regional de Estudos
Estratégicos e Políticos. Retrieved Jan. 2019, from
https://www.rsgleb.org/article.php?id=639&cid=22&catidval=0

R. Hobbs, William & E. Roberts, Margaret. 2018. Como a censura repentina pode aumentar o acesso à informação. Revista Americana de Ciência Política. 112. 1-16. 10.1017/S0003055418000084. Recuperado em 19 Fev. 2019, de https://www.researchgate.net/publication/324163285_How_Sudden_Censorship_Can_Increas e Acesso à informação

Rialland, A. & Wold, K. 2019. Estudos de Futuro, Prospetiva e Cenários como base para melhores decisões estratégicas. Recuperado em 26 jan. 2019, de http://www.forschungsnetzwerk.at/downloadpub/IGLO_WP2009-10_Scenarios.pdf

Palau-Sampio, D e López-Garcí, G. 2022. Comunicação e crise no espaço público: Dissolução e incerteza. Projeto Mediaflows - Laboratório de Guillermo López García. Revista Profesional de la Información. DOI: 10.3145/epi.2022.may.16. Retrieved from https://www.researchgate.net/publication/361123717_Communication_and_crisis_in_the_pub lic space Dissolução e incerteza/referências

Pariser, E. (2011). The Filter Bubble: What the Internet is hiding from you? The Penguin Press.

Recuperado de https://www.academia.edu/34426834/The_Filter_Bubble_Eli_Pariser

Pedler, M. (2012, 22 de março). Metodologia Reflexiva: Novas Vistas para Investigação qualitativa. *Aprendizagem pela ação: Investigação e Prática, P*(1), 83-87. Recuperado de https://www.researchgate.net/publication/263753013_Reflexive_methodology_new_vistas_fo r investigação qualitativa

Penni, J. 2017. O Futuro das Redes Sociais Online (OSN): Uma Análise de Medição Usando Ferramentas de Mídia Social e Aplicação. *Telemática e Informática,* 34(5), 498-517. Recuperado em 23 jan. 2019, de https://www.sciencedirect.com/science/article/abs/pii/S0736585316302453?via=ihub.

Pfister, D. 2018. Esfera (s) pública (s), públicos e contrapúblicos. *Oxford Research Encyclopedia of Communication.* Ed. Recuperado em 26 jan. 2019, de http://oxfordre.com/communication/view/10.1093/acrefore/9780190228613.001.0001/acrefor e-9780190228613-e-562

Pinjamaa, Noora e Cheshire, Coye. 2016. Blogs em um ambiente de mídia social em mudança: Perspectivas sobre o futuro dos blogues na Escandinávia. *24.ª Conferência Europeia sobre Sistemas de Informação, ECIS.* Documentos de investigação. 17. Recuperado em 22 Jan. 2019, de https://aisel.aisnet.org/ecis2016 rp/17

Sajuria, Javier & van Heerde-Hudson, Jennifer & Hudson, David & Dasandi, Niheer & Theocharis, Yannis. 2014. Tweetando sozinho? An Analysis of Bridging and Bonding Social Capital in Online Networks. *American Politics Research.* 43. 10.1177/1532673X14557942. Recuperado em 19 de fevereiro de 2019, de https://www.researchgate.net/publication/268871301_Tweeting_Alone_An_A nalysis_of_Brid ging and Bonding Social Capital in Online Networks

Sakr, L. (2021). Reframing the Arab Spring: On Data Mining and the Field of Arab Internet Studies. Em livro: Media and Mapping Practices in the Middle East and North Africa. Recuperado de https://www.researchgate.net/publication/356683901_11_Reframing_the_Arab_Spring_On_Data_Mining__and_the_Field_of_Arab_Internet_Studies

Soffar, B. 2014. 'Tirano na esfera pública'. Simpósio "O discurso islâmico e o restabelecimento da esfera pública" (1-3 de janeiro de 2013). *Mominoun* sem Fronteiras (Crentes sem Fronteiras). Cairo, Egito. Recuperado de https://www.mominoun.com/articles/

Sabra, I e Elkadi, M. (2022). Distorção da esfera pública na era dos gigantes da Internet: Regulatory Pathways towards the Implications of Automated Online Content Filtering, Journal of Law and Emerging Technologies. *2*(1), 51-86. Obtido em https://jolets.org/ojs/index.php/jolets/article/view/70/17

Salter, L. (2007). Conflicting Forms of Use: The Potential of and Limits to the Use of the Internet as a Public Sphere. Dissertação de doutoramento não publicada. Londres. Metropolitan University. Obtido de file:///C:/Users/E.J.S/Downloads/Conflicting_Forms_of_Use_The_Potential_o.pdf

Schlumberger, O. 2017. Authoritarian Regimes. 10.1093/oxfordhb/9780199935307.013.18. Obtido em 19 de fevereiro de 2019, de https://www.researchgate.net/publication/322065403_Authoritarian_Regimes

Sharafeldin, A, A. (2022, 22 de fevereiro). A identidade africana do Egito. Al-Ahram [em inglês]. Obtido em https://english.ahram.org.eg/NewsContent/50/1204/461584/AlAhram-Weekly/Opinion/Egypt%E2%80%99s-African-identity.aspx

Seargeant, P. Tagg, C. 2019. Os media sociais e o futuro do debate aberto: A User-Oriented Approach to Facebook's Filter Bubble Conundrum.

Sharpe, A. 2022. Escola do MetaFuturo. Recuperado de https://www.linkedin.com/company/metafuture/posts/?feedView=all

Shao, Li & Liu, Dongshu. 2018. The Road to Cynicism: The Political Consequences of Online Satire Exposure in China [As consequências políticas da exposição da sátira em linha na China]. *Estudos Políticos.* 003232171879137. 10.1177/0032321718791373. Recuperado em 19Fev. 2019, de https://www.researchgate.net/publication/326824545_The_Road_to_Cynicism_The_Political__Consequences_of_Online_Satire_Exposure_in_China

Sherstobitov, A. 2014. O potencial dos media sociais na Rússia: From Political Mobilization to Civic Engagement [Da Mobilização Política ao Envolvimento Cívico]. 10.1145/2729104.2729118. Obtido em 19 de fevereiro de 2019, de https://www.researchgate.net/publication/295801057_The_Potential_of_Social_Media_in_Ru_ssia_From_Political_Mobilization_to_Civic_Engagement

Siapera, E e Abdel Mohty, M. (2020). Desinteresse, raiva e sarcasmo: Explorando a esfera pública digital pós-revolucionária no Egito. Revista Internacional de Comunicação. 14, 491-513. Retrievedfrom https://ijoc.org/index.php/ijoc/article/view/10536

Sitaram. Asur e Bernardo. A. Huberman. 2010. Predicting the Future with Social

Media [Prever o futuro com os media sociais]. *Conferência Internacional IEEE/WIC/ACM sobre Inteligência Web e Tecnologia de Agentes Inteligentes,* Toronto, ON, 2010, pp. 492-499. doi: 10.1109/WI-IAT.2010.63. Obtido em 24 de janeiro de 2019, de http://ieeexplore.ieee.oeg/stamp/stamp.jsp?tp=&arnumber=5616710&isnumbe r=5614551

Sky News Arabia. 2022. "A Irmandade está desenvolvendo uma 'Guerra de Rumores' ... e o Egito está respondendo fortemente" [em árabe]. Recuperado de https://www.skynewsarabia.com/middle- east/1500737-

Smoliarova, Anna & Bodrunova, Svetlana & S. Blekanov, Ivan. 2017. Políticos conduzindo discussões online: Os influenciadores institucionalizados são os principais utilizadores do Twitter? 132-147. 10.1007/978-3- 319-70284-1_11. Recuperado em 24 de janeiro de 2019, de https://www.researchgate.net/publication/320759605 Politicians Driving Online Discussion s_Are_Institutionalized_Influencers_Top_Twitter_Users

Solomon, T. 2017. Ontological security, circulations of affect, and the Arab Spring. *Revista de Relações Internacionais e Desenvolvimento.* 21. 1-25. 10.1057/s41268-017-0089-x. Recuperado em 19 de fevereiro de 2019, de https://www.researchgate.net/publication/317220253_Ontological_security_cir culations_of_a ffect and the Arab Spring

Son, H. 2013. Cenários futuros alternativos para a Coreia do Sul em 2030. Futures (52). pp. 27-41.
Universidade do Hawaii em Manoa, Honolulu, HI 61874, Estados Unidos. Obtido do seguinte endereço: https://jfsdigital.org/articles-and-essays/2009- 2/vol-14-no-2-november/essays/jim-dators- alternative-futures-and-the-path- to-iafs-aspirational-futures/

Stebbins, W. 2011. Os media sociais e a primavera Árabe: Onde é que eles aprenderam isso? Retirado de https://blogs.worldbank.org/arabvoices/social- media-and-arab-spring-where-did-they- learn

Spry, D. (2019). Mais do que dados: Using the Netvizz Facebook Application for Mixed-Methods Analysis of Digital Diplomacy [Utilizar a aplicação Netvizz do Facebook para a análise de métodos mistos da diplomacia digital]. Casos de métodos de investigação da AGE Parte 2. Obtido em https://methods.sagepub.com/case/using-the-netvizz-facebook-app-for-mixed- methods- analysis-digital-diplomacy

Strommen-Bakhtiar, Abbas. 2012. An Essay on the Emerging Political Economy and the Future of the Social Media [Um Ensaio sobre a Economia Política Emergente e o Futuro dos Media Sociais]. 1-8. 10.1109/DEST.2012.6227941. Recuperado em 23 jan. 2019, de https://www.researchgate.net/publication/254042788 Um ensaio sobre a economia política emergente_e_o_futuro_dos_meios_sociais

Talebian, S. Talebian, H. 2018. A aplicação da análise causal em camadas para entender as condições atuais e os possíveis futuros da mídia e da política no Irã. *Jornal Europeu de Pesquisa de Futuros.* 8(6). Recuperado em 17 Mar. 2019, de https://eujournalfuturesresearch.springeropen.com/track/pdf/10.1186/s40309-

018-0137-9

Tarullo, R. 2022. Esferas Semi-Privadas como Espaços Seguros para a Conversação Política dos Jovens Utilizadores das Redes Sociais: Virtual Haven or Digital Bubbles? Contemporary Politics, Communication, and the Impact on Democracy [Política Contemporânea, Comunicação e Impacto na Democracia]. DOI: 10.4018/978-1-7998-8057-8.ch007. Recuperado de https://www.researchgate.net/publication/357492572_Semi-As esferas privadas como espaços seguros para a conversação política dos jovens utilizadores das redes sociais Virtual_Haven_or_Digital_Bubbles

Telleria, G. (2021). Revisitando a esfera pública de Habermas: Bem-vindo à Esfera Virtual.
Cartas da Academia. Artigo 4223. Retrieved from https://www.academia.edu/64906693/Revisiting Habermas Esfera Pública Bem-vindo à _Esfera_Virtual

Unidade de Controlo e Documentação. Associação para a Liberdade de Pensamento e Expressão (AFTE) (2022, 6 de março). "Secando as fontes de liberdade" Da rua para a internet.... O relatório anual sobre o estado da liberdade de expressão no Egito em 2021. Recuperado de https://afteegypt.org/en/highlight_en/2022/03/06/29297-afteegypt.html

Tretjakova, J. An Insight into Contemporary Theory of Metaphor (Uma visão da teoria contemporânea da metáfora). RTU Daugavpils filial, Letónia. Obtido de https://www.dukonference.lv/files/proceedings de conf/53konf/valodnieciba literaturzinatne/ Tretjakova.pdf

Tríade 3. 2016. Uma introdução à análise de documentos. Métodos de Investigação em Educação. Recuperado em 14 Marc. 2019 from https://lled500.trubox.ca/2016/244

Tufekci, Z & Wilson, C. 2012. Social Media and the Decision to Participate in Political Protest: Observations From Tahrir Square. *Journal of Communication.* 62. 10.1111/j.1460- 2466.2012.01629.x. Recuperado em 19 de fevereiro de 2019, de https://www.researchgate.net/publication/264340811_Social_Media_and_the_Decision_to_Pa rticipate in Political Protest Observations From Tahrir Square

Tutton, R. (2016). Wicked Futures: Meaning, Matter and the Sociology of the Future [Significado, Matéria e a Sociologia do Futuro].
Sociological Review. 65(3). Obtido de https://eprints.lancs.ac.uk/id/eprint/83992/1/author_submitted_draft.pdf

Vanderhill, R. 2017. Resistência ativa à difusão democrática. Estudos Comunistas e Pós-Comunistas. 50. 10.1016/j.postcomstud.2017.01.003. Recuperado em 19 de fevereiro de 2019, de https://www.researchgate.net/publication/312179666_Active_resistance_to_de mocratic_diffu sion

Vu, L. (2020). O futuro das redes sociais no marketing B2C: From Business to Customers/Clients to Business to Community. *Tese de mestrado não publicada,* Escola de Economia de Turku. Obtido em https://www.utupub.fi/bitstream/handle/10024/150763/Vu Le Thesis.pdf?sequence=1&isAll owed=y

Wakabi, W & Gronlund, Â. 2019. Quando o uso de SNS não desencadeia a participação eletrónica: Concepts, Methodologies, Tools, and Applications. 10.4018/978-1-5225-7669-3.chO56. Recuperado em 19 fev. 2019, de https://www.researchgate.net/publication/330065740_When_SNS_Use_Doesn't_Trigger_E- Participation Concepts Methodologies Tools and Applications

Yan, N. (2021) As redes sociais estão a redistribuir o poder. *Revista Aberta de Ciências Sociais,* **9**, 107
118. Recuperado de
https://www.scirp.org/journal/paperinformation.aspx?paperid=109868

Yang, S., Quan-Haase, A., & Rannenberg, K. (2017). A mudança da esfera pública no Twitter: Estrutura de rede. Elites e tópicos do #righttobeforgotten. *Jornal de Novos Media e Sociedade*, 19(12), 1983-2002. Recuperado em fevereiro de 2019, de
https://journals.sagepub.com/doi/10.1177/1461444816651409

Yolmo, U. T. L. (2014). Os media sociais: A nova esfera pública. Conferência Internacional de Artes e Humanidades. Recuperado de
https://www.academia.edu/40416028/Social_Media_The_New_Public_Sp
here

Yolmo, U. T. L (2018). Entendendo as mídias sociais: Funcionalidade e Diferenciação de Mídias Sociais e Sites de Redes Sociais. Revista Internacional de Investigação em Engenharia, Aplicação e Gestão (IJREAM). Vol-04, Issue-05. Recuperado de
file:///C:/Users/E.J.S/Downloads/Understanding Social Media Functionality.pdf

Yoon, Jong-Han. 2018. Igualdade de informação e democracia na era da informação: Crossnational time-series analyses. Jornal Asiático de Política Comparada. 205789111878309. 10.1177/2057891118783091. Recuperado em 19 de fevereiro de 2019, de
https://www.researchgate.net/publication/326065605 Information equality and democracy in_the_information_age_Cross-national_time-series_analyses

Zackery, A. Demneh, T, M. Karimi, A. Nejad, E, M. (2022, junho). Insights de uma análise causal em camadas de "Isfahan 2040": A Participatory Foresight Workshop. Journal of Future Studies. 26(4). Obtido em
https://jfsdigital.org/2022-2/vol-26-no-4-june-2022/insights- from-a-causal-layered-analysis-of-isfahan-2040-a-participatory-foresight-workshop/

Zeng, J. Stevens, T e Chen, Y. 2017. A solução da China para a governação mundial do ciberespaço:
Unpacking the Domestic Discourse of "Internet Sovereignty" [Desvendando o discurso doméstico da "soberania da Internet"]. *Politics and Policy*. 45. 432464. 10.1111/polp.12202. Recuperado em 19 de fevereiro de 2019, de
https://www.researchgate.net/publication/317834062_China's_Solution_to_Gl obal_Cyber_Go vernance Unpacking the Domestic Discourse of Internet Sovereignty

Zittrain, J. 2008. The Future of the Internet and How to Stop it. Yale University

Press. Recuperado de
https://www.researchgate.net/publication/46889025_The_Future_of_the_Inter
net_and_How_t o Stop It
Zuckerberg, M. 4 de fevereiro de 2019. Post de aniversário de 15 anos do
Facebook de Mark Zuckerberg. *Facebook.*
Obtido em 4 de fevereiro de 2019, de
https://www.facebook.com/zuck/posts/10106411140260321? tn =C-R
Zuckerberg, M. 9 de março. 2019. Nota de Mark Zuckerberg sobre o Facebook.
Uma visão focada na privacidade para as redes sociais. *Facebook.* Recuperado
em 9 de março de 2019, de
https://www.facebook.com/notes/mark-zuckerberg/a-privacy-focused-vision-
for-social-
networking/10156700570096634/

APÊNDICE

LISTA DE CORPUS

Year	2008
Title	هل هناك رأي عام عربي حقًا؟
Author	Borhan Shawi
Source	https://elaph.com/Web/Archive/1066803409400302300.htm
Language	Arabic

Year	2009
Title	Review Essay: Adrift on the Nile: The Limits of the Opposition in Egypt.
Author	Steven A. Cook
Source	https://www.jstor.org
Language	English

Title	الديمقراطية الرقمية
Author	Jamal Muhammad Ghetas.
Source	General Egyptian Book Organization.
Language	Arabic

Title	شبكات التواصل الإعلامي من أجل الفهم والتفاهم.
Author	Omar Abdullah Mahrous.
Source	Oman: National Commission for Education, Culture, and Science.
Language	Arabic

Year	2011
Title	Revolution 2.0: The Power of the People is Greater than the People in Power: A Memoir.
Author	Wael Ghonim

Title	New study Quantifies Use of Social Media in Arab Spring.
Author	Catherine O'Donnell
Source	http://www.washingtonpost.com
Language	English

Title	6 Ways Social Media is Like Ironman.
Author	Eric Harr
Source	https://www.socialmediatoday.com
Language	English

Title	From Dictatorship to Democracy.
Author	The Cairo Review of Global Affairs Interview with Amr Hamzawy.

Source	https://www.thecairoreview.com

Title	الفرافير .. مهنة الموت المهذب.
Source	https://www.alittihad.ae
Language	Arabic

Year	2012
Title	الإعلام الجديد: النظام والفوضى.
Author	Abdullah Al Zain Haidari.
Source	Sahar Publication.
Language	Arabic

Year	2013
Title	From Tribe to Facebook: The Transformational Role of Social Networks.
Author	Jamal Sanad Al-Suwaidi.
Source	https://www.archive.org
Language	Arabic.

Title	'Take him off the *Minbar*' – Religion and the Battle over Public Space.
Author	Amr Ezzat – The Egyptian Initiative for Personal Rights.
Source	https://www.facebook.com/events/299812566825621/

Title	Future of Democracy in Egypt after the 25th of January Revolution: Elites' Sociological Content Analysis.
Author	Osama Ismael.
Source	Faculty of Arts, Ain Shams University Annals, Vol. 45. pp. 13-60.
Language	Arabic.

Title	شبكات التواصل الاجتماعي والتحول الديمقراطي في مصر.
Author	Fathy Shams El-Dein.
Source	Al-Nahda Al-Arabia Publishing.
Language	Arabic

Title	الطاغية في المجال العام: ندوة الخطاب الإسلامي وإعادة تأسيس المجال العام.
Author	Muhammad Suffar.
Source	https://www.mominoun.com
Language	Arabic

Title	"فيس بوك" و"تويتر"... جمهورية الواقع "الملخبط."
Author	Rehab Loai.
Source	https://www.elwatannews.com
Language	Arabic

Title	"تنظيم الاتصالات": لا صحة لما تردد عن فرض قيود على شبكات التواصل الاجتماعي.

Author	Anadolu Agency.
Source	https://www.almasryalyoum.com

Title	قراءة في تاريخ تقنيات التواصل الاجتماعي ومستقبلها. :الوعي بالأفكار ماذا بعد تويتر وفيس بوك
Author	Khaled Bin Muahmmad Al-Ammari.
Language	Arabic

Title	وسائل التواصل الاجتماعي ودورها في التحولات المستقبلية من القبيلة إلى لفيسبوك.
Author	Jamal Sanad Al-Swaidi.
Language	Arabic

Year	2014
Title	Netropolitan: Facebook for Rich People
Source	https://www.npr.org
Language	English

Title	View From Practice: Egypt's Ongoing Uprising and the Role of Social Media: Is there Development?
Author	Sherif H. Kamel
Source	https://www.researchgate.net
Language	English

Title	أقول افتراضي: مستقبل شبكات التواصل الاجتماعي في الحراك العربي.
Author	Amro Abd-Alaty.
Source	https://www.adengad.net
Language	Arabic

Title	جدل حول مراقبة شبكات التواصل الاجتماعي في مصر.
Author	Tamer Ezz El-Deen.
Source	https://www. france24.com
Language	Arabic

Title	هل تراجع تأثير شبكات التواصل الاجتماعي في مصر؟
Author	Bassem Rashed.
Source	https://www. rsgleb.org
Language	Arabic

Title	نية وزارة الداخلية فرض الرقابة على شبكات التواصل الاجتماعي: أي حرمة للمراسلات الإلكترونية، وأي مساحة لحرية التعبير؟
Author	Menna Omar.
Source	https://www. legal-agenda.com
Language	Arabic

Title	شبكة اجتماعية تحطم قيود مستخدمي الإنترنت.
Source	https://www. jo24.ne
Language	Arabic

Title	شبكة تواصل اجتماعي جديدة بدون قيود.GlobAllShare
Source	https://www. alfajertv.com
Language	Arabic

Title	ظهور شبكات تواصل اجتماعي جديدة تروّج لنفسها بمزايا وخدمات مختلفة.
Source	https://www. alghad.com
Language	Arabic

Year	2015
Title	بين غسل الأدمغة وتجريد المواطن من الطاقة الإيجابية.
Author	Amr Hamzawy
Source	https://www. shorouknews.com
Language	Arabic

Title	Egypt Telecommunication Regulation Law.
Author	Association of Freedom of Thought and Expression (AFTE)
Source	https://www. afteeegypt.org
Language	English

Title	شبكات التواصل الاجتماعي بين الإقناع والتضليل :استخدامات متناقضة
Source	https://www.futureuae.com
Language	Arabic.

Title	أيام اختلال المعايير.
Author	Amr Hamzawy
Source	https://www.shorouknews.com
Language	Arabic

Title	المجال العام في مصر وتحديات المستقبل.
Author	Shimaa ElSharkawy.
Source	https://www.academia.edu
Language	Arabic

Title	Stifling the Public Sphere: Media and Civil Society in Egypt.
Author	Sherif Mansour.
Source	https://www.ned.org
Language	English

Title	لماذا يتعين علينا أن نبدأ بقبول الرأى الأخر؟
Author	Amr Hamzawy
Source	https://www.shorouknews.com
Language	Arabic

Title	How New Social Networks Plan To Shrink The Internet To One Meaningful Story Per Day.
Author	Sarah Kessler
Source	https://www.fastcompany.com
Language	English

Title	حاكمة: دراسات الرأي العام العربي بعد الثورات العربية. عوامل تطور دراسات الرأي العام العربي بعد الثورات العربية.
Source	https://www. futureuae.com
Language	Arabic

Title	Is Globallshare a Scam or is it Legit?
Author	Richard Crowhurst
Source	http://www. quora.com
Language	English

Title	عن الفاشية التي بداخلنا.. مرة أخرى.
Author	Amr Hamzawy
Source	https://www.shorouknews.com
Language	Arabic

Title	الكتابة ضد التطرف كبديل للنقاش حول الديمقراطية.
Author	Amr Hamzawy
Source	https://www.shorouknews.com
Language	Arabic

Title	The Deceptions that Plague the Public Sphere in Egypt.
Author	Amr Hamzawy
Source	https://www.atlanticcouncil.org
Language	English

Title	"المعادلة الحرجة: كيف يمكن التوازن بين سياسات الأمن وقيم الحرية في الواقع المصري؟"
Author	Bassem Rashed.
Source	https://www.academia.edu
Language	Arabic.

Title	Egypt—The Death of the Public Sphere.
Author	Denver University (DU) Center for Middle East Studies
Source	https://www.youtube.com
Language	English

Title	إشكاليات الرقابة: الضوابط الأخلاقية والتشريعية لشبكات التواصل الاجتماعي في الدول العربية (2)
Author	Sherief Darwish Allabban.
Source	https://www.acrseg.org
Language	Arabic

Title	The Struggle over the Egyptian Public Sphere.

Author	Azzurra Meringolo.
Source	https://www.resetdoc.org
Language	English

Title	أجهزة الأمن ... الشركات الخاصة والسيطرة على شبكات التواصل الاجتماعي في مصر.
Author	Waleed Abbas.
Source	https://www. mc-doualiya.com
Language	Arabic.

Title	السيد والغرفور.
Author	Azza Ahmad Haikal.
Source	https://alwafd.news
Language	Arabic

Year	2016
Title	Egypt Leads the Pack in Internet Censorship Across the Middle East.
Author	Elissa Miller.
Source	https://www.atlanticcouncil.org
Language	English

Title	الإعلام الشعبي بين إعلام الدولة ودولة الإعلام.
Author	Noha Atef Al-Abd.
Source	Al-Arabi Publishing and Distributing.
Language	Arabic

Title	The Egyptian Media, the Conflict of Agencies, and the President.
Author	Maged Atef.
Source	https://www.washingtoninstitute.org
Language	English

Title	شبكات التواصل الاجتماعي انهيار المجال العام وصعود الفضاء الافتراضي.
Author	Bukhabza Muhammad.
Source	https://www.asjp.cerist.dz
Language	Arabic

Title	Why Social Media Made but Couldn't Save the Arab Spring?
Source	https://www.demdigest.org
Language	English

Title	علم ثورة العقول واللاعنف.
Author	Amr Hamzawy.
Source	https://www.shorouknews.com
Language	Arabic

Title	Rewriting the Arab Social Contract: Toward Inclusive Politics.
Source	https://www.demdigest.org
Language	English

Title	Review Work(s): Egypt in the Future Tense: Hope, Frustration, and Ambivalence Before and After 2011.
Author	Emanuel Schaeublin
Source	https://www. jstor.org
Language	English

Title	إماتة العقل في بر مصر.
Author	Amr Hamzawy
Source	https://www.shorouknews.com
Language	Arabic

Title	إماتة النقاش العام.
Author	Amr Hamzawy
Source	https://www.shorouknews.com
Language	Arabic.

Title	Social Media Explained in Metaphors.
Author	Steven Saars.
Source	https://www. parallelinteractive.com
Language	English

Title	4 توقعات تحيط بمستقبل الشبكات الاجتماعية.
Author	Mostafa Mahmoud.
Source	https://1.sailnews.net/
Language	Arabic

Title	الأخبار الكاذبة يفيسبوك هل توجه الرأي العام؟
Source	https://1-a1072.azureedge.net
Language	Arabic

Title	Snapchat: The End to Being Social on Social Media?
Author	Khaled Albaih
Source	https://www. newarab.com
Language	English

Title	أخطار تقليص المجال العام في مصر.
Author	Mostafa Kamel Al-Sayed.
Source	https://www. shorouknews.com
Language	Arabic

Year	2017

Title	Social Media Platforms Can Be Built Around Quality, Not Scale .
Author	Lydia Laurenson
Source	https://www. hbr.org
Language	English

Title	جريمة ٢٥ يناير .. والذين شاركوا فيها.
Author	Ayman Al-Sayyad.
Source	https://www. shorouknews.com
Language	Arabic

Title	Intimidation in Public Life: A Review by the Committee on Standards in Public Life.
Author	Committee on Standards in Public Life.
Source	https://www. assets.publishing.service.gov.uk

Title	أزمة الرأي العام العربي.
Author	Muhammad Kerat.
Source	https://al-sharq.com
Language	Arabic

Title	'Social Media Logic' Meets Professional Norms: Twitter Hashtags Usage by Journalists and Politicians.
Author	Gunn Enli & Chris-Adrian Simonsen.
Source	https://www.researchgate.net

Title	هل يمكن لإعلانات فيسبوك أن تصنع الرأي العام؟
Source	https://1-a1072.azureedge.net
Language	Arabic

Title	دور شبكات التواصل الاجتماعي في تشكيل اتجاهات الشباب المصري نحو دعم المشروعات الاقتصادية. قناة السويس الجديدة نموذجًا.
Author	Emad Eldeen Mahmoud Abd Elaziz.
Source	https://sjsj.journals.ekb.eg
Language	Arabic

Title	Book Excerpt: Online Activism in the Middle East: Political Power and Authoritarian Governments.
Author	Jon Nordenson
Source	https://www.arabmediasociety.com

Title	نيران وصنافير.. مشكلات العقل الحاكم للجدل العام في مصر.
Author	Said Okasha.
Source	https://acpss.ahram.org.eg/News/16325.aspx
Language	Arabic

Title	جدل عالمي: آليات وضوابط "مراقبة" مواقع التواصل الاجتماعي.
Author	Fatema Al Zahraa Abdel Fattah.
Source	https://www.futureuae.com
Language	Arabic

Title	President Al-Sisi Addresses the United Nations.
Source	https://egyptianstreets.com

Year	**2018**
Title	Egypt 2018 Law on the Organization of Press, Media and the Supreme Council of Media.
Source	https://www.article19.org
Title	Egypt's New Cybercrime Law Legalizes Internet Censorship.
Author	**The Research Unit of the Association for Freedom of Thought and Expression (AFTE)**
Source	https://afteegypt.org
Title	An Interview with Amr Hamzawy: Reflections on the Future of Democracy in Egypt and Beyond.
Author	Amr Hamzawy and Sumaya Almajdoub
Source	https://www.jadaliyya.com
Title	Social Media's Junkies and Dealers.
Author	Roger McNamee.
Source	http://www.project-syndicate.org
Title	مصر.. ماكينة غسل الأدمغة.
Author	Amr Hamzawy
Source	https://carnegie-mec.org/2018/12/17/ar-pub-77998
Language	Arabic
Title	Sisi's Full Speech at UN General Assembly.
Source	https://www.egypttoday.com
Title	أين ذهب غضب الشبكات الاجتماعية؟
Author	Zahraa Bassam.
Source	https://1-a1072.azureedge.net
Language	Arabic
Title	Review: 'Conspiracy in Modern Egyptian Literature.'
Author	Tugru Mende
Source	https://arablit.org
Title	دراسة عالمية: أغلب المستخدمين لا يثقون بمواقع التواصل.
Source	https://www.alarabiya.net/
Language	Arabic
Title	Consecrating Egypt's Democratic Foundations: 2019, The Year of Education.
Author	Egyptian Ministry of Foreign Affairs.
Source	https://mfaegypt.org

Language	English

Title	شبكات التواصل الاجتماعي في مصر : أخلاقيات الاستخدام وتأثيراتها ما بعد ثورة 25 يناير .
Author	Wedad Hamdy.
Source	https://ajo-ar.org/
Language	Arabic

Title	قانون جرائم الإنترنت في مصر ـ كبت جديد للحريات؟
Source	https://www.dw.com
Language	Arabic

Title	المجال العام من الواقع الفعلي إلى العالم الافتراضي : معايير التشكل والمعوقات.
Author	Amani Al-Mahdi.
Source	https://democraticac.de/
Language	Arabic

Title	من تضييق إلى إغلاق المجال العام: حصاد 2017 في مصر مع الباحث خالد فهمي.
Source	https://ar.qantara.de
Language	Arabic

Title	فيسبوك ومخاوف المستقبل.
Author	Hosny Nasr
Source	https://www.omandaily.om/
Language	Arabic

Year	2019
Title	A New Phenomenon in the Public Sphere?
Author	Ziad A. Akl.
Source	https://english.ahram.org.eg

Title	Social Networks: A Counter-Public Sphere or a Source of Fake News -Zahraa Badr.
Author	Amelia Arsenault.
Source	https://www. miltonwolfseminarofmediaanddiplomacy.wordpress.com

Title	مصر في 2019م: كيف تمكنت مواقع التواصل الاجتماعي من إحداث تأثير على أرض الواقع؟
Author	Abd Al-Baseer Hassan.
Source	https://www.bbc.com/arabic/middleeast-50917502
Language	Arabic

Title	How to defend against fake news?
Author	Democracy Digest
Source	https://www.demdigest.org

Title	The struggle for inclusive citizenship in Arab countries: A preview of Arab Human Development Report.

Author	Atlantic Council.
Source	https://www.atlanticcouncil.org

Title	The Arab Region After the Uprisings: Struggling to Define Inclusive Social Contract.
Author	Democracy Digest
Source	https://www.demdigest.org

Title	مواقع التواصل الاجتماعي: فضاء عمومي وانعكاس قيمي.
Author	Bumadian Karima.
Source	https://www.asjp.cerist.dz/en/article/98913
Language	Arabic

Title	شبكات التواصل الاجتماعي.. آلية دعائية بلا قيود!
Author	Mohammad Elwany.
Source	https://www.rowadalaamal.com/
Language	Arabic

Title	Trolls use a little-known Twitter Feature to Swarm others with Abuse.
Author	Lauren Feiner.
Source	https://www.cnbc.com
Language	English

Title	"إنسانيتي أكبر من وظيفتي".. السيسي يحذر من استخدام شبكات التواصل لإيذاء الدول.
Source	https://almalnews.com
Language	Arabic

Title	Reviewed Work: *Conspiracy in Modern Egyptian Literature* by Benjamin Koerber.
Author	Chip Rossetti.
Source	https://www. jstor.org

Title	الحكومة ترصد 9 شائعات خلال الأسبوع المنقضى (فيديو) خلال الفترة (من 11 حتى 18 يوليو 2019)
Source	https://almalnews.com
Language	Arabic

Title	شائعات رصدها مجلس الوزراء في 9 أيام: تعرف عليها (فيديو) خلال الفترة من 26 سبتمبر حتى 4 أكتوبر 2019م.
Source	https://almalnews.com
Language	Arabic

Title	Social media user-generated content.
Author	Hossam Badrawi @HossamBadrawi
Source	Twitter.
Language	Arabic
Link	https://twitter.com/HossamBadrawi/status/1118098196692119553

Year	2020
Title	Freedom in the World 2021: Egypt.
Author	Freedom House Annual Report.
Source	https://freedomhouse.org
Title	الرأي العام العربي.. تَغييرات كبيرة.
Author	James Zogby.
Source	https://www.alarabiya.net
Language	Arabic
Title	Arab Spring 2.0? Five lessons from 2011.
Source	https://www.demdigest.org
Title	شبكات التَواصل الاجتماعي .. بين الإخفاقات والنجاحات في 2019م.
Author	Ahmad Bayouni
Source	https://www.aleqt.com/
Language	Arabic
Title	Ten Years after the Arab Spring: Why Democracy Failed?
Source	https://www.demdigest.org
Title	قضايا بناء الدولة في الخطاب الرئاسي وعلاقها بأجندة وسائل الإعلام وأجندة الشباب.
Author	Alaa Fawzy Al-Sayed
Source	Faculty of Journalism and Mass Communication, Cairo University.
Language	Arabic
Title	"المجال العام": ما حدث في مصر، وتَدقيقٌ في التعريفات.
Author	Ali Al-Rajjal.
Source	https://assafirarabi.com/ar/
Language	Arabic
Title	Facebook Is a Doomsday Machine. The architecture of the modern web poses grave threats to humanity.
Author	Adrienne LaFrance
Source	https://www.theatlantic.com
Title	الرأي العام في الواقع الافتراضي وقوة التَعبئة الافتَراضية.
Author	Mohammad Mostafa Refaat.
Source	Al Arabi Publishing and Distrbuting.
Language	Arabic
Title	Social media user-generated content.
Author	Amr Salah
Source	Facebook
Language	Arabic
Link	https://www.facebook.com/amr.salah.3110/posts/pfbid02izjsCD8C6kLB1jTf5GTiYccHAtiP8caj44*PCTEMXkyU8bcUHSz4WD4NFDjz2BhRl

Title	Social media user-generated content.
Author	Mohamed Elbaradei @ElBaradei
Source	Twitter.
Link	https://twitter.com/ElBaradei/status/1302578762320695296

Year	2021
Title	The Internet and the Law in Egypt Series. First Part: Centralization of Telecommunications. Second Part: Digital Media. Third Part: Digital Privacy.
Author	**The Research Unit of the Association for Freedom of Thought and Expression (AFTE).**
Source	https://afteegypt.org
Title	معركة فرافير يوسف إدريس!
Author	Rashad Kamel
Source	https://daily.rosaelyoussef.com
Language	Arabic
Title	Freedom on the Net 2021: Egypt.
Author	Freedom House
Source	https://freedomhouse.org/country/egypt/freedom-net/2021
Title	Beyond Mainstream Media and Communication Perspectives of the Arab Uprisings.
Author	Hanan Badr & Lena-Maria Moller.
Source	https://www.cogitatiopress.com
Title	الدولة الذكية ومستقبل شبكات التواصل الاجتماعي.
Author	Fathy Shams El-Deen.
Source	https://idsc.gov.eg/
Language	Arabic
Title	The Future We Want: A Series of Research Papers: How the Internet became centralized and what that means? How Internet centralization affects us? What do we mean by Free Internet?
Source	https://masaar.net
Title	شبكات التواصل الاجتماعي ودورها في تعزيز قيم المواطنة لدى الشباب السيناوي "دراسة ميدانية."
Author	Khaled Sabry Abd Al Hadi.
Source	https://jsb.journals.ekb.eg/article_167987.html
Language	Arabic
Title	The Arab Spring at 10: Kings or People?

Author	Tarek Masoud.
Source	https://www.journalofdemocracy.org

Title	Facebook Tried to Make Its Platform a Healthier Place. It Got Angrier Instead.
Author	Keach Hagey and Jeff Horwitz.
Source	https://www.wsj.com

Title	مسرح يوسف إدريس.. بين تمرد الغرافير وبهلوانية الإعلام.
Author	Ali Abu Humaila.
Source	https://2-m7483.azureedge.net
Language	Arabic

Title	Cairo Media Conference 3: The Reconstruction of Journalism in the Age of Entertainment & Uncertainty.
6-7 December 2021. The American University in Cairo, Tahrir Campus. (In person attendance).	

Title	Recommendations On Regulating Disinformation and Other Harmful Content on Social Media.
Author	Caroline Atkinson, Dipayan Ghosh, Michael Posner, et al.
Source	https://www.hks.harvard.edu

Title	إنترنت بلا مراقبة.. كيف يمكن للحكومة المصرية إنهاء سياسة المراقبة الجماعية.
Source	https://afteegypt.org/research/policy-papers/2021/06/03/22759-afteegypt.html
Language	Arabic

Title	Recommendations: On Regulating Disinformation and Other Harmful Content on Social Media
Author	Caroline Atkinson, Dipayan Ghosh, Michael Posner, Paul Barrett, John Haigh, Vivian Schiller, et al.
Source	https://www.hks.harvard.edu

Title	الرئيس السيسي وفتح المجال العام في مصر.
Author	Ahmad Abd Alaal Omar.
Source	https://www.masrawy.com
Language	Arabic

Title	الدردشات الصوتية.. قد تصبح مستقبل شبكات التواصل الاجتماعي.
Source	https://www.hashtagarabi.com/
Language	Arabic

Title	هل تمثل التسجيلات الصوتية مستقبل شبكات التواصل الاجتماعي؟
Author	Tania Baso.
Source	https://technologyreview.ae
Language	Arabic

Title	الميتافيرس.. مستقبل شبكات التواصل الاجتماعي الذي سيغير العالم.
Author	Fathy Shams El-Deen
Source	https://www.cairo24.com/1402950
Language	Arabic

Title	Social media user-generated content.
Author	Heba Raouf Ezzat
Source	Facebook
Language	Arabic
Link	https://www.facebook.com/groups/darstalat

Year	2022
Title	Democracy Fades in the Arab Spring's Success Story.
Author	Simon Speakman Cordall.
Source	https://foreignpolicy.com

Title	Metaverse, future of the internet or simply a buzz?
Source	https://www.headmind.com

Title	تويتر بعد إيلون ماسك: هل ستكون نهاية الشبكات الاجتماعية كما يعرفها جيل الطيبين؟
Author	Foaad Al Farhan.
Source	https://alfarhan.ws/twitter-with-elon-musk/
Language	Arabic

Title	The Public Sphere: A Talk given at the first meeting of the shared digital European Public Space Group.
Author	Bill Thompson.
Source	https://astickadogandaboxwithsomethinginit.com

Title	قبل أن يصبح الحوار الوطني فرصة أخيرة مهدرة.
Author	Hossam Mones.
Source	https://masr360.net
Language	Arabic

Title	Social media is polluting society. Moderation alone won't fix the problem.
Author	Nathaniel Lubin & Thomas Krendl Gilbert.
Source	https://www.technologyreview.com

Title	عوالم ممزقة: كيف يجري إجلاء المصريين من المجال العام؟
Author	Hesham Gafaar
Source	https://masr360.net/

Title	Digital 2022: Egypt.
Author	Simon Kemp.
Source	https://datareportal.com

Title	Exclusive: Twitter is Losing its Most Active Users, Internal Documents Show.
Author	Sheila Dang.
Source	https://www.reuters.com

Title	مقدمة في إحياء الإرادة العامة.
Author	Anwar Al-Hawary.
Source	https://masr360.net
Language	Arabic

Title	Twitter Users Flock to Other Platforms as the Elon Era Begins.
Author	Amanda Hoover.
Source	https://www.wired.com

Title	حروب الجيل الرابع ومستقبل إعادة بناء الدولة.
Author	Naji Shohoud.
Source	https://idsc.gov.eg/DocumentLibrary/View/6665
Language	Arabic

Title	Facebook Has a Super-User Supremacy Problem.
Author	Matthew Hindman, Nathaniel Lubin, and Trevor Davis.
Source	https://www.theatlantic.com

Title	مؤشرات شبكات التواصل الاجتماعي عالميًا ومحليًا،وتأثيرها على الأمن القومي.
Source	https://draya-eg.org
Language	Arabic

Title	Shaping the Future of Social Networks: HELIOS.
Source	https://cordis.europa.eu

Title	Egyptians and Digital: 2022 Report.
Source	https://naos-solutions.com

Title	6 Metaphors to Describe Social Media.
Source	https://www.mcnuttpartners.com

Title	My Name is the Internet.
Author	Konstantinos Komaitis.
Source	https://techpolicy.press

Title	هل كل منصات التواصل الاجتماعي في طريقها للفشل؟
Source	https://enterprise.press/ar/stories/2022/11/10
Language	Arabic

Title	The Decentralized Web and the Future of Section 230.
Author	Andrea O'Sullivan.
Source	https://www.thecgo.org

Title	Wrecking the Public Sphere: The New Authoritarians' Digital Attack on Pluralism and Truth.

Author	Simone Chambers and Jeffrey Kopstein.
Source	https://onlinelibrary.wiley.com

Title	الحروب النفسية علي شبكات التواصل الاجتَماعي في مصر!
Author	Muhammad Saad Abdullateef.
Source	https://www.unlimited-news.com
Language	Arabic.

Title	تنظيم المجال العام.
Author	Amr El-Shobaki.
Source	https://www.almasryalyoum.com/

Title	خالد داوود: نطالب بفتح المجال العام والحريات السياسية.. والحوار الوطنى عظيم.
Source	https://www.youm7.com/
Language	Arabic

Title	مصر: 21 منظمة حقوقية تطالب الوزراء الألمان بالضغط من أجل فتح المجال العام وإطلاق سراح سجناء الرأي في مصر قبل قمة المناخ.
Source	https://www.amnesty.org/en/documents/mde12/5878/2022/am/
Language	Arabic

Title	توقيع من منظمات وبرلمانيين وشخصيات من أكثر من 80 دولة حول العالم يطالبون مصر بفتح المجال العام وإطلاق السجناء السياسيين.
Source	https://eipr.org
Language	Arabic

Title	"فرافير" يوسف إدريس مسرح شعبي مصري متجذر أم بريختية مقنعة؟
Author	Ibrahim Al Arees.
Source	https://www.independentarabia.com
Language	Arabic

Title	Social media user-generated content.
Author	Mamoun Fandy @mamoun1234
Source	Twitter.
Language	Arabic
Link	https://twitter.com/mamoun1234/status/1593683172943798272

Title	Social media user-generated content.
Author	Mamoun Fandy @mamoun1234
Source	Twitter.
Language	Arabic
Link	https://twitter.com/mamoun1234/status/1591856978078437378

Title	Social media user-generated content.
Author	Amal Alharithi @amal_alharithi
Source	Twitter.
Language	Arabic

Link	https://twitter.com/amal_alharithi

Title	Social media user-generated content.
Author	@Sultan_1
Source	Twitter.
Language	Arabic
Link	https://twitter.com/Sultan_1

Title	Social media user-generated content.
Author	@xgypt
Source	Twitter.
Language	Arabic
Link	https://twitter.com/xgypt

Title	Social media user-generated content.
Author	Awni Belal @awni_inwa
Source	Twitter.
Language	Arabic
Link	https://twitter.com/awni_inwa/status/1565045788400558082

Title	Social media user-generated content.
Author	Mohamed Dhia Hammami @MedDhiaH
Source	Twitter.
Link	https://twitter.com/MedDhiaH

Title	Social media user-generated content.
Author	Wael Eskandar @weskandar
Source	Twitter.
Language	Enlgish
Link	https://twitter.com/weskandar/status/1591389482728710145

Title	Social media user-generated content.
Author	Nanjala Nyabola @Nanjala1
Source	Twitter.
Language	Enlgish
Link	https://twitter.com/Nanjala1/status/1590005005133656066

Title	Social media user-generated content.
Author	Faten Salah @fatenali
Source	Twitter.
Link	https://twitter.com/fatenali

Title	Social media user-generated content.
Author	Farah-Silvana Kanaan @farahkanaan
Source	Twitter.

Link	https://twitter.com/farahkanaan

Title	Social media user-generated content.
Author	Mohamed Elbaradei @ElBaradei
Source	Twitter.
Link	https://twitter.com/ElBaradei/status/1486713148048429068

Year	2023
Title	How dangerous is TikTok?
Author	Janosch Delcker.
Source	https://www.dw.com

Title	Beyond Section 230: Three paths to making the big tech platforms more transparent and accountable.
Author	Rober Kozinets and Jon Pfeiffer.
Source	https://www.niemanlab.org

Title	عام يُحدد ملامح ما بعده.
Author	Hossam Mones.
Source	https://masr360.net/
Language	Arabic

Title	Digital 2023: Egypt.
Author	Simon Kemp.
Source	https://datareportal.com

Title	مصر تحتاج إلى طاقة أمل.
Author	Hossam Mones.
Source	https://masr360.net/
Language	Arabic

Title	Facebook leads social media platforms in Egypt, followed by Instagram and TikTok.
Source	https://www.dailynewsegypt.com

Title	السلامة الرقمية: تحديات حماية المجتمعات من مخاطر "البث المباشر."
Author	Fatema Al Zahraa Abdel Fattah.
Source	https://futureuae.com/ar-AE/Mainpage/Item/8020

Title	Social Media Is Like…
Author	James Spillane.
Source	https://www.business2community.com

Title	12 كتابًا يتناول ثورة يناير: الأسباب والتفاصيل الهائلة والأخطاء ونقاط الضعف (ضوء في درب الحرية).
Source	https://daaarb.com
Language	Arabic

Title	هل تَصلح الـ سوشيال ميديا لقياس الرأي العام في مصر؟
Author	Ibrahim Abel Meguid.
Source	https://www.independentarabia.com
Language	Arabic
Title	Facebook's Birthday 2023: Date, History, Early Years, Rapid Growth.
Source	https://newsd.in
Title	في ذكرى ثورة يناير: 12 عامًا من الحلم.
Author	Hossam Mones.
Source	https://masr360.net/
Title	في ذكرى ثورة يناير: إنجازاتها وأخطاؤها وما الحل؟ حوار مع زياد العليمي.
Source	From Washington with Hafez Al Mirazi - https://www.youtube.com/watch?v=D25Xy-Pi8cw
Language	Arabic
Title	Musk Says That Twitter Will Open Source its Feed Algorithm Next Week.
Author	Andrew Hutchinson
Source	https://www.socialmediatoday.com
Title	25 يناير: المجد الذي لن يتكرر ولن يُستنسخ.
Author	Ismail Eleskandarani
Source	https://almanassa.com/stories/9152
Language	Arabic
Title	TikTok Moves to the Next Stage in its Efforts to Stave Off a US Ban
Author	Andrew Hutchinson
Source	https://www.socialmediatoday.com
Title	لماذا يجب أن نفهم شبابنا؟
Author	Tarek Al Zumar.
Source	https://arabi21.com/story/1496262
Language	Arabic
Title	TikTok Bans: Short-Sighted Solutions to the Wrong Problem
Author	Willmary Escoto
Source	https://techpolicy.press
Title	Social media user-generated content.
Author	Mohamed Elbaradei @ElBaradei
Source	Twitter.
Link	https://twitter.com/ElBaradei
Title	شبح الربيع.

Author	Ibrahim Abel Meguid.
Source	https://www.alquds.co.uk
Language	Arabic

Title	TikTok's Future Remains Under a Cloud After CEO's Appearance Before Congress
Author	Andrew Hutchinson
Source	https://www.socialmediatoday.com

Title	ثورة 25 يناير... تجدد السؤال عن مستقبل مصر,
Author	Nizar Kandil.
Source	https://www.alaraby.co.uk
Language	Arabic

مستقبل شبكات التواصل الاجتماعي كمجال عام في مصر

رسالة مقدمة للحصول على درجة الدكتوراة من قسم الصحافة بعنوان

اعداد:

هند عبد الرحمن محمد عبد المتجلي

المدرس المساعد بقسم الصحافة بكلية الإعلام، جامعة القاهرة

إشراف:

أ.د. محمود سليمان علم الدين

أستاذ الصحافة المتفرّغ بقسم الصحافة، كلية الإعلام، جامعة القاهرة

إشراف مُشارك:

أ.د سماح المحمدي

الأستاذ بقسم الصحافة، كلية الإعلام، جامعة القاهرة

مايو 2023م – شوَّال 1444 هـ

بِسْمِ اللَّهِ الرَّحْمَنِ الرَّحِيمِ

ملخص باللغة العربية

تعد الرسالة ضمن دراسات المستقبل النقدية التي تسعى لتفكيك تعريفات ومفاهيم تقديم وصياغة مشكلات الماضي والحاضر من أجل التوصل لبدائل مستقبلية أكثر انفتاحًا وتعبيرًا لطيف الرؤى لأطراف الظواهر في عالمنا المتشابك. ترصد الدراسة في "المقدمة والخلفية المعرفية" موضع سؤال الإنترنت، وشبكات التواصل الاجتماعي (بمفردات تقديمها بالأدبيات)، والمجال العام (مصطلح يورغان هابرماس بتحولاته)، وذلك في سياق أعم وهو دراسات المستقبل النقدية، حيث ثلاثة ركائز: القوة والمستقبل والسياسة، مع رصد تغيرات وتحولات الاتصال كمفهوم وعملية خلال العقد الماضي.

تتمثل أهداف الدراسة في:

- توصيف خريطة الاتصال في السياق المصري؛ برصد ماضي وحاضر وعوامل وظروف تطور المجال العام الافتراضي؛ بتقديم نظرة تشمل الدور الذي تلعبه شبكات التواصل الاجتماعي، والتنظيم وإدارة الإنترنت ومنصات التشبيك الاجتماعي، والمحتوى المقدم، والمستخدم، وعلاقته بالمنصات من حيث الثقة والمصداقية والتفاعل والمرجو من الاستخدام، تحديدًا كمجال عام.
- تقييم المدركات المتباينة في السياق المصري بشأن طبيعة شبكات التواصل الاجتماعي، وأطر تعريفها كمجال عام بين الأكاديميين وواضعي السياسات والتقنيين والمجتمع المدني والمستخدم.
- رصد العوامل المؤثرة على الظاهرة محل الدراسة في الماضي والحاضر واستشراف وزن واتجاه التأثير في المستقبل.
- التحليل الأفقي للقضايا الناشئة (أو المتوقع ظهورها) على المستويات السياسي والاقتصادي والاجتماعي والثقافي والتقني.
- التحليل الرأسي؛ بتطبيق تحليل الطبقات السببية على أربعة مستويات: واقع المشكلة، الأسباب التنظيمية، رؤية العالم، والأسطورة/الخرافة.
- بناء السيناريوهات لبدائل مستقبلية في كل مستوى من مستويات التحليل الأربعة، ثم تحديد المستقبل المرغوب فيه، ورصد التغيرات المطلوبة للوصول إليه.

وتتمثل أهمية الدراسة في:

- ❖ طبيعة تحليل الطبقات السببية؛ من حيث أنه أحدث منهج في الدراسات المستقبلية النقدية، من ناحية، وهو كذلك إطارًا نظريًا ثريًا؛ من حيث أنه يشمل كافة أبعاد وجوانب الظاهرة رأسيًا وأفقيًا، بما يُتيح التحرر من "المستقبل المستخدم" والتوصل إلى بدائل جديدة تعبر عن الأطراف التي غابت أصواتها عن المشاركة بسبب التركيز على آراء النخبة والخبراء.
- ❖ بالإضافة إلى ذلك تقدم الرسالة إسهامًا استكشافيًا لما يُمكن أن يكون عليه المستقبل إذا ما ركزت بحوث ودراسات الاتصال في مجال شبكات التواصل الاجتماعي على "بناء الجسور" و"إيجاد المخارج القائمة على التعليم والتأهيل والتمكين" وإتاحة مساحة لكافة الأطراف أن تعبر عن رؤاها

للوصول إلى جذور عدم فعالية الكثير من السياسات والتشريعات المقترحة والمطبقة في سياق الإنترنت وشبكات التواصل الاجتماعي كمجال عام.

مشكلة الدراسة:

تأتي الدراسة الحالية في إطار نظرية المجال العام ليورغان هابرماس، أحد علماء وفلاسفة الجيل الثاني لمدرسة فرانكفورت، والمدخل النظري لتحليل الطبقات السببية الذي طوره بروفيسور سهيل عناية الله كأحدث منهجية وإطار نظري بالدراسات المستقبلية النقدية. تعتمد الدراسة على محددات مصطلح المجال العام بتطوراته والنقد الموجه للإطار النظري وتطبيقاته في العصر الحديث، وتحديدًا في البيئة الاتصالية الجديدة؛ الإنترنت وشبكات التواصل الاجتماعي، وتضيف لذلك التحليل الرأسي-الأفقي الذي يشمل إعادة النظر في صياغة المشكلات والظواهر والقضايا وتفكيك المعتقدات والرؤى التي نتجت عنها وذلك للوصول لبدائل مرغوبة لمستقبل شبكات التواصل الاجتماعي كمجال عام. ونظرًا لتعدد أبعاد الظاهرة وكونها ضمن بيئة اتصالية مركبة يكاد يتلاشى فيها الخط الفاصل بين ما هو محلي وما هو دولي؛ فإن الدراسة تستعرض البيانات وتجري التحليل بما يأخذ في الاعتبار السياق العربي، الشرق أوسطي، إلى حيث تنتمي مصر كدولة وثقافة ولغة، والسياق الدولي الذي يعد المنبع لأي تغيرات جذرية بشأن الإنترنت ومنصات التواصل الاجتماعي.

سؤال الدراسة الرئيسي:

ما مستقبل شبكات التواصل الاجتماعي كمجال عام في مصر؟

- ما محددات هذا المستقبل بناءًا على ماضي وحاضر الظاهرة؟
  - ✓ الطبقة الأولى: ما واقع المشكلة ظاهريًا كما تعكسه وسائل الإعلام والخطاب العام بالمجتمع؟
  - ✓ الطبقة الثانية: ما الأسباب التنظيمية للظاهرة؟ (اجتماعية، تقنية، تشريعية، سياسية، اقتصادية، ثقافية،..)
  - ✓ الطبقة الثالثة: ما الرؤية الغالبة لسياق الظاهرة العالمي فيما بين أطرافها بالسياق المصري؟
  - ✓ الطبقة الرابعة: ما الأسطورة/الخرافة التي تهيمن على الأفكار والسلوك والاتجاهات بشأن الظاهرة؟

تنقسم الدراسة إلى <u>ستة</u> فصول كالآتي:

الفصل الأول: المقدمة وحدود الدراسة وسؤالها الرئيسي وأهدافها وأهميتها.

الفصل الثاني: مراجعة الأدبيات السابقة، ويتقسم إلى أربعة محاور فرعية:

- الإنترنت كمجال عام.
- شبكات التواصل الاجتماعي كمجال عام.
- نظرة نقدية: مستقبل الاتصال.

- المجال العام الافتراضي والديمقراطية.

ملخص الفصل الثاني:

في المحور الأول بعنوان "الإنترنت كمجال عام" استعرضت الباحثة الأدبيات العربية والأجنبية التي رصدت وتناولت: المجال العام والمجال العام المضاد/الموازي، المجال العام الرقمي وظاهرة التقنيت، المجال العام الشبكي/متعدد المستويات/الأبعاد، ربط المجال العام الافتراضي بالتغيرات على الأرض، وما هو واقعي وما هو افتراضي في المجال العام عبر الإنترنت. في المحور الثاني بعنوان "شبكات التواصل الاجتماعي كمجال عام" استعرضت الباحثة الأدبيات العربية والأجنبية التي تضمنت: تأثير شبكات التواصل الاجتماعي على المجال العام (كهيكل ومحتوى وفعالية). رأس المال الاجتماعي: هل هو مدخل من المدخلات أم مخرج من المخرجات؟ الأخبار الزائفة والتضليل، التطرف وخطاب الكراهية، فقاعات التصفية وغرف الصدى. أما المحور الثالث فيقدم "نظرة نقدية لمستقبل الاتصال" عبر استعراض محورين من الأدبيات العربية والأجنبية: مستقبل الإنترنت، العوامل المؤثرة على المستقبل سياسيًا واقتصاديًا وتقنيًا... وغيرها. والمحور الرابع بعنوان "المجال العام الافتراضي والديمقراطية" يستعرض الأدبيات العربية والأجنبية في إطار: المشاركة السياسية، الديمقراطية والشعبوية، بين حرية التعبير والرقابة، ما الحقيقة؟ بين الخصوصية والمراقبة.

الفصل الثالث: الإطار النظري للدراسة، ويناقش ست نقاط فرعية:

- الدراسات المستقبلية النقدية.
- المجال العام وفقًا لهابرماس.
- هيكل المجال العام: تطورات المفهوم والتحولات الواقعية.
- الإنترنت وشبكات التواصل الاجتماعي كمجال عام.
- ما بعد المجال العام.
- المجال العام الافتراضي في السياق المصري.

ملخص الفصل الثالث:

يتناول المحور الأول "الدراسات المستقبلية النقدية" وينقسم هذا المحور إلى: الدراسات المستقبلية النقدية ودراسات المستقبل عمومًا، تحليل الطبقات السببية كإطار نظري ضمن الدراسات المستقبلية النقدية، الرؤى بشأن شبكات التواصل الاجتماعي: بين التشاؤم والمثالية. أما المحور الثاني بعنوان "المجال العام وفقًا لهابرماس" فيستعرض المفهوم والهيكل والتطبيق والتغيرات، بالإضافة إلى تعريف بهابرماس في إطار كتاباته التي صاغت مصطلح المجال العام. أما المحور الثالث فيقدم نبذة مختصرة عن "هيكل المجال العام" نظريًا وعبر رصد تطبيقات التجارب المختلفة تاريخيًا في الأدبيات السابقة. أما المحور الرابع بعنوان "الإنترنت وشبكات التواصل الاجتماعي كمجال عام" فيعد استكمالًا بتعمق أكبر للأدبيات العربية والأجنبية للوصول لمسار عام للظاهرة وعناصرها تمهيدًا لتحليل السياق المصري. ويلي ذلك "ما بعد المجال العام" حيث يجيب عن سؤال: ماذا بعد؟ وهو يرتبط باستشراف مستقبل المجال العام كمفهوم وتطبيق في إطار

البيئة الرقمية. أما محور "المجال العام الافتراضي في السياق المصري" فيتناول "مصر" كمجتمع ودولة وثقافة عربية وشرق أوسطية أفريقية تؤثر في محددات السياق عمومًا والاتصال السياسي على وجه التحديد. بالإضافة إلى ذلك يوجز أهم سمات وخصائص المجال العام في السياق المصري خلال العقد الماضي.

الفصل الرابع: الإطار المنهجي للدراسة، وينقسم إلى ست نقاط فرعية:

- ✓ المنهج والتعريفات الإجرائية.
- ✓ تحليل الطبقات السببية: مفهوم وتطبيق.
- ✓ الطبقات الأربعة لتحليل الطبقات السببية: Litany, Systemic Causes, Worldview, Myth
- ✓ تقييم تحليل الطبقات السببية.
- ✓ خطوات إجراء التحليل.
- ✓ المصداقية وحدود الدراسة.

ملخص الفصل الرابع:

يركز الفصل على إيضاح الخطوات المتبعة لتطبيق تحليل الطبقات السببية؛ من حيث شرح وتوصيف كل طبقة وما تُمثله والأسئلة المطروحة ومصادر التحليل المقترحة. بالإضافة إلى إيضاح كيفية الانتقال فيما بين الطبقات، والعلاقة بينهما، وما تضيفه كل طبقة لما قبلها وما تمثله لما يليها. أيضًا يتضمن الفصل المفاهيم النقدية التي تنبع منها وتستند وترتكز إليها الأداة؛ من حيث أنها تتحرر من المتعارف عليه والموثوق به، وتتشكك في الشائع؛ مما ييسر تحديد المحتوى وتصنيفه عند التحليل فيما بين الطبقات. كما يشرح الفصل اختلاف طبيعة بناء السيناريوهات في إطار منهج تحليل الطبقات السببية، مشيرًا إلى ما يُعرف بـ "المستقبل المستعمل Used Future" والبدائل Alternatives والمستقبل المرغوب فيه The Preferred Future. ويقدم الفصل في إطار أفكار ورحلة سُهيل عناية الله الفلسفية ومرجعيته لثقافة شرقية؛ ودمجه ما هو روحاني مع ما هو مادي في نموذجه. واستعراض موجز لكل طبقة؛ الواقع Litany التي تمثل تغطية وسائل الإعلام والحديث اليومي عن الظاهرة وهو يُمثل ما يُمكن تصديقه بسهولة عن الظاهرة، Systemic Causes وهي طبقة أعمق من الأولى وفيها يكون التركيز على الأدبيات السابقة واتجاه ومسار معالجة الأكاديميين للظاهرة، ثم Worldview وهي أعمق مما قبلها حيث تطرح تساؤلات بشأن الرؤية التي تنبثق منها التساؤلات والافتراضات بشأن الظاهرة؛ مما يجعلها تتشكك في عدم شمولية الأدبيات كمصدر لفهم وإدراك الظاهرة، فتستعين بالخطاب الرسمي توصيف الظاهرة في الكتابات وأطر تقديمها وأوزان المحددات والعوامل المؤثرة عليها، وأسباب ذلك؛ من حيث المرجعية الثقافية والسياسية والتاريخية والاجتماعية للسياق الذي نشأت فيه الظاهرة والسياق الذي تُدرس فيه. وأخيرًا، الطبقة الأعمق: الأسطورة/الخرافة Myth/Metaphor، وهي التي تُفسّر نتائج الطبقة السابقة، ويُمكننا من خلالها فهم توجهات وصياغة الخطاب المحلي والإقليمي والدولي، الرسمي وغير الرسمي، بشأن الظاهرة؛ بحيث يتعمق في البحث عن المعتقدات الموروثة والأدب والروايات والحكايات التي تغلب على العقل اللاوعي للمجتمع، ويُمكن رصدها في الإنتاج الفني والأدبي وتصورات العوام، وقد يظهر في بعض التصريحات ويُقدم على أنه "حقيقة" أو "واقع" بينما هو مجرد موروث راسخ قابل للتفكيك والمساءلة؛ بل والتغيير.

وتم اختيار العينة عبر الاعتماد على كلمات بحثية رئيسة باللغتين العربية والإنجليزية، والبحث عنها من خلال عدة محركات بحث، بالإضافة إلى بنك المعرفة المصري، وكذلك خانات البحث بمواقع التواصل الاجتماعي؛ فيس بوك وتوتير ويوتيوب. والكلمات المفتاحية والهاشتاجات التي تم اعتمادها هي: مصر، المجال العام الافتراضي، شبكات التواصل الاجتماعي، ثورة 25 يناير، الربيع العربي، الديمقراطية، الرأي العام، حرية التعبير، قوانين الإنترنت، والمستقبل. والعينة بالأساس عمديَّة قوامها 193 نصًّا نُشر خلال الأعوام من 2009م وصولًا إلى مارس 2023م؛ ويتطرق إلى ماضي وحاضر ومستقبل الظاهرة، وبما يُمثِّل الأطراف المختلفة Stakeholders وذلك وفقًا لما تم التوصّل إليه بعد مراجعة الدراسات السابقة وبناءا على مؤشرات الدراسة الاستطلاعيَّة والإطار النظري للدراسة الحالية؛ وهم: الأكاديميون في مجال العلوم الإنسانية والاجتماعية عمومًا، وتحديدًا تخصص الاتصال، الممارسون بمجال الإعلام، المستخدمون، جماعات الحقوق المدنية ومراقبة أداء وسائل الإعلام، ممثلون للجهات التنظيمية والتشريعية، الخبراء والمتخصصون بالمجالين الأمني والتقني. وبعض المحتوى المنشور باللغة العربية والمترجم من اللغة الإنجليزية تم تحليل مصدره الأصلي كاملًا لتبيّن السّياق العام للأجزاء والأمثلة المشار إليها. ويوضح ملحق (أ) حصر شامل للنصوص التي تم تحليلها. والموضوعات والفئات الفرعية بكل طبقة تمثلت في: (1) شبكات التواصل الاجتماعي باعتبارها جزءًا من السياق الإعلامي، (2) المعضلة المصرية: المجال العام وشبكات التواصل الاجتماعي كمجال عام افتراضي، (3) تغطية وسائل الإعلام لشبكات التواصل الاجتماعي والتغيير الاجتماعي والسياسي، (4) موقف واتجاهات الشركات التقنية الكبرى المالكة لشبكات التواصل الاجتماعي، (5) مؤشرات مستقبليَّة. وبالتوازي مع إجراء التحليل في الفترة ما بين مايو 2022م وصولًا إلى مارس 2023م، حصلت الباحثة على منحة لحضور دورة تدريبية نظرية وتطبيقية عبر الإنترنت مع بروفيسور سُهيل عِناية الله ومُقدمة من مدرسة "ميتا فيوتشر" لتأهيل الباحثين بمجال المستقبليات.

الفصل الخامس: النتائج:

- ❖ شبكات التواصل الاجتماعي كمجال عام في مصر: أربعة طبقات للتحليل.
- ❖ التفكيك: الماضي والحاضر.
- ❖ إعادة البناء: المجال العام المصري 2030م.

ملخص الفصل الخامس:

فيما يتعلق بتحليل شبكات التواصل الاجتماعي كمجال عام في مصر عبر الطبقات الأربعة؛ فقد تم تصنيف كل المحتوى حسب مناسبته للتعبير عن كل طبقة؛ ففي الطبقة الأولى، أبرز مواد التحليل التي كشفت عن هذا المستوى من التحليل كانت التغطية الإعلامية والتناول العام للاتصال السياسي بالتطبيق تحديدًا على دورها في الربيع العربي (في مصر الخامس والعشرين من يناير).

اما بالنسبة لطبقة الأسباب التنظيمية؛ ففيها تم تحليل الأدبيات السابقة بالإضافة إلى الوثائق التي تشمل القوانين التي صدرت لتنظيم الإنترنت عمومًا وشبكات التواصل الاجتماعي، وذلك بمراجعة تقارير

المؤسسات الحقوقية والأكاديمية التي تناولت واستعرضت هذه القوانين بالتحليل والتفنيد وأمثلة ونماذج لتطبيقها في الواقع ومدى تأثيرها والمطلوب تعديله لضمان فعاليتها بما لا يضر بحرية الرأي والتعبير والمشاركة السياسية الديمقراطية، بالإضافة إلى المقالات الأكاديمية والتقارير التي ترصد عوامل ومتغيرات السياق التقني والاقتصادي والاجتماعي للإنترنت عمومًا وشبكات التواصل الاجتماعي تحديدًا، على مستوى مصر والعالم العربي ودوليًا.

تم تطوير 4 سيناريوهات لكل طبقة من طبقات التحليل؛ وتأثر كل سيناريو بطبيعة التحليل واتجاهات المعالجة في كل طبقة؛ وذلك عبر خمسة محاور رئيسية: شبكات التواصل الاجتماعي كجزء من المشهد الإعلامي ككل، شبكات التواصل الاجتماعي كمجال عام في السياق المصري، تغطية وتوجهات وسائل الإعلام والخطاب المعالج لشبكات التواصل الاجتماعي الذي يرصد معايير التأثر والتأثير، توجهات ومسارات التطور حسب الشركات الكبرى المالكة لأبرز المنصات الاجتماعية، وأخيرًا مؤشرات مستقبلية. وبشكل عام اتضح أن الخروج من الوضع الحالي والوصول لمستقبل مغاير يعتمد على عوامل خارجية وداخلية؛ أما العوامل الخارجية فتتمثل في التوجهات العالمية لتقنين وحكومة الإنترنت وشبكات التواصل الاجتماعي، والتطور التقني الذي تشهده شبكات التواصل الاجتماعي الحالية والمرتقبة، وأيضًا الضغط الدولي من أجل الديمقراطية. وداخليًا يتطلب إرادة سياسية، وتغييرات اجتماعية وثقافية، وفتح المجال العام وتمكين المجتمع المدني، بالإضافة إلى تبني أسلوب علمي في حل المشكلات والاعتماد على حوار مجتمعي يضم كافة الأطراف المعنية بدور وتأثير شبكات التواصل الاجتماعي كمجال عام في السياق المصري.

Printed by Books on Demand GmbH, Norderstedt / Germany